Four French Plays
of the
Twentieth Century

Under the Editorship of
F. G. HOFFHERR
Columbia University

Four French Plays
of the
Twentieth Century

— ✳ ✳ —

EDITED BY

Elliott M. Grant

GREENWOOD PRESS, PUBLISHERS
NEW YORK

Contents

* *

Foreword

* *

THIS volume seeks to provide fresh material of
some literary merit for reading courses in French.
If these texts also prove to be of use in more advanced
courses dealing with the French theater, so much the
better. But the main purpose is to furnish interesting
and intelligent reading to students who have finished
the elementary courses in which they have been
mastering the mechanics of the language. It is hoped,
of course, that the great French classics will continue
to be read, but the present century is now half over.
In France, as in America and England, it is rich in
literary productions. The number of good twentieth-
century French texts available for American students
is not yet extensive. Hence the present volume, which
includes two full-length plays and two shorter ones,
the latter having been chosen not only for their literary
interest and merit, but also for their brevity.

Since this book is meant primarily for reading
courses, an end vocabulary has been provided, in
addition to footnotes; but since at least two years'
study of French is presupposed, the vocabulary has
not been made complete. An effort has been made to
edit the book in such a way that students already
possessing a basic vocabulary of several hundred to a
thousand words, already familiar with common
French constructions, already aware of the Battle of
Hastings and its linguistic consequences, can, with
the help of the notes and vocabulary, read these texts
without great difficulty.

With the exception of a couple of phrases in *Antigone*, nothing has been omitted from the original texts, and those slight omissions have been indicated in the customary way.

While this book was in press a definitive version of *Siegfried* was announced. It came too late to be used in this volume. We have reprinted here the text commonly available before 1940.

I am indebted to one or two colleagues for information, to M. Jean-Jacques Bernard for kind suggestions concerning the introduction and notes to *Le Secret d'Arvers*, and to my wife for editorial assistance. To all, my thanks.

ACKNOWLEDGMENTS

Les Marchands de gloire is reproduced in this volume with the permission of the authors, Marcel Pagnol and Paul Nivoix; *Le Secret d'Arvers* with that of the publishing house of Albin Michel. The present reproduction of *Siegfried* has been authorized by Jean Giraudoux's widow and son, Mme Suzanne Giraudoux and M. Giraudoux-Montaigne. *Antigone* is reprinted with the permission of the author, Jean Anouilh. For these authorizations we express our thanks.

                                                    E. M. G.

August, 1949

Selected Bibliography

* *

GENERAL STUDIES:

Balch, M., "Theatre in Paris. Two Years of Liberation," *Theatre Arts*, 1946.

Brisson, P., *Le Théâtre des années folles*, Genève, Éditions du milieu du monde, 1943.

Brodin, P., *Les Écrivains français de l'entre-deux-guerres*, Montréal, Editions Valiquette, 1942.

Coindreau, M., *La Farce est jouée (1900–1925)*, New York, Éditions de la maison française, 1942.

Delpit, L., *Paris-Théâtre contemporain*, 2 vols., Northampton, Mass., 1925 and 1938.

Doisy, M., *Le Théâtre français contemporain*, Bruxelles, Éditions La Boétie, 1947.

Forkey, L. O., "The Theatres of Paris during the Occupation," *The French Review*, February 1949.

Marcel, G., «Le Théâtre français entre les deux guerres,» *Les Nouvelles littéraires*, October 3, 1946.

Palmer, J., *Studies in the Contemporary French Theatre*, Boston, Little, Brown & Co., 1927.

Peyre, H., «LeThéâtre français contemporain et ses problemes,» *Hommes et œuvres du 20ᵉ siècle*, Paris, Corrêa, 1938.

Pierrot, H., "French Theatre, 1940–1944," *Theatre Arts*, 1945.

Pillement, G., *Anthologie du théâtre français contemporain*, 3 vols., Paris, Éditions du Bélier, 1945–1948.

Sartre, J. P., "Forgers of Myths," *Theatre Arts*, 1946.

Sion, G., *Le Théâtre français de l'entre-deux-guerres*, Paris, Gasterman, 1943.

ix

SPECIAL STUDIES:

Didier J., *A la rencontre de Jean Anouilh*, Paris, La Sixaine, 1946.

Gignoux, H., *Jean Anouilh*, Paris, Éditions du temps présent, 1946.

Blanchart, P., «Jean-Jacques Bernard,» *Masques, Cahiers d'art dramatique*, XI, Paris, Éditions Coutan-Lambert.

Palmer, P., "Jean-Jacques Bernard and the Theory of Silence," *op. cit.*

Aucuy, J. M., *La Jeunesse de Giraudoux*, Paris, Spid, 1948.

Baldensperger, F., «L'Esthétique fondamentale de J. Giraudoux,» *The French Review*, October 1944.

Brodin, P., «A propos des dernières œuvres de Giraudoux,» *The French Review*, January 1938.

Brown, John Mason, "Inspired Madness," *Saturday Review of Literature*, January 15, 1949.

Houlet, J., *Le Théâtre de J. Giraudoux*, Paris, Ardent, 1945.

McDonald, R. E., «Le Langage de Giraudoux,» *Publications of the Modern Language Assoc.*, September 1948.

Messières, R. de, «Le Rôle de l'ironie dans l'œuvre de Giraudoux,» *Romantic Review*, December 1938.

Vigneau, J., *J. Giraudoux ou un essai sur les rapports entre l'écrivain et son langage*, 1945.

Four French Plays
of the
Twentieth Century

Pagnol and Nivoix

✳ ✳

MARCEL PAGNOL, the well-known author of
Topaze, is endowed with a comic genius which
combines insight and depth with gayety and *insouciance*.
Born in 1895, he made his theatrical début in 1925 with
Les Marchands de gloire, written in collaboration with Paul
Nivoix. He then branched out for himself in 1926 with *Jazz*,
a comedy which won only a very moderate success. Two
years later he achieved fame and fortune when *Topaze* not
only enchanted Paris but was quickly translated into other
languages and played all over the world. This satire on
modern corruption depicts an honest schoolmaster, un-
justly dismissed from his post, who learns the ways of the
world and ultimately enriches himself by those dubious
methods which people condemn with their lips but less
often by any more effective means. The play is always
light and gay, never didactic or heavy.

Marius and *Fanny*, less well known outside of France, are
nevertheless highly successful comedies, and have been
turned into equally successful moving pictures. Marseille
and the Marseillais are the obvious inspiration of these
plays. In them Pagnol has sketched admirable portraits of
Southern types.

In recent years Pagnol has devoted himself to moving
pictures. *César, Merlusse, Cigalon, La Femme du boulanger, La
Fille du puisatier*, and *La Belle Meunière* are excellent examples
of his skill. When, in April 1946, he was elected to the
French Academy, it could be said that the cinematographic
art had at last penetrated that famous and august institu-
tion.

Les Marchands de gloire treated a subject that the French,

I

still grieving for their losses in the first World War, found delicate if not startling. It was nevertheless well received, and the chief adverse criticism was technical. The play, in the view of some critics, lacked unity. «*Elle oscillait sans cesse,*» says M. Edmond Sée, «*entre la comédie fantaisiste et le drame réaliste.*» There is some truth in that charge. But the Prologue contains in our opinion an admirable representation of the atmosphere and mood of the home front during the grim days of the first World War. And the principal action deals with a very real, if unfortunate, trait of human nature: "the capacity of the human mind (as Mr. Joseph Krutch puts it) to deceive itself"; its capacity to "invent a delusion to save itself and then fall victim to its own device." The play was performed in English by the Theater Guild of New York in December 1925.

In 1947 Marcel Pagnol published an extremely interesting little essay on the nature of laughter entitled *Notes sur le rire.*

Paul Nivoix, who collaborated with Pagnol, also struck out for himself. In 1927 he won considerable success with his *Ève toute nue,* followed in 1928 by *Échec à la reine* and *Amours,* in 1935 by *La Mariée éperdue.* More recently he has produced *Détresse* (later entitled *Un homme fort*), 1943, *La Victoire de Paris,* 1944, and *Le Bouillant Achille,* 1949.

LES MARCHANDS DE GLOIRE

pièce en quatre actes et un prologue

PAR

Marcel Pagnol et Paul Nivoix

✳ ✳

Les Marchands de gloire ont été représentés, pour la première fois, le 15 avril 1925, au théâtre de la Madeleine.

PERSONNAGES

BACHELET	GERMAINE BACHELET
BERLUREAU	YVONNE BACHELET
HENRI BACHELET	MADAME BACHELET
GRANDEL	
LE COMTE DE LIEUVILLE	UN EMPLOYÉ DE PRÉFECTURE
RICHEBON	UN SECRÉTAIRE
LE COMMANDANT BLANCARD	UN HUISSIER

(*Le prologue et les trois premiers actes se passent en province dans une petite préfecture, le 4ᵉ acte à Paris.*)

PROLOGUE

Une projection lumineuse inscrit une date sur le rideau: 1915. Puis le rideau se lève.

La salle à manger de M. BACHELET, *petit fonctionnaire en province. L'ameublement est très modeste.*

*A gauche, une cheminée où flambe un grand feu de bois.
En pan coupé, un escalier de trois marches conduit aux
chambres. A droite de l'escalier, la porte d'entrée.*

*Au fond, un dressoir. Au-dessus du dressoir, une petite
photographie d'*HENRI BACHELET, *le fils qui est au front.*

*A droite, en pan coupé, une fenêtre: on aperçoit des arbres
couverts de neige.*

*A droite, au premier plan, un bureau. Au mur, une carte
du front, où court une ligne de petits drapeaux.*

*Au milieu, une grande table, sous la suspension. Deux
fauteuils usés, des chaises.*

SCÈNE I

MME BACHELET, YVONNE, GERMAINE,
assises autour de la table

MME BACHELET, *soupesant un colis.*   Tu crois qu'il ne
pèse pas plus d'un kilo?

YVONNE *prend le colis.*   Il me semble que celui d'hier
était plus lourd.

5 GERMAINE *enfile une aiguille.*   En tout cas, on nous le
dira à la poste.

MME BACHELET.   Tu as bien mis la nouvelle
adresse?

YVONNE, *une étiquette de calicot à la main.*   Sergent
10 Henri Bachelet, 152e d'infanterie, secteur postal 102.

GERMAINE *consulte une carte postale.*   C'est bien cela.
(MME BACHELET *prend l'aiguille que lui tend* GERMAINE
et coud l'étiquette au colis. GERMAINE *regarde l'heure.*) Six
heures un quart. Le facteur va passer.

15 YVONNE.   Il y aura sûrement une carte d'Henri.

GERMAINE.   Après tout, la dernière est d'avant-
hier. Quand on le change de secteur, il reste parfois
cinq jours sans écrire.

Mme Bachelet. Oui, c'est vrai. Au mois de juin, nous avons attendu six jours.

Yvonne. Du 15 au 21.

Germaine. Et en janvier, sept jours.

> (*Un silence. Rafale de vent au dehors. Tourbil-* 5
> *lon de neige.*)

Mme Bachelet. Quel temps! on s'en souviendra, de l'hiver 1915. Il doit avoir froid là-haut.

Germaine. Pourvu qu'il ait reçu.le chandail et le cache-nez! 10

Mme Bachelet, *à* Yvonne. Ton parrain ne doit pas être loin. Mets du bois au feu. (Yvonne *garnit le feu.* Germaine *coud.* Mme Bachelet *songe. On frappe à la porte.*) On a frappé.

> (Germaine *va ouvrir. On l'entend dans le* 15
> *vestibule.*)

Germaine. Bonsoir, monsieur Grandel.

> (*Entre* M. Grandel, *vieux, triste, effacé. Il*
> *est en grand deuil.*)

SCÈNE II

Les Mêmes, Grandel

Grandel. Bonsoir, mesdames. Croyez-vous, quel 20 temps!

Yvonne. Donnez-moi votre pèlerine, et réchauffez-vous.

Grandel. Bachelet n'est pas rentré?

Mme Bachelet. Il ne tardera guère. 25

Grandel, *à* Yvonne, *qui vient de prendre sa pèlerine.* Merci, mademoiselle Yvonne . . . (*A* Germaine.) Vous prépariez un colis pour votre mari?

Germaine. Oui. Nous en envoyons deux par semaine. Vous permettez? . . . Je vais lui écrire . . . 30

J'ai tout juste le temps pour que ma lettre parte ce soir.

GRANDEL. Je vous en prie . . . (GERMAINE *sort. A* MME BACHELET.) Bonnes nouvelles de votre fils?

5 MME BACHELET. Vieilles de cinq jours.

GRANDEL. Et vous êtes inquiètes? Ah! je sais ce que c'est . . . Mais je voudrais bien les vivre encore, ces angoisses quotidiennes . . .

MME BACHELET. Comment va Mme Grandel?

10 GRANDEL. Mal . . . Elle ne peut réagir. J'essaie de lui parler d'autre chose. Il n'y a rien à faire . . . Elle s'enferme dans la chambre de Jean et elle pleure pendant des journées entières . . . Ma pauvre femme . . . Elle en mourra, c'est sûr, elle en mourra.

15 MME BACHELET. Mais non, monsieur Grandel . . . Elle comprendra qu'elle doit vivre pour vous . . .

GRANDEL. C'est trop dur, que voulez-vous . . . Avoir élevé un fils jusqu'à vingt-deux ans, et le perdre 20 comme ça, tout d'un coup . . . Tué comme une bête . . . Et tout ça pourquoi? Pourquoi? Pouvez-vous me le dire? Laisser deux pauvres vieux comme nous sans personne . . . Plus aucune raison de vivre . . . (*Il pleure.*) Excusez-moi . . . Ici, je me laisse 25 un peu aller . . . là-bas, il faut se retenir.[1] . . . Ça me fait du mal . . . Excusez-moi . . . (*Il pleure doucement. Puis il s'essuie les yeux et fait un effort. Il regarde le colis, change de ton et dit:*) Si vous voulez que le colis parte ce soir, il faut le porter à la poste.

30 YVONNE. J'y vais.

(*Elle a mis un manteau, prend le colis et sort.*)

GRANDEL. C'est une bonne petite . . .

MME BACHELET. Henri est presque son frère . . . Elle n'avait que quatre ans quand son père est mort.

---

[1] *là-bas, il faut se retenir*, at home, I have to hold in.

SCÈNE III

Bachelet, Mme Bachelet, Grandel, Yvonne

On entend Bachelet *qui parle à* Yvonne *dans le vestibule.*

Yvonne.   Bonsoir, parrain.
Mme Bachelet.   Le voilà.
Bachelet, *dans le vestibule.*   Où vas-tu?
Yvonne.   A la poste.
Bachelet.   Pas de lettre d'Henri?   5
Yvonne.   Le facteur n'est pas encore passé.
> (*On entend* Yvonne *qui sort.* Bachelet
> *entre. Pardessus pauvre, mais propre. Petite
> barbiche poivre et sel.[2] C'est un homme usé
> par la vie.*)   10

Bachelet, *bougon.*   Bonsoir. (*Il lève les yeux.*) Tiens,
Grandel!
Mme Bachelet *prend le pardessus de son mari.*   Bon-
soir.
> (*Elle sort avec le pardessus.* Bachelet *est* 15
> *en veston étriqué et luisant.*)

Grandel.   Eh bien, ça va?
Bachelet.   Mal, je suis éreinté.
Grandel.   Toujours beaucoup de travail?
Bachelet.   Une vie de chien. Bessières est ma- 20
lade. Il la connaît, celui-là.[3] Alors, on m'a collé les
marchés conclus par le département,[4] en plus des
passeports . . . J'en ai par-dessus la tête. Il faut que
j'y retourne après dîner. Oui, à neuf heures. (*A* Mme
Bachelet.) Le dîner est prêt?   25
Mme Bachelet.   Mais, non, je ne savais pas . . .
Bachelet.   Oh! toi, tu ne sais jamais! (Grandel

---

[2] *barbiche poivre et sel,* iron-gray goatee.
[3] *Il la connaît, celui-là.* He knows what he's up to, that fellow.
[4] *département.* France is divided into *départements* for administrative purposes.

se lève.) Reste donc, mon vieux . . . On va boire l'apéritif en attendant . . .

MME BACHELET.   Nous pourrons dîner dans une demi-heure.

5   BACHELET.   C'est bon, c'est bon. (*Elle sort.*) Ça fait plaisir de voir du feu. Il y avait six degrés,[5] ce matin, au bureau.

GRANDEL.   Vous n'êtes pas chauffés?

BACHELET.   Depuis deux jours. Il paraît que le
10 charbon manque. Mais le bois ne manque pas dans la cheminée de (*Ironiquement.*) monsieur le chef de bureau.

GRANDEL.   Celui qui a remplacé Bernard?

BACHELET.   Oui, un blanc-bec de trente-cinq
15 ans . . . qui fait un zèle! Réformé,[6] grâce à je ne sais quelles complaisances. Il joue à l'indispensable. Une autorité de despote . . . Et, avec ça d'une platitude révoltante devant M. le préfet . . . Ah! Malheur! à mon âge, être traité comme ça par un imbécile!
20 Car c'est un imbécile, tu sais! . . . C'est moi qui fais tout, tout . . . Il faut lui expliquer l'A B C du service . . .

GRANDEL.   Au fond, ce n'est pas mauvais pour toi. Tu as l'occasion de te faire remarquer.

25   BACHELET.   A quoi bon, grand Dieu?

GRANDEL.   Tu pourrais avoir de l'avancement. Passer[7] sous-chef . . .

BACHELET.   Moi? Ah! Non, je n'y compte plus. Et, si on me l'offrait, je refuserais!

30   GRANDEL.   Pourquoi?

BACHELET.   Sous-chef à quarante-cinq ans? Ce serait une aumône! Depuis vingt-sept ans que je suis dans

---

[5] *six degrés*, six degrees centigrade, i.e., 42.8 degrees Fahrenheit.
[6] *réformé*, exempt from military service for physical reasons.
[7] *passer*, become, be promoted to.

cette boîte,⁸ j'ai vu tous mes collègues passer devant
moi. Ils avaient les reins souples,⁹ ou des parents
influents. Ils ont fait une «belle carrière.» Moi, je suis
toujours rédacteur au deuxième bureau.

GRANDEL.   Et pourtant, tu aurais dû réussir . . . 5
Je me souviens, au collège . . .

(*Il se lève.*)

BACHELET, *se levant*.   Le collège n'est pas la vie. J'ai
raté la mienne, et voilà tout. Je m'y suis résigné, d'ailleurs, et j'attends sans amertume le moment d'aller 10
planter mes choux . . . Mais parfois il est dur d'obéir
à des imbéciles et de s'épuiser sur des besognes ob-
scures . . . pour deux cent cinquante francs par mois.

GRANDEL.   Tu as fondé un foyer. Il te reste ton fils,
toi . . . Il sera peut-être ce que tu n'as pas été. 15
Tandis que moi . . .

BACHELET.   Mon pauvre vieux . . . Comment ça
va, chez toi?

GRANDEL.   Toujours pareil . . .

(*Entre* MME BACHELET.) 20

MME BACHELET.   Il y a le fameux Berlureau qui
veut te voir. Tu ne vas pas le recevoir, hein?

BACHELET.   Berlureau?

MME BACHELET.   Oui, cet embusqué qui fabrique
des obus! Il crève de santé à l'arrière, et l'on renvoie 25
les blessés aux tranchées. Aussi, tu vois à quelle heure il
vient. Pas de danger qu'il sorte en plein jour!

GRANDEL.   C'est contre lui qu'on a fait la pétition?

MME BACHELET.   Oui. Et je l'ai signée, moi, la
pétition! Il ira un peu voir ce qui se passe là-haut! 30
Qu'est-ce qu'il vient faire, ce profiteur, dans la maison
d'un soldat?

---

⁸ *boîte*, colloquial here for "office."
⁹ *Ils avaient les reins souples*, they were obsequious. *Reins* means literally "loins" or "back."

BACHELET. C'est à lui qu'il faut le demander. Fais-le entrer.

MME BACHELET. Tu le reçois?

BACHELET. Je t'ai dit de le faire entrer.

5 *(Elle sort.)*

GRANDEL. Il a eu vite fait de transformer son garage en usine . . . Tu le connais?

BACHELET. Vaguement.

GRANDEL, *se levant*. Je te laisse.

10 BACHELET. Et notre apéritif? Je ne sais pas ce qu'il peut me vouloir. Je vais l'expédier en cinq minutes.

GRANDEL. Eh bien, je vais prendre le journal en face et je reviens.

(Il sort.)

SCÈNE IV

BACHELET, BERLUREAU

Entre BERLUREAU. *Il est grand et fort, mais se fait humble et s'efforce de tenir peu de place.*

15 BERLUREAU. Bonsoir, monsieur Bachelet.

BACHELET, *sec*. Bonsoir, monsieur.

BERLUREAU. Je m'excuse de vous déranger à ces heures-ci. Je sais que vous êtes très occupé dans la journée. Mais comme j'avais une communication
20 extrêmement intéressante à vous faire, je me suis permis de venir.

BACHELET. De quoi s'agit-il?

BERLUREAU. D'une petite affaire . . . qui vous fera peut-être plaisir . . . Nous nous sommes un peu
25 perdus de vue depuis trois ou quatre ans. Mais je n'ai pas oublié nos parties de billard au cercle socialiste . . .

BACHELET. C'est exact. Nous avons joué une ou deux fois.

BERLUREAU.   N'est-ce pas? Et comme j'ai l'occasion de rendre service à quelqu'un, j'ai pensé aux amis.

BACHELET.   De quoi s'agit-il?

BERLUREAU.   On m'a envoyé quelques nouvelles machines pour tourner[10] les fusées d'obus . . . et je 5 suis autorisé à demander trois nouveaux mécaniciens.

BACHELET.   Eh bien?

BERLUREAU.   Je puis essayer si vous me le permettez, de faire revenir votre fils.

BACHELET.   Henri? (*Un temps.*) Je vous en prie, 10 monsieur, asseyez-vous! Le faire revenir ici? . . .

BERLUREAU, *il s'assoit et reprend un peu d'assurance.* Oui, dans mon usine.

BACHELET.   Mais il n'est pas mécanicien!

BERLUREAU.   Il le deviendra. Pour surveiller un 15 tour automatique, il n'y a rien de sorcier.[11]

BACHELET.   Mais l'autorité militaire? Son livret[12] indique sa profession, il est architecte.

BERLUREAU.   Sur neuf ouvriers, j'ai deux notaires, un ténor, un curé. Je certifierai qu'il a travaillé chez 20 moi avant la guerre. Si je vous le propose, c'est que la chose est possible . . . et je serai enchanté de vous rendre ce petit service.

BACHELET.   Ce petit service! Ah! si vous réussissiez! 25

BERLUREAU.   Me permettez-vous d'entreprendre les démarches?

BACHELET.   Quelle question!

BERLUREAU.   Il y a des gens si bizarres!

BACHELET.   J'estime que c'est bien son tour de 30 revenir à l'arrière. Deux fois blessé, quatre mois

---

[10] *tourner*, to make.

[11] *rien de sorcier*, nothing very mysterious.

[12] *livret*, papers. A *livret* is, of course, a booklet; in the French army each soldier carries one which contains the necessary information about him.

d'hôpital, une main gelée! Que tout le monde en fasse
autant. Oui, que tout le monde en fasse autant. Je ne
dis pas ça pour vous.

BERLUREAU, *philosophe.* Oh! moi, j'ai l'habitude!

5 BACHELET. Si ça ne dépendait que de moi, la
guerre serait vite finie. J'ai mes idées là-dessus. Mais
je les garde pour moi. Plus tard, peut-être, on comprendra. Pour l'instant, il vaut mieux se taire. Et
. . . dans combien de temps pourrait-il être ici?

10 BERLUREAU. Deux ou trois semaines.

BACHELET. Ah! Si cela pouvait réussir! Mes
angoisses seraient finies.

BERLUREAU. Si vous le voulez, je m'y engage.
C'est une affaire faite.

15 BACHELET. Mon fils ici . . . Mais comment vous
remercier . . .

BERLUREAU. Oh! Bien facilement, et je puis vous
en fournir le moyen . . .

BACHELET. Dites . . . Vous n'obligerez pas un
20 ingrat, monsieur Berlureau.

BERLUREAU. Il s'agit d'une affaire toute simple
. . . d'un renseignement. Voyons . . . je crois que
vous êtes dans le service des achats faits par le département?

25 BACHELET. Oui. Régulièrement, je ne devrais pas
m'en occuper. Mais le personnel est si réduit que l'on
me fait faire un peu toutes les besognes.

BERLUREAU. Bien. Vous savez donc que l'on va
bientôt ouvrir les boucheries départementales?

30 BACHELET. Oui. L'adjudication pour la fourniture
des viandes sera faite ces jours-ci.

BERLUREAU. C'est cela même. Je dois vous dire
que mon travail à l'usine m'a déjà donné quelques
petits bénéfices . . . et j'ai songé à employer cet

argent de la façon la plus profitable, n'est-ce pas?
Je me suis associé à Merlin, celui qui a deux boucheries
dans la Grand'Rue, vous comprenez?

BACHELET.   Pour cette fourniture?

BERLUREAU.   Précisément.   5

BACHELET.   Venez me voir demain au bureau.
Avant dix heures, pour éviter la cohue. Je vous com-
muniquerai les conditions du marché, et vous m'adres-
serez vos propositions sous pli cacheté, comme tous les
concurrents. Le 15 décembre, j'ouvrirai ces en-   10
veloppes, car je remplace un chef de service, et j'espère
pouvoir vous annoncer que vos conditions sont les
meilleures.

BERLUREAU.   Si je fais le mouton première qualité
à sept francs, j'enlève le marché.[13] . . Mais, si le   15
meilleur prix proposé après le mien est de dix francs,
je perdrai bêtement trois francs par kilo.

BACHELET.   Offrez donc votre viande à neuf francs,
ou à neuf francs cinquante.

BERLUREAU.   Mais si un autre la fait à huit francs   20
soixante-quinze? (BACHELET *ouvre les bras dans un geste
évasif.*) Voilà à quoi j'ai pensé: quand vous aurez
ouvert les enveloppes, vous saurez le prix minimum
proposé par les autres. Alors vous ouvrirez la mienne.
(*Il se fouille et tire de sa poche sept enveloppes cachetées.*)   25
En voici sept à des prix différents, de sept à dix francs,
par tranches de cinquante centimes.[14]

BACHELET.   Que voulez-vous dire?

BERLUREAU.   Vous choisirez la bonne: juste au-
dessous du dernier prix.   30

                 (BACHELET *change d'attitude et de ton.*)

_____

[13] *Si je fais . . . marché.* If I set the price of high quality lamb at
seven francs, I'll win the contract.

[14] *par tranches de cinquante centimes,* with variations in the price of fifty
centimes.

BACHELET. Ne comptez pas sur moi pour une combinaison de ce genre.

BERLUREAU. Réfléchissez à ceci: je ne lèse personne, puisque je fournis d'excellente marchandise à
5 des prix inférieurs . . .

BACHELET. Je n'ai pas à discuter cette question. Les concurrents doivent me remettre «une» enveloppe. Je ne sais rien d'autre.

BERLUREAU. Il est bien entendu que pour vous
10 dédommager du temps que vous accepteriez de me
consacrer . . . il serait tout naturel qu'une petite
commission . . .

BACHELET. Monsieur, vous perdez votre temps. (*Il lui tend son chapeau.*) Je vous remercie d'avoir pensé à
15 me rendre mon fils, mais je ne savais pas à quel prix. (*Il le raccompagne vers la porte.*) Adieu, monsieur.

BERLUREAU, *sur la porte.* Je vais tout de même essayer de sauver M. Henri . . . Quant à l'autre petite
affaire, je regrette que vous m'ayez mal compris.
20 Mais j'ai l'espoir que vous réfléchirez (*Il fait un pas dans
la salle.*) et que si votre conscience vous le permet . . .

BACHELET, *brutalement.* Adieu, monsieur.

(*Il le pousse dehors et ferme la porte brusquement. Il reste un instant songeur.* MME
25 BACHELET *entre avec un plateau et des
verres. Puis* GERMAINE.)

SCÈNE V

MME BACHELET, BACHELET, GERMAINE, YVONNE

GERMAINE. Bonsoir, père. M. Grandel est parti?
BACHELET. Il va revenir.

(*Entre* YVONNE, *qui revient de la poste.*)

YVONNE. Il y a l'illustre Berlureau à la porte, avec une serviette sous le bras.

MME BACHELET. Il sort d'ici.

GERMAINE. Il est venu ici?

MME BACHELET. Eh oui. Le père a tenu à le re- 5 cevoir . . .

YVONNE. Vous l'avez mis à la porte?

BACHELET. Presque.

MME BACHELET. Avais-tu besoin de prendre des gants pour le chasser? 10

BACHELET. J'avais mes raisons.

MME BACHELET. Si Henri avait été là, il n'aurait pas bavardé avec lui pendant dix minutes . . .

BACHELET. Il a commencé par me parler d'Henri.

GERMAINE. Et qu'a-t-il dit sur Henri? 15

BACHELET. Il m'a proposé de le rappeler à l'arrière.

MME BACHELET. Comment?

BACHELET. De le faire revenir dans son usine.

YVONNE. En a-t-il le pouvoir? 20

BACHELET. Je le crois. Mais je n'ai pu accepter.

MME BACHELET. Pourquoi?

GERMAINE. Vous avez refusé?

MME BACHELET. Tu n'as pas pu accepter de sauver la vie de ton fils? 25

BACHELET. Il y mettait une condition déshonorante.

MME BACHELET. Quelle condition?

BACHELET. C'est mon affaire.

GERMAINE. Père, je vous en supplie . . . Il faut 30 le revoir . . . Rendez-moi Henri . . . Si vous saviez comme il souffre, comme je souffre!

MME BACHELET. Si l'on peut nous rendre Henri, il faut tout accepter.

BACHELET.   Je vous dis que je ne peux pas.

MME BACHELET.   Tu préfères qu'Henri ait le sort du fils Grandel?

GERMAINE.   Vous n'avez pas refusé définitivement?

5   YVONNE.   Si on ne peut pas faire ce qu'il demande, on pourrait peut-être discuter . . .

BACHELET.   C'est un gredin.

GERMAINE.   Si on lui offrait de l'argent?

BACHELET, *très net.*   J'aime mon fils autant que 10 vous, mais je vous prie de ne tenter aucune démarche auprès de cet individu. C'est bien entendu, n'est-ce pas?

MME BACHELET.   Si mon fils est tué, je mourrai. Et tu pourras dire que tu l'auras voulu. Oui, tu 15 l'auras voulu.

(BACHELET *hausse les épaules et sort.*)

GERMAINE.   Maman, nous irons le voir toutes les deux.

MME BACHELET.   Et pas plus tard que demain. 20 (*Elle sort sur les pas de* BACHELET.) Si au moins il nous disait pourquoi!

SCÈNE VI

GERMAINE, YVONNE

YVONNE *débarrasse la grande table pour mettre le couvert.* GERMAINE *reste assise, les yeux pleins de larmes.*

GERMAINE.   Maintenant, le facteur a dû passer. Et nous n'avons rien.

YVONNE.   Ce sera pour demain.

25   GERMAINE.   Demain . . . Toujours demain . . . Où est-il en ce moment? J'ai honte de me chauffer pendant qu'il grelotte . . . Je ne peux plus . . .

(*Elle pleure.*)

YVONNE.   Il viendra en permission dans un mois.

GERMAINE.   Oui, pour huit jours, et le calvaire recommencera . . . Et nous vieillissons séparés . . . Ce n'est pas vivre, ça. Cinq jours sans nouvelles . . .

YVONNE.   Le fils Cléry est resté une semaine sans 5 écrire, et sa mère vient enfin de recevoir un mot ce matin . . .

GERMAINE.   Il est resté une semaine entière?

YVONNE.   Plus de sept jours.

GERMAINE.   Nous, il n'y a que cinq jours, à peine 10 cinq jours . . . C'est vrai . . . Ah! on cherche des raisons de ne pas trembler et on en trouve toujours . . .

YVONNE.   Je suis sûre que nous aurons une lettre demain.   15

GERMAINE.   Et dire qu'il faut se contenter d'un pauvre griffonnage qui ne signifie rien . . . A l'heure où on lit joyeusement la lettre attendue, il est peut-être mort depuis la veille . . . Ah! s'il pouvait être blessé! Qu'on me le rende mutilé, mais qu'on me 20 le rende!

(*Entre* GRANDEL, *un journal à la main.*)

SCÈNE VII

LES MÊMES, GRANDEL, *puis* MME BACHELET, BACHELET
et UN EMPLOYÉ

GRANDEL.   Bachelet est sorti?

YVONNE.   Non, il va venir.

GERMAINE.   J'ai terminé ma lettre. Voudriez-vous 25 la mettre à la poste quand vous partirez?

GRANDEL.   Bien volontiers . . . Le bureau est sur mon chemin.

(GERMAINE *lui donne une lettre qu'il met dans sa poche, puis il s'assoit. Entre* BACHELET.) 30

GRANDEL. *A* BACHELET. Je l'ai vu sortir. Il n'avait pas l'air content.

BACHELET. Je l'ai mis à la porte. Il me proposait quelque chose de malhonnête.

5   GRANDEL. Ça ne m'étonne pas de sa part. Ni de la tienne.

> (*Ils s'assoient à gauche, auprès d'une petite table qui supporte les verres et une bouteille d'apéritif.*)

10   BACHELET. Rien de nouveau sur le journal?

GRANDEL *déploie le journal et lit quelques titres.* «L'eau de Cologne s'appellera désormais «Eau de Louvain.» L'Allemagne aux abois. Le pain K. K.[15] Les Russes font trente mille prisonniers. Le rouleau compresseur
15 est en marche vers Berlin.» (*Il hausse les épaules.*) C'est tous les jours la même chose.

> (*Entre* MME BACHELET.)

MME BACHELET. Vous avez le communiqué, monsieur Grandel?

20   GRANDEL. Tenez, si ça vous intéresse . . .

BACHELET, *prenant le journal.* On va voir ça sur la carte.

> (*Il cherche ses lunettes. Ils se placent tous, sauf* GRANDEL, *devant la carte du front. A côté*
25 > *de la carte murale, photographie d'*HENRI.)

GRANDEL, *désignant la photographie.* Tiens, c'est Henri?

MME BACHELET. Oui. Une photo faite pendant sa convalescence. Croyez-vous, quel beau soldat!

30   GERMAINE. Va-t-on déplacer les drapeaux aujourd'hui?

YVONNE. C'est rare.

---

[15] *Le pain K. K.* The name given to a dark-brown bread used by the German army during the war.

GRANDEL.   Mais chaque fois combien de tués!

BACHELET, *tendant le journal à* GERMAINE.   Tenez, Germaine, je ne trouve pas mes lunettes.

GERMAINE *prend le journal et lit.*   «Au Sud de la Somme, des engagements de patrouilles nous ont permis de faire quelques prisonniers. Une tranchée que nous avions abandonnée a été reprise après un vif combat à la grenade. L'ennemi a presque aussitôt contre-attaqué, mais nous avons pu maintenir nos positions. En Champagne, rien à signaler. Au Nord de Fismes . . .»

BACHELET, *ajustant ses lunettes.*   Attendez que je cherche Fismes . . . Voyons Fismes . . . Fismes . . .

> (*Ils sont tous devant la carte. Ils cherchent.*
> *On frappe. Personne ne fait attention, sauf*
> GRANDEL *qui va ouvrir. Sur la porte se*
> *découpe un homme couvert de neige. Il salue,*
> *gêné. Il reste immobile.*)

L'EMPLOYÉ.   Monsieur Bachelet, c'est bien ici?

> (*Tous se retournent et découvrent l'homme qu'ils*
> *considèrent avec un effroi instinctif.*)

BACHELET, *allant au-devant de l'homme.*   Oui, c'est moi. Qu'y a-t-il?

L'EMPLOYÉ.   C'est que . . . Je préférais vous parler en particulier.

BACHELET.   Parlez . . . Nous sommes en famille.

MME BACHELET, *à elle-meme.*   J'ai peur . . .

L'EMPLOYÉ, *à,* BACHELET.   Ce que j'ai à vous apprendre est douloureux . . .

MME BACHELET, *s'affaissant sur une chaise.*   Il est mort! . . . Mon petit! On me l'a tué!

YVONNE, *devant le portrait.*   Henri! Henri!

> (GERMAINE *tombe à genoux devant sa belle-*
> *mère en sanglotant.*)

GERMAINE.   Maman!

L'EMPLOYÉ.   Mort en héros . . . une citation admirable.

BACHELET, *écrasé.*   Ma vie est finie . . . Ma vie
5 est finie . . .

> (*Et tandis que toute la famille pleure et que le rideau tombe lentement,* GRANDEL *fait discrètement signe à l'homme de se retirer.*)

RIDEAU

ACTE PREMIER

Il n'y a pas d'entr'acte entre le prologue et le premier acte. Une projection sur le rideau permet de lire une date: 1924.

Avant que le rideau se lève, on entend une chanson: «Ça c'est une chose qu'on n'peut pas oublier,» jouée par un phonographe placé dans la coulisse. Le rideau se lève au moment précis où ces paroles sont transmises par l'appareil.

Tous les personnages sont exactement à la même place qu'à la fin du prologue. Ils écoutent, en souriant, un appareil de T. S. F.[1] dont le pavillon[2] se dresse sur un guéridon. BACHELET *porte une redingote de bonne coupe.* GRANDEL *est vêtu d'un costume fripé. Il a beaucoup vieilli.* MME BACHELET *et* YVONNE *sont mieux habillées qu'au prologue.*

Le décor est le même, mais des meubles confortables ont complété le mobilier d'autrefois. Deux fauteuils de cuir, un grand bureau, sur lequel se trouvent une pile de dossiers et un appareil téléphonique. Aux fenêtres, rideaux clairs. Du soleil, des arbres verts: c'est le printemps.

*Sur le mur du fond, le portrait d'*HENRI, *agrandi, dans un cadre doré. Au-dessous, sur une commode, un cadre renfermant*

---

[1] *T.S.F. Télégraphie sans fil,* radio.
[2] *pavillon,* horn, loud-speaker.

*la Croix de guerre, la Médaille militaire et la Légion d'hon-
neur d'*Henri.

> (*Sur la porte, l'*Employé *qui apporta la
> tragique nouvelle est resté dans la même
> attitude. Mais, au lieu de sortir, il va entrer.
> Il sourit et attend la fin du couplet pour
> s'avancer. Quand le couplet est terminé,*
> Bachelet *arrête l'appareil.*)

SCÈNE I

Bachelet, L'Employé, Grandel, Germaine, Mme
Bachelet, Yvonne

Bachelet, *à l'*Employé. Qu'y a-t-il?

L'Employé. M. le préfet est en bas dans sa voiture:
Il voudrait vous voir.

Bachelet. Je le croyais parti.

L'Employé. Il prend le rapide de six heures avec 5
Mme la préfète.

Bachelet. Je descends. (*A* Grandel, *d'un air
satisfait.*) Il ne peut plus se passer de moi!

Grandel. Tu sais que je reprends le train de sept
heures dix.   10

Bachelet. Non, tu restes avec nous. Tu dînes ici.
Il y a plus de six ans que je ne t'ai vu. Tu ne veux pas
me priver d'une soirée avec toi! Nous avons tant de
choses à nous dire, depuis six ans!

L'Employé, *saluant.* Mesdames . . . Messieurs . . . 15

> (*Il sort.* Bachelet *sort derrière lui, d'un pas
> allègre et décidé.*)

Grandel, *il considère avec curiosité la T. S. F.* C'est
une invention merveilleuse!

Germaine. C'est bien agréable d'entendre les 20
concerts de Paris.

Mme Bachelet.   Et puis, on nous dit le temps
qu'il fera. Le soir, à huit heures, nous avons l'heure
exacte, et Bachelet règle la pendule . . . On ne connaît pas ça dans votre village?

5   Grandel.   Non . . . On s'en passe.

Germaine, *prête à toucher l'appareil.*   Je vais essayer
de le faire marcher.

Mme Bachelet.   N'y touchez pas! ça se détraque si
facilement! On n'y comprend rien.

10   Yvonne.   Il nous a même défendu de l'épousseter!
Le soir, il s'installe pour écouter les nouvelles. Si ça
ne marchait plus, nous entendrions une belle musique!

Mme Bachelet.   C'est sa seule distraction!

Grandel.   Il est très occupé?

15   Mme Bachelet.   Avec sa Société de parents de
héros, il n'a plus une minute à lui. Et c'est heureux!

Yvonne.   Le jour où on l'a nommé président, on
lui a sauvé la vie.

Grandel.   J'ai su qu'il avait été bien malade, peu
20 de temps après la mort de ma femme.

Mme Bachelet.   En 1916, nous avons failli le
perdre[3] . . . Il n'avait plus le courage de vivre.

Grandel.   Il m'avait écrit une lettre bien triste
. . . Je ne lui ai pas répondu. J'étais incapable de
25 penser à rien . . . Enfin, je suis content qu'il ait pris
le dessus.[4] Quand je suis allé le chercher à la préfecture, tout à l'heure, je suis monté tout droit à son petit
bureau d'autrefois. J'ai été bien surpris, et bien content, quand l'huissier m'a conduit au cabinet de M. le
30 chef de division!

Germaine.   Il a fait du chemin!

Grandel.   Et il le mérite!

Mme Bachelet.   Son avancement l'a transformé!

---

[3] *failli le perdre*, almost lost him.
[4] *pris le dessus*, rallied, overcome his feelings.

Autrefois, il se rongeait le sang.[5] Ce Grégoire lui faisait
des misères. Maintenant, c'est lui qui commande
Grégoire. Et Grégoire lui dit «Monsieur le Chef de
Division» gros comme le bras![6]

GRANDEL. Tout ça me fait bien plaisir pour lui et 5
pour vous.

(*La pendule sonne six heures.*)

GERMAINE. Deja six heures? Il faut que je vous
quitte!

MME BACHELET. Vous êtes pressée, ce soir? 10

GERMAINE. Je n'aime pas laisser le petit seul avec
les bonnes, et il sort de la pension à cinq heures.

MME BACHELET. Toujours aussi diable?

GERMAINE. Dame,[7] à cinq ans! (*A* GRANDEL.)
Vous m'excusez? 15

GRANDEL. Je vous en prie, madame.

GERMAINE, *elle met son chapeau.* Sans compter que
j'ai un dîner à la maison . . . Et ma cuisinière n'a
pas la moindre initiative . . .

MME BACHELET, *curieuse.* Un grand dîner? 20

GERMAINE. Un dîner d'affaires. Mon mari est en
pourparlers avec Grassin . . . Les automobiles Grassin . . . Il va lui acheter quatre cars de luxe . . .
Des cars à vingt places.

MME BACHELET. Ça marche si bien que ça, son 25
entreprise?

GERMAINE. Nous n'avons pas à nous plaindre. Les
huit voitures de l'année dernière ne nous suffisent
plus. Et quand les Jeux Olympiques vont commencer
. . . Avec les Américains . . . 30

YVONNE, *ironique.* Vous allez gagner trop d'argent?

GERMAINE, *elle met ses gants.* C'est qu'il en faut!

---

[5] *il se rongeait le sang,* he was fretting his heart out.
[6] *gros comme le bras,* roundly.
[7] *Dame.* An exclamation with a variety of meanings such as "well,"
"now," "what do you expect," etc.

Les domestiques, le chauffeur, la maison de campagne . . . Eh bien, bonsoir, maman.

(*Elle embrasse* MME BACHELET.)

MME BACHELET.   Quand vous reverra-t-on?

5   GERMAINE.   Jeudi, si vous voulez.

MME BACHELET.   Entendu. Jeudi après-midi.

GERMAINE.   Au revoir, monsieur Grandel.

GRANDEL.   Au revoir, madame.

GERMAINE, *à* YVONNE.   Je vous apporterai le patron
10 de la chemisette. Je l'ai mis de côté exprès pour vous.

(*Elle sort.*)

SCÈNE II

LES MÊMES, *moins* GERMAINE *et* BACHELET

YVONNE.   Quelle poseuse!

MME BACHELET.   Mais non, pourquoi?

YVONNE.   Tu ne l'as pas entendue? (*Elle imite*
15 GERMAINE.) Nous allons acheter quatre cars de luxe
. . . Des cars à vingt places . . . Les domestiques,
le chauffeur, la maison de campagne . . . Ah! là!
là!

GRANDEL, *indulgent.*   Elle est contente d'être riche.

20   YVONNE.   Elle vient ici pour faire admirer ses
toilettes. Elle veut nous éblouir.

MME BACHELET.   Elle ne m'éblouit pas, moi.

YVONNE.   Oh! Moi non plus!

GRANDEL.   Il y a longtemps qu'elle est remariée?

25   MME BACHELET.   Un peu plus de cinq ans.

YVONNE.   Quatre ans après la mort d'Henri.

GRANDEL.   C'était encore une jeune femme . . .
Elle n'avait pas le droit de mourir de chagrin.

YVONNE.   Il n'y a pas eu grand danger de ce
30 côté-là.

Mme Bachelet. Tu es injuste pour elle. Moi, je sais ce qu'elle a souffert.

Grandel. Si on mourait de la mort des autres, combien serions-nous sur la terre?

Mme Bachelet. D'ailleurs, je sais qu'elle pense 5 toujours à Henri. La preuve, c'est qu'elle vient me voir chaque semaine.

Yvonne. Elle devrait comprendre que sa place n'est pas ici. Et je trouve ridicule qu'elle t'appelle encore maman. 10

Mme Bachelet. C'est une ancienne habitude . . . Et puis, que voulez-vous . . . C'est un peu de mon pauvre Henri . . .

SCÈNE III

Bachelet, Mme Bachelet, Grandel, Yvonne

Entre Bachelet

Bachelet. Tu vois que ça n'a pas été long. Dis donc, madame Bachelet, sais-tu ce qu'il me voulait, 15 le préfet?

Mme Bachelet. Ma foi non!

Bachelet. Il m'a parlé de toi!

(*Il se frotte les mains.*)

Mme Bachelet. De moi? 20

Bachelet. Oui, de toi. Voici de quoi il s'agit: la préfète organise une grande fête au profit des aveugles de guerre. Dans une semaine.

Mme Bachelet. Eh bien?

Bachelet. Elle te prie de faire partie du comité 25 d'honneur.

Mme Bachelet. Moi?

Bachelet. Toi. Et tu vendras des objets d'art avec

elle. Au même comptoir que la préfète. Voilà, madame
Bachelet. Es-tu contente?

MME BACHELET.   Bien sûr que non. Je n'accepte
pas.

5   BACHELET.   Pourquoi?

MME BACHELET.   Parce que ce n'est pas ma place.
Une femme comme moi, qui a toujours fait sa vaisselle, au milieu de ces belles dames! Non. Je serais
ridicule.

10   BACHELET.   Ridicule? La mère d'un héros n'est
jamais ridicule! Et s'il y a quelqu'un qui soit honoré
dans cette affaire, c'est la préfète. Parfaitement . . .
Et elle sait très bien ce qu'elle fait.

MME BACHELET, *ironique.*   Quel honneur pour elle
15 de se montrer à côté de moi!

BACHELET.   Tu es la seule à ne pas le comprendre!
(*A* GRANDEL.) Voilà comment sont les femmes! (*A sa
femme.*) Après tout, qu'est-ce que c'est que Mme la
préfète? La femme d'un petit avocat qui est devenu
20 préfet. Elle a dû ravauder bien des fois les chaussettes
de son mari avant d'habiter gratis l'hôtel de la préfecture! Aujourd'hui, elle est arrivée. Mais elle n'a rien
d'autre que sa situation. Tandis que toi, tu es la mère
du sergent Bachelet. Tu ne devrais pas l'oublier.

25   MME BACHELET.   Tu dois savoir que je ne l'oublie
pas.

(*Un temps*, BACHELET, *d'une voix plus douce.*)

BACHELET.   Eh bien! tu ne peux te dispenser d'assister à cette fête. Et en grande tenue. Ce n'est pas toi
30 que l'on invite. C'est ton fils. C'est à lui que l'on rend
honneur. Tu n'as pas le droit de refuser.

MME BACHELET.   Au lieu de lui rendre tant d'honneurs, on aurait mieux fait de ne pas nous le tuer.

BACHELET, à GRANDEL.   Voilà comment elle rai-

sonne! (*A* Mme Bachelet.) Mais sapristi, crois-tu
que ça m'amuse, moi, toutes ces cérémonies? Crois-tu
que je ne tremblais pas, le jour de l'inauguration du
monument aux morts, quand j'ai répondu au discours
du ministre?   5

Yvonne.   Oh! Parrain, vous étiez bien fier quand
il vous a félicité.

Bachelet.   J'étais fier, parce que tous ces honneurs c'était pour mon petit Henri. A propos, tu es
aussi de la fête. Tu auras un comptoir.   10

Yvonne.   Moi! Merci bien.

Bachelet.   Tu vas te faire confectionner une jolie
robe. Quant à Mme Bachelet, elle ira demain matin
chez la couturière. J'ai touché hier une gratification[8]
assez importante . . . (*A* Grandel.) Le préfet est   15
très gentil pour moi depuis que la société a inscrit son
deux millième membre!

Yvonne.   Je n'aime guère voir tant de gens qui
s'amusent en prenant comme prétexte les aveugles de
guerre.   20

Bachelet.   Tant mieux pour eux, s'ils s'amusent,
pourvu qu'ils paient. N'est-ce pas Grandel?

Grandel.   Évidemment . . . Mais, ce qui me
choque, c'est qu'on appelle ces réunions «fêtes de
charité.» Tu ne trouves pas? Charité?   25

Bachelet.   Dans le sens chrétien, charité veut dire
amour . . .

Grandel.   Oui, mais ça fait penser à un mendiant,
tandis qu'un blessé de guerre est un créancier . . .

Bachelet.   C'est vrai . . . Je dirai ça au préfet 30
. . . Occupe-toi de ta robe, fillette. Fais-toi belle . . .
Il y aura des jeunes gens à cette kermesse . . . Des
jeunes gens qui seront un jour des maris . . .

---

[8] *touché . . . une gratification,* received a bonus.

YVONNE.   Je n'en cherche point!

BACHELET.   On dit ça!

(YVONNE sort nerveusement.)

MME BACHELET.   Ne lui parle pas de mariage. Elle
5 ne peut pas le supporter!

GRANDEL.   Ce serait pourtant de son âge . . .

MME BACHELET.   Elle pense toujours à Henri.

BACHELET.   Elle rencontrera un beau jeune homme
qui la fera changer d'avis . . . Il faut le souhaiter.

10   MME BACHELET.   Je vais m'occuper du dîner.

GRANDEL.   Surtout, ne faites rien pour moi. Je vous
assure que je ne puis pas rester.

BACHELET.   Mais pourquoi?

GRANDEL.   Il faut que je rentre . . . Non, je vous
15 assure, je ne puis pas! Ce sera pour une autre fois!

MME BACHELET.   Nous vous garderons quand
même!

(Elle sort.)

SCÈNE IV

BACHELET, GRANDEL

BACHELET.   Vraiment, tu n'es pas gentil. Je croyais
20 que tu étais venu pour me voir!

GRANDEL, *il s'assoit.*   Mais oui, je suis venu pour te
voir! Je voulais passer l'après-midi avec toi. Avant de
venir, je suis allé consulter l'oculiste . . . Il m'a
gardé plus longtemps que je ne croyais.

25   BACHELET.   Tu as mal aux yeux?

GRANDEL.   Oui, et le docteur de là-bas m'a con-
seillé de voir un spécialiste.

BACHELET.   Mais, tu souffres?

GRANDEL.   Il y a des moments où je ne vois plus
30 rien. Et puis, j'ai des douleurs dans la tête . . . Des

douleurs sourdes . . . Tiens, en ce moment, je vois trouble.[9] . .

BACHELET. Un peu de fatigue . . . Ce n'est rien . . .

GRANDEL. Oh! S'il n'y avait que ça! La vérité, 5 c'est que ma santé n'est pas brillante; ça s'en va de tous les côtés.

BACHELET. Si tu te soignais d'une façon sér- ieuse . . .

GRANDEL, *hausse les épaules.* Bah! . . A mon âge, 10 on peut partir!

BACHELET. En voilà des idées!

GRANDEL. Quand le moral ne va pas, rien ne va!

BACHELET. Mais voyons, mon vieux Grandel, il faut réagir! D'abord, tu as eu tort de quitter la ville, 15 pour aller t'enfouir dans ce petit village! Que fais-tu, là-bas, toute la journée?

GRANDEL. Rien. Je vis tout seul, dans ma bicoque . . . Je bricole . . . J'ai des pigeons . . . Je pioche un bout de jardin . . . Quelquefois, le dimanche, 20 je vais au café, j'essaie de faire une manille.[10] Mais rien ne m'intéresse. Je pense toujours à mon pauvre petit gars, à sa mère qui l'a suivi de si près . . . Tout ce que je vois là-bas me le rappelle. Nous y allions tous les étés . . . Il y a des souvenirs dans tous les coins. 25 (*Un temps. Puis, avec un grand soupir.*) Ah! la balle qui l'a tué en aura tué trois. Je ne peux pas oublier.

BACHELET, *lui prend les mains.* Mon pauvre ami . . . Je sais ce que c'est . . . Moi ·aussi, le souvenir de mon enfant a failli me tuer . . . J'étais à la dérive, 30 malade, perdu . . . Et puis, on est venu m'offrir la présidence des parents de héros . . . Et soudain, le souvenir, au lieu de m'abattre, m'a donné des forces!

---

[9] *je vois trouble*, I don't see clearly.
[10] *faire une manille*, play a game of *manille* (a card game).

GRANDEL. Et puis, tu n'étais pas seul. Tu as ta femme et ta nièce.

BACHELET. C'est vrai . . . C'est une grande consolation . . . Mais, même si j'étais seul, je ne
5 m'écroulerais pas . . . Je lutterais . . . Je travaillerais . . .

GRANDEL. Pour qui?

BACHELET. Nous avons des devoirs à remplir, de grands devoirs . . . Un rôle à jouer . . .

10 GRANDEL. Oui, toi, peut-être . . . Et tu le joues bien . . . Tu es devenu un personnage . . . (*Il regarde autour de lui.*) Il y a du changement, ici . . . Le préfet vient à ta porte . . . On parle de toi dans les journaux . . . J'ai lu ton discours pour l'inaugura-
15 tion du monument.

BACHELET. Tu aurais mieux fait de venir l'entendre.

GRANDEL. Oh! Moi, tu sais, ces choses-là, ça me laisse froid.

20 BACHELET, *avec force.* Eh bien! Tu as tort! Tu as tort! Nous devons entretenir le culte sacré de nos morts. Quand je parlais d'Henri, dans mon discours, j'avais l'impression de le faire survivre. Regarde son portrait, il est à la place d'honneur!

25 GRANDEL, *il sort un portefeuille de sa poche.* Le portrait de Jean ne me quitte jamais. Je l'ai toujours là.

BACHELET. Tu sais qu'Henri a été tué dans des circonstances particulièrement tragiques?

GRANDEL. Oh! Le mien aussi . . . Il n'y a rien
30 de plus tragique qu'un enfant massacré . . .

BACHELET. Henri a protégé, tout seul, la retraite de son bataillon. Il a eu une citation magnifique. Cela, je ne veux pas qu'on l'oublie! Tiens, je vais te montrer plusieurs livres qu'on distribue dans les écoles.
35 Des livres sur les héros de la guerre. Il a sa place dans

tous! (*Il sort plusieurs volumes de la bibliothèque.*) Écoute,
ça . . . (*Il feuillette, puis il lit.*) «Par un matin de
décembre 1915, l'ennemi réussit à nous surprendre
sur les pentes de Carency. Décimées par un bom-
bardement terrible, nos troupes durent se replier sur 5
les troisièmes lignes. Une trouée s'ouvrait ainsi entre
le 152ᵉ et le 181ᵉ d'infanterie, trouée dont les consé-
quences pouvaient être incalculables.

Au moment où les hordes ennemies, précédées de
lance-flammes, s'avancent dans l'espace ainsi dégarni, 10
une mitrailleuse française crépite soudain au bord des
lignes abandonnées.

La vague allemande s'arrête, flotte, se replie,
remonte à l'assaut . . . En vain! (*Avec fierté.*) Seul
auprès de son arme, un sous-officier français, le sergent 15
Bachelet, arrête deux bataillons de la Garde prussienne. Autour de lui, les grenades éclatent, les obus
éventrent le sol. La mitrailleuse crépite toujours. Pendant une demi-heure, les nôtres virent le héros briser
l'élan des hordes du kaiser. Une torpille explose (*Avec* 20
un sanglot dans la voix.): la mitrailleuse se tait. L'ennemi
s'avance. Mais des renforts sont arrivés. L'ennemi ne
passera plus.

(*Avec émotion.*) Aujourd'hui, dans le cimetière de sa
ville natale, repose le corps du héros. Il a sacrifié sa 25
vie; mais il a rejoint dans la gloire éternelle Bayard,
d'Assas[11] et tous ceux dont le nom illumine l'histoire
de notre pays. Il est tombé en arrêtant l'ennemi
héréditaire, l'ennemi lâche et féroce qu'il faut haïr à
jamais.
                                                           30
(*Il se redresse, très fier.*) Heureux le père qui a donné
un tel fils à la France!» (*Un temps.*) C'est beau, n'est-ce
pas?

---

[11] *Bayard, d'Assas*, French military heroes of the 16th and 18th centuries.

GRANDEL.   Oui, si tu veux. Mais ça ne le ressuscite pas. Il est aussi mort que le mien. On lit ça dans les écoles?

BACHELET.   Dans toutes les écoles de France!

5   GRANDEL.   L'ennemi lâche et féroce qu'il faut haïr à jamais . . . (*Il hoche la tête.*) Et ce culte des héros, crois-tu que ce soit utile?

BACHELET.   Utile? Mais le culte des héros est la base d'une éducation nationale!

10   GRANDEL.   Oui, je comprends que nous gardions à ces hommes une grande place dans nos cœurs . . . Mais . . . faut-il raconter ces choses à des enfants? Et ne crains-tu pas que le culte des héros ne soit, en certains cas, le culte déguisé de la guerre?

15   BACHELET.   Non! non! Il donne le goût du sacrifice, de l'héroïsme . . .

GRANDEL.   Et quand tout un peuple a le goût de l'héroïsme, il se jette sur son voisin. Bachelet, tu ne parlais pas comme ça autrefois.

20   BACHELET.   Peut-être. Mais les gens qui réfléchissent sont souvent amenés à changer d'opinion.

GRANDEL.   Autrefois, tu n'aurais pas parlé d'une guerre possible sans trembler . . . Tu disais: «Tous les peuples sont frères . . .»

25   BACHELET.   Alors, mon fils serait mort pour rien?

GRANDEL.   Tu crois à la patrie depuis qu'elle t'a pris ton fils.

BACHELET.   Je le lui ai donné!

GRANDEL, *tristement*.   Elle te l'a pris. Et le mien
30 aussi. Voilà tout . . . Et quand je vois les résultats de la victoire, je trouve qu'on les a payés bien cher! Assez de guerre, assez d'héroïsme!

BACHELET.   Il faut pourtant que la France soit armée!

GRANDEL. Ceux qui le disent le plus fort étaient trop jeunes en 70 et trop vieux en 1914 . . . Bachelet, il ne faut pas brandir le sabre, quand on est décidé à le remettre à d'autres dès le premier jour du massacre! Et, pourtant, je pourrais être patriote à bon compte, maintenant . . . Je pourrais crier: «A Berlin!» Je n'ai plus rien à perdre! (*Un temps. Il le regarde fixement.*) Toi non plus.

BACHELET, *déconcerté*. Écoute, mon vieux, nous reprendrons cette discussion après dîner . . . Viens. Je vais te montrer le jardin.

GRANDEL. Non, n'insiste pas. Je prends le train de sept heures dix. Et puis, il vaut mieux s'en tenir là.[12] (*Il sourit.*) Il me semble que nous ne serions pas d'accord.

(*Il se lève.*)

BACHELET, *changeant de ton*. En tout cas, avant de partir, tu vas me signer ton adhésion à la société.

GRANDEL. Pour quoi faire?

BACHELET. Pour faire valoir tes droits! As-tu touché le rappel?[13]

GRANDEL. Quel rappel?

BACHELET. Le rappel de la dernière augmentation . . . Il n'est pas gros, certes, mais nous obtiendrons mieux!

(*Un temps, puis:*)

GRANDEL. Je n'ai jamais touché un sou de ma pension.

BACHELET. Mais ton fils était soutien de famille! . . . C'est indigne! Je m'en charge. Dans trois jours, tu auras ton titre!

GRANDEL. Je l'ai depuis longtemps.

---

[12] *s'en tenir là*, leave matters where they stand.
[13] *le rappel*, back pension.

BACHELET.   Alors, c'est le percepteur qui te fait des difficultés? (*Il va à son bureau.*) Donne-moi son nom! Tu vas voir. Nous allons le mettre au pas!

5 GRANDEL, *on sent qu'il ne veut pas parler.*   Je ne touche rien, parce que je ne veux rien toucher.

BACHELET.   Pourquoi?

GRANDEL, *même jeu.*   Ma retraite[14] me suffit.

BACHELET.   Mais puisque tu y as droit!

GRANDEL, *dans un cri farouche.*   Ils me l'ont pris, ils 10 me l'ont tué, je ne veux pas qu'ils me le paient!

BACHELET, *les bras au ciel.*   On ne peut pas discuter avec toi!

GRANDEL.   Tu vois bien! Pardonne-moi, Bachelet . . . Je suis un pauvre homme et qui n'ira pas 15 loin . . .

BACHELET.   Cher vieil ami! Excuse-moi . . . Tu devrais rester . . . Nous bavarderions . . . Je te remonterais le moral . . .

GRANDEL.   Non . . . Incurable, incurable . . . 20 Adieu, mon bon Bachelet . . . Je sais que tu ne m'en veux pas. Il y a tant de beaux souvenirs entre nous que des paroles n'ont pas d'importance. (*Il fait un pas vers lui.*) Tiens, embrassons-nous. C'est peut-être la dernière fois qu'on se voit!

25   (BACHELET *se defend mal contre l'émotion.*)

BACHELET.   Mais tu plaisantes, voyons! (*Ils s'embrassent gauchement.*)

(*Entre* MME BACHELET.)

SCÈNE V

LES MÊMES, MME BACHELET

MME BACHELET.   Il y a là M. le maire avec deux 30 messieurs. Ils demandent si tu peux les recevoir.

---

[14] *ma retraite*, my pension. (He means his regular pension earned by his own years of labor.)

BACHELET. M. le maire . . . Une visite! . . .
Bien . . . Je vais les recevoir . . . C'est M. Berlureau.

GRANDEL. Ah! En voilà un qui a réussi . . . Les
millions qu'il a gagnés pendant la guerre lui servent. 5

BACHELET. Il n'en fait pas un mauvais usage.
C'est un homme qui a un esprit très ouvert, très
moderne.

GRANDEL. Oui. Il fabrique des·obus, mais il les
laisse tirer par d'autres. Enfin! C'est la vie! Adieu, 10
madame Bachelet.

MME BACHELET. Alors, vrai . . . vous ne restez
pas?

GRANDEL. Non merci. Adieu, Bachelet . . .
Adieu!
                                                    15
BACHELET. Au revoir! Si tu ne reviens pas ici un
de ces jours pour passer toute la journée avec nous, tu
sais que j'irai te chercher là-bas . . . Oui, tu me
verras débarquer un beau matin . . .

GRANDEL. Si tu y tiens . . . (*Très tristement.*) 20
Mais ne tarde pas trop . . . Ne tarde pas trop . . .

(*Il sort avec* MME BACHELET.)

SCÈNE VI

BACHELET, BERLUREAU, RICHEBON, LE COMMANDANT
BLANCARD

Entre BERLUREAU, *grand, gros, important. Derrière lui*
LE COMMANDANT BLANCARD, *long et sec.* DANIEL
RICHEBON, *petit, rondelet, moustache coupée à l'améri-* 25
caine, lunettes à monture d'écaille.[15]

BERLUREAU, *très en dehors.* Bonjour, mon cher
Bachelet. (*Il lui serre les deux mains, très affectueusement.*)

---

[15] *à monture d'écaille*, with shell rims.

Permettez-moi de vous présenter deux vieux amis:
le commandant en retraite Blancard, président d'honneur de la Chorale municipale, président de la Société
de Préparation militaire, administrateur général de la
5 Société du tir à l'arbalète.[16] . .

LE COMMANDANT. Colonel des boys scouts . . .

BERLUREAU. Et Daniel Richebon, directeur du
Phare . . .

BACHELET. Messieurs, je suis extrêmement honoré
10 de votre visite.

RICHEBON, *lui serrant la main.* J'ai déjà eu l'honneur de rencontrer le père du sergent Bachelet. Le jour
de l'inauguration du monument.

BACHELET. Il y a déjà quatre ans.

15 RICHEBON. Mais je n'ai pas oublié votre discours.

BACHELET. J'ai appris à vous connaître en lisant
chaque matin vos articles, monsieur.

LE COMMANDANT. Je suis fier de serrer la main du
père d'un valeureux sous-officier.

20 BERLUREAU *s'est approché du portrait.* Voici le portrait du héros!

(*Un silence ému.*)

RICHEBON. L'image pieusement ornée de celui qui
donna sa vie pour son pays . . .

25 LE COMMANDANT *regarde le portrait de plus près et lit le
numéro du regiment sur le col de la veste.* «Cent cinquante-
deuxième d'infanterie,» (*Automatiquement.*) en garnison
à Valenciennes . . . Un bien beau régiment!

BERLUREAU. Le regard est inoubliable . . . in-
30 oubliable! (*Un long temps.*) Oui . . . Hum . . . Mon
cher Bachelet, nous avons à vous parler sur un sujet
de la plus haute importance.

RICHEBON. Et qui ne peut vous laisser indifférent.

[16] *tir à l'arbalète*, crossbow shooting.

BACHELET, *les invitant à s'asseoir.* Messieurs . . .
je vous en prie . . . asseyez-vous . . . (*Ils s'assoient
tous autour de la table.* BACHELET *face au public*, BER-
LUREAU *à sa gauche*, RICHEBON *et* LE COMMANDANT *à sa
droite.*) Je vous écoute. En quoi puis-je vous servir? 5
>   (*Un temps. Puis* BERLUREAU *se lève, solen-
>   nel.*)

BERLUREAU.   Ce n'est pas nous qu'il faut servir.
C'est la France.

LE COMMANDANT.   France . . . d'abord!   10

BERLUREAU.   Vous vous êtes, jusqu'ici, tenu à
l'écart des luttes politiques. Mais vous savez quelle est
la situation actuelle.[17] D'un côté, le communisme,
riche de l'argent de Moscou . . .

LE COMMANDANT.   Oui, monsieur. Ils recoivent 15
chaque mois des millions de roubles. Moi, j'appelle
ces gens-la des «roublards»![18]

>   (*Il rit. Ses amis sourient complaisamment.*)

BERLUREAU.   De l'autre côté, les royalistes, qui
voudraient retourner aux abus de justice.   20

RICHEBON.   La taille, la gabelle[19] et le Parc aux
Cerfs.[20]

BERLUREAU.   Entre ces deux extrêmes, plusieurs
partis: les gens de droite, prêts à la monarchie; les
gauches, communistes mal déguisés, ou qui s'ignorent, 25
quant aux honnêtes gens, ils cherchent, ils attendent.
>   (*Un temps.*)

RICHEBON.   Et dans notre département, ils ne
voient rien venir.
>   (*Un temps.*) 30

---

[17] *actuelle*, present.

[18] *roublards*, sly feilows. (There is an untranslatable play on words.)

[19] *la taille, la gabelle*. These were taxes that existed before the French
Revolution.

[20] *Parc aux Cerfs*, i.e., game preserve (for the aristocracy).

BERLUREAU.   Les élections législatives approchent.

BACHELET, *sans comprendre.*   Oui. On votera dans trois mois.

BERLUREAU, *désespéré.*   Et ces élections verront chez
5 nous le triomphe du communisme si l'on ne forme pas, dès aujourd'hui, la liste des honnêtes gens.

(*Un temps.*)

BACHELET.   Je suis entièrement de votre avis. Mais qui formera la liste des honnêtes gens?

10   BERLUREAU, *il se gonfle.*   Moi . . . Je l'ai formée.

RICHEBON.   Elle comprend des hommes d'une haute valeur morale.

BACHELET.   Et qui sont?

BERLUREAU.   Le commandant Blancard, Daniel
15 Richebon, l'abbé Maurel, le docteur Pouzilhet et moi-même, maire de notre bonne ville. Cela fait cinq.

RICHEBON.   Et le departement élit six députés.

LE COMMANDANT, *malin.*   Six!

BERLUREAU.   Le plus difficile à trouver, c'était un
20 chef . . . un étendard . . . un nom qui force l'estime et le respect de tous les honnêtes gens . . . un orateur qui, sans même prononcer un mot, touche le cœur de la foule . . . Et nous avons pensé au père du sergent Bachelet.

25   BACHELET, *se lève sur place, très ému.*   Moi?

RICHEBON.   Vous-même, cher ami.

BACHELET.   Député? Tête de liste! . . . Messieurs, je vous remercie . . . avec émotion . . . de cette marque de confiance et d'estime . . . Mais je crois
30 que je ne puis accepter.

RICHEBON.   Comment . . . vous refusez?

BERLUREAU, *souriant.*   Si vite?

BACHELET.   Permettez-moi de vous expliquer mon refus . . . Hum . . . Avant notre glorieux malheur,
35 je n'étais rien . . . qu'un petit employé de préfecture

. . . assez mal noté,[21] d'ailleurs, à cause de mon caractère indépendant. Peu de temps après sa mort héroïque, (*Il montre le portrait.*) M. le préfet me fit nommer sous-chef de bureau et il me conféra les pouvoirs de chef de bureau au lendemain de l'inaugura- 5 tion du monument.

RICHEBON. Votre discours valait bien ça!

BERLUREAU. Il révélait une valeur.

BACHELET, *les yeux au ciel.* Eh bien, messieurs, tandis que cet avancement paraissait logique et naturel 10 à la plupart de nos citoyens, il s'est trouvé quelques méchantes gens pour dire que la mort de mon fils m'avait rapporté quelque chose.

RICHEBON, *révolté.* Oh!

BERLUREAU. Quelle infamie!   15

LE COMMANDANT *se lève et épaule un fusil imaginaire.* Des gens comme ça: pan! pan!

(Il se rassoit.)

BACHELET. Si j'étais élu député, on dirait que je me sers de sa mémoire (*Il montre le portrait.*) pour me 20 faire une belle situation.

BERLUREAU. Attachez-vous la moindre importance à l'opinion de misérables envieux?

RICHEBON. Qu'importe la bave des calomniateurs!

BACHELET. Il est certain que des propos jaloux ne 25 suffiraient pas à me barrer la route. Mais pardonnezmoi ce scrupule: dans le fond de ma conscience, je leur donnerais raison . . . Il me semblerait que j'ai tiré parti de mon malheur. Voilà.

(*Il leur tourne le dos en gagnant la droite de la* 30
scène. Un temps. BERLUREAU *décontenancé,*
consulte ses collègues du regard et fait une
moue qui indique nettement que les affaires
ne vont pas aussi bien qu'il le prévoyait.)

---

[21] *assez mal noté*, with a rather bad reputation.

RICHEBON.   Admirable délicatesse!

BERLUREAU, *se levant et reprenant de l'assurance.*   Mon
cher ami, cette hésitation vous fait honneur: mais
permettez-moi de vous dire que vous vous trompez.
5 (*A* RICHEBON.) Notre ami se trompe.

RICHEBON.   Oui, il se trompe.

LE COMMANDANT.   Monsieur Bachelet, vous vous
trompez!

BACHELET.   Montrez-moi mon erreur, mon cher
10 commandant!

LE COMMANDANT, *il bafouille, puis, montrant* BER-
LUREAU.   Il va vous l'expliquer.

BERLUREAU, *ton de conférencier.*   Mon cher ami,
suivez-moi bien. Vous avez dans notre ville une situa-
15 tion privilégiée. Vous présidez—avec une rare com-
pétence—la Société des parents de héros. Vous vivez
entouré de respect et de déférente amitié. Tout le
monde vous salue. Bref, vous êtes l'une des plus hautes
autorités morales du pays.

20   RICHEBON.   C'est évident!

BACHELET.   Je ne le conteste pas.

BERLUREAU.   Du point de vue matériel, vous avez
une belle situation: avant un an, vous serez chef de
service, avec vingt-deux mille francs par an. Vous
25 habitez, depuis longtemps, une maison familière
peuplée de souvenirs chéris. Bref, rien ne vous manque,
et je puis dire qu'en ce moment vous êtes dans la
chemise d'un homme heureux.

LE COMMANDANT.   Très bien exposé.

30   RICHEBON.   Et parfaitement indiscutable.

BACHELET.   Oui, je l'admets.

BERLUREAU.   Or, nous vous proposons de quitter
tout cela et de renoncer à ce bonheur pour vous faire
nommer . . . (*Un hochement de tête et, presque doulou-*
35 *reux.*) député!

RICHEBON, *les bras ouverts, navré.*   Député!

BERLUREAU.   Peut-être croyez-vous que c'est une situation enviable. Non, mon cher Bachelet. Si telle est votre pensée, permettez-moi de vous dire que vous donnez dans un sot préjugé.   5

RICHEBON.   Un injuste préjugé!

BERLUREAU.   Être député, c'est habiter Paris, cette ville trépidante et dangereuse. Siéger à la Chambre[22] tous les jours, souvent la nuit, et parfois même jusqu'à l'heure où l'aurore rosit la coupole du Palais-Bourbon 10 . . . Siéger dans les commissions, préparer des projets de loi, rédiger des rapports, compulser des livres grands . . . comme ça, écrire des discours, les prononcer à la tribune, et souvent, pour affirmer ses convictions, faire le coup de poing et arracher des 15 cravates! Chaque matin, il faut répondre à cinquante lettres avant le petit dejeuner. On est en butte à l'envie, à la calomnie, au chantage. On les supportera stoïquement. Nous donnerons notre temps, notre cœur, notre vie, le tout . . . pour vingt-sept mille 20 francs par an . . . Quand vous aurez quitté une existence heureuse pour vous embarquer dans cette galère, appellerez-vous ça: tirer parti de votre malheur?

RICHEBON. Quoi que puissent dire les envieux, 25 vous aurez pour vous la plus précieuse des approbations: celle de votre conscience!

LE COMMANDANT.   Monsieur Bachelet, vous ne pouvez plus refuser.

(BACHELET *rêve et ne répond pas.*) 30
BERLUREAU *après un regard à ses collègues et un geste de la main indiquant qu'il va gagner la partie, s'approche de* BACHELET *et change de ton.*   Ah! je comprends votre

---

[22] *Chambre*, i.e., *Chambre des Députés*, the French equivalent of our House of Representatives.

hésitation et j'en devine le vrai motif. Pardonnez-moi de vous le dire crûment: J'ai fait comme vous, mon cher ami. J'ai eu ce moment de faiblesse.

BACHELET.   Que voulez-vous dire?

5 BERLUREAU.   Je veux dire que j'aime la bonne chère,[23] le confort, la tranquillité. Étant riche, je ne manquais de rien et je vivais heureux. Soudain, une voix impérieuse m'appela dans l'arène politique . . . Alors, j'ai cherché des prétextes, des excuses . . . Je 10 déguisais ma paresse, je lui donnais les beaux noms de désintéressement, modestie, etc. Et puis, un beau soir, ma conscience a parlé. J'ai arraché le bandeau, j'ai vu où était le devoir . . . Ah! Bachelet! Méfiez-vous de l'égoïsme: il se déguise parfois en délicatesse.

15 RICHEBON.   Méfiez-vous!

LE COMMANDANT.   Ne restez pas dans l'auxiliaire, prenez du service actif!

BACHELET.   Évidemment, vos arguments sont forts.
(*Un temps.*)

20 BERLUREAU.   Ah! je savais que sous ses yeux (*Il montre le portrait.*) vous ne refuseriez pas de faire le sacrifice qui complète le sien!

RICHEBON.   Voilà le grand argument!

LE COMMANDANT, *tout à fait rassuré, montrant* BER-25 LUREAU.   Il va le développer.

BACHELET, *en montrant le portrait.*   Son sacrifice a-t-il besoin d'être complété?

BERLUREAU.   Je réponds hardiment: oui. Certes, son geste fut sublime. Il a donné sa vie pour la France, 30 mais il l'a donnée en vain, si la France périt.

LE COMMANDANT, *ravi.*   Voilà!

RICHEBON.   La France périra si les communistes triomphent!

BERLUREAU.   Ils triompheront si vous ne luttez pas 35 à nos côtés.

---
[23] *la bonne chère*, good living.

BACHELET. Mais vous ne pourriez pas trouver un autre chef qui . . .

BERLUREAU. Ah! non, mon cher ami! Non, ne vous dérobez pas.[24] L'œuvre qu'il a si noblement entreprise (*Il montre le portrait.*), achevez-la. Vous le devez à sa mémoire.

BACHELET, *après un temps.* Votre insistance me touche. Oui, le devoir est peut-être là. Je ne vous cache pas d'ailleurs, que la vie publique me tente et que je serais heureux et fier (*Il montre le portrait.*) de suivre son exemple, sur un autre terrain, en mettant toutes mes forces au service de l'intérêt général.

BERLUREAU. Bravo!

BACHELET, *il s'assoit.* Mais . . . sous quelle étiquette nous présenterions-nous?

RICHEBON. Radicaux-nationalistes.

BACHELET. Excellent.

RICHEBON. Étiquette assez large, et qui ne nous engage à rien.

BERLUREAU, *tout près de* BACHELET. Il vaut mieux ne pas avoir les mains liées. Au fond, nous sommes simplement d'honnêtes gens, qui veulent travailler honnêtement à la reconstitution de la France.

RICHEBON, *condescendant.* Et de l'Europe, et de l'Europe.

BERLUREAU. Et, par suite, assurer la paix du monde.

LE COMMANDANT. En renforçant les cadres de l'armée.

RICHEBON. D'ailleurs, puisque vous lisez mes articles, vous connaissez les grandes lignes de notre programme.

BACHELET. Oui, et il me convient tout à fait.

BERLUREAU. Il tient en trois mots: Honnêteté . . .

LE COMMANDANT. Discipline . . .

---

[24] *ne vous dérobez pas,* don't shirk.

44   *PAGNOL AND NIVOIX*

RICHEBON. Reconstruction.

BACHELET. Mais . . . avez-vous un aperçu? . . .
Vous comprenez, messieurs, qu'il serait inutile et
préjudiciable à nos intérêts de tenter l'aventure, si le
5 succès n'est pas . . . à l'avance . . . probable . . .
possible, je veux dire possible.

RICHEBON. Oui. Vous ne voulez pas risquer votre
situation morale pour rien.

LE COMMANDANT. Cela se comprend.

10 BACHELET. Avez-vous . . . Je ne dis pas une
certitude, c'est impossible, mais une évaluation ap-
proximative du nombre de voix que nous pourrions
espérer, au cas où nous tenterions de servir le pays!

BERLUREAU. Berlureau ne s'embarque pas sans
15 biscuit![25]

> (*Il court prendre sa serviette qu'il avait laissée
> sur une chaise et revient s'asseoir devant la
> table.*)

RICHEBON. Vous pensez bien que nous y avons
20 songé!

BERLUREAU. Rapprochez-vous.

LE COMMANDANT. Rassemblement!

> (*Ils s'assoient tous les quatre, assez près les uns
> des autres, comme des conspirateurs.*)

25 BERLUREAU, *compulse des notes.* Corps électoral:
quarante-deux mille inscrits. Abstentions: douze
mille. Votants: trente mille. Majorité absolue:
quinze mille une voix.

> (BACHELET *hoche la tête.*)

30 BACHELET. Quinze mille une! C'est un nombre
considérable!

RICHEBON. Nous pouvons l'atteindre.

LE COMMANDANT. Vous allez voir.

---

[25] *ne s'embarque pas sans biscuit,* doesn't go unprepared into an under-
taking.

BERLUREAU. D'abord, les voix de l'abbé Maurel.

RICHEBON. Très intéressant, l'abbé.

BERLUREAU, *confidentiel*. Monseigneur le soutient. Selon les prêtres du département, deux mille sept cent quarante-cinq hommes suivent les offices d'une façon très régulière. Ce sont des voix tout à fait sûres. En outre, les pauvres des paroisses: il y en a deux mille trois cent vingt. Ils promettront tous de donner leur voix, mais il ne faut compter que sur la moitié.

BACHELET. Pourquoi?

BERLUREAU. Rien d'aussi menteur qu'un pauvre, et pas patriote pour un sou. Comptons-en mille.

BACHELET *inscrit*. Mille.

BERLUREAU. Ajoutez deux cent quatre-vingt-sept sacristains, quatre cent cinquante fossoyeurs, cent quatre-vingt-douze prêtres . . . Nous sommes à . . .

BACHELET *calcule*. Quatre mille deux cent quarante-neuf.

BERLUREAU. C'est tout pour l'abbé. Passons au docteur Pouzilhet.

BACHELET. N'a-t-il pas été compromis dans l'affaire des carnets médicaux?

RICHEBON, *dubitatif*. Mm . . . Mm . . . Mm . . .

BERLUREAU, *avec feu*. Calomnies! Trois mille six cent voix.

RICHEBON. Ajoutons les miennes. J'ai sept mille abonnés qui sont pour moi des amis. Je crois être au-dessous de la vérité en disant que j'apporte quatre mille voix.

BERLUREAU. Vous oubliez les mutilés . . . Ils disposent d'une rubrique dans votre journal . . . Ça va nous rapporter quelque chose . . .

RICHEBON. Je n'y compte guère. Ils commencent à se méfier de tout le monde . . . même de leurs amis les plus sincères . . . Restons à quatre mille.

BERLUREAU.   C'est un minimum.

BACHELET.   Il vaut mieux tabler sur un minimum.
Nous sommes à douze mille cent trente-cinq.

BERLUREAU.   Pour moi, vous savez que quatorze
5 mille voix m'ont porté à la mairie.

BACHELET.   Mais ce sont peut-être les mêmes que
celles de M. Richebon ou de l'abbé?

BERLUREAU.   Ce ne sont pas celles de l'abbé,
puisque, à cette époque, j'étais anticlérical.

10 RICHEBON.   Et ce ne sont pas les miennes. A ce
moment, nous étions un peu . . . en froid . . . et,
dans mon journal . . .

BERLUREAU, *riant.*   Oui . . . Vous me traitiez de
«lache forban» . . . Sacré Richebon!

15   (*Il se lève et, par-dessus la table, lui donne une
bourrade amicale.*)

RICHEBON.   Je vous connaissais mal!

BERLUREAU.   Comptez-en huit mille, et voilà tout.
Les employés municipaux, l'asile des vieillards, les
20 pompes funèbres,[26] l'abattoir, le frigorifique . . .

BACHELET *note.*   Comptons-en huit mille.

BERLUREAU.   Enfin, le commandant nous apporte
les membres des diverses sociétés qu'il préside . . .
soit . . .

25 LE COMMANDANT, *très fier.*   Mille neuf cent nonante-deux.[27]

RICHEBON, *menaçant.*   Pas plus?

LE COMMANDANT, *perdant son assurance.*   J'ai aussi
les officiers de réserve et les chefs de section: trois cent
30 cinquante-quatre voix.

RICHEBON, *méprisant.*   Bref, un millier de voix, en
tout et pour tout.

[26] *les pompes funèbres,* short for *entrepreneurs de pompes funèbres,* under-
takers.

[27] *nonante-deux,* i.e., *quatre-vingt-douze. Septante* and *nonante,* though
archaic in most of France, are still heard in part of the country.

LE COMMANDANT, *évasif*. La plus belle fille du monde![28] . . .

BACHELET. Nous sommes à . . .

BERLUREAU. Nous devons atteindre facilement vingt mille . . . Et, en ajoutant à ce total les voix que 5 vous nous apportez . . .

RICHEBON. Combien de voix nous donnez-vous?

> (*Mouvement d'attention générale. Un temps.*
> *Tous regardent* BACHELET.)

BACHELET. Deux mille. 10

BERLUREAU, *surpris*. Il n'y a eu que deux mille morts dans le département?

BACHELET. Deux mille membres inscrits à notre société.

> (RICHEBON *et* BERLUREAU *se regardent en* 15
> *faisant la moue.*)

BACHELET. Qui ne comprend qu'une partie des parents des morts. Le nombre des adhérents augmente d'ailleurs tous les jours. Et puis, c'est une force morale qu'il ne faut pas négliger. 20

RICHEBON. Oui, évidemment.

BACHELET. D'ailleurs, nous atteignons vingt-deux mille quatre cents, c'est-a-dire plus que la majorité absolue.

BERLUREAU *se lève*. Nous pourrions baptiser notre 25 liste: liste du sergent Bachelet. Ce serait encore une façon de l'honorer.

BACHELET. Oui. L'affaire se présente bien . . . Mais cette élection va coûter cher. Je ne suis pas riche . . . 30

BERLUREAU. Mon cher ami, ne parlons plus de cela. Je prends tous les frais à ma charge.

---

[28] *La plus belle fille du monde.* The allusion is to Musset's *Carmosine*, Act III: «*La plus belle fille ne donne que ce qu'elle a et l'ami le plus dévoué se tait sur ce qu'il ignore.*»

BACHELET.   C'est très généreux de votre part, mon
cher ami. Mais pouvons-nous accepter?

BERLUREAU.   On peut toujours accepter de l'argent.

5   RICHEBON.   On n'en a pas si souvent l'occasion!

BERLUREAU.   Vous êtes pétri de scrupules! Rassurez-vous, mon cher ami. Vous ne me devrez rien.
Richebon apporte son journal. Et vous, vous apportez le nom!

10   RICHEBON.   Le bouclier . . .

LE COMMANDANT.   Le drapeau!

RICHEBON.   L'auréole!

BERLUREAU.   Ça n'a pas de prix. Ça vaut cinq cent
mille francs!

15   RICHEBON.   Au moins.

(*Un temps.*)

BERLUREAU.   Eh bien, qu'en pensez-vous, cher
ami?

BACHELET.   J'ai besoin de réfléchir . . . de
20 voir . . .

RICHEBON.   C'est naturel!

BERLUREAU.   Quand pourrons-nous avoir votre
réponse?

BACHELET.   Demain.

25   RICHEBON.   Parfait.

BERLUREAU.   Nous savons ce qu'elle sera. Le pays
vous appelle: son appel sera entendu. L'affaire est dans
le sac. Eh bien, mon cher ami, nous ne voulons pas
vous importuner plus longtemps. Venez donc demain
30 soir, chez moi. Vous y rencontrerez tous les membres
de la liste du sergent Bachelet.

RICHEBON.   Et vous leur ferez part de votre décision.

BERLUREAU.   C'est entendu! (*Il lui serre la main.*)
35 Au revoir, cher ami.

RICHEBON.   A demain.

LE COMMANDANT. A demain.

BACHELET. Quelles que soient les raisons qui puissent me faire hésiter, soyez sûrs que je ne reculerai pas devant le devoir!

BERLUREAU, *montrant le portrait.* Il y veillera! 5

> (*Ils sortent.* BACHELET *reste rêveur un moment. Il se place devant le portrait de son fils et murmure, comme s'il l'interrogeait pour lui demander son avis:* «Député?» *Puis il redescend en scène, s'arrête devant* 10 *son bureau, murmure encore:* «Député!» *Il s'appuie au dossier de son fauteuil comme à une tribune et prononce un troisième* «Député!» *sur un ton très décidé.*)

SCÈNE VII

BACHELET, MME BACHELET, YVONNE

Entrent MME BACHELET *et* YVONNE. *Court silence.*

MME BACHELET. Que te voulaient-ils? 15

BACHELET, *important.* Ils m'ont fait une proposition intéressante.

MME BACHELET. Qu'est-ce donc?

BACHELET. Ils m'ont offert un siège de député.

MME BACHELET, *ironique.* Député . . . Toi! 20

BACHELET. Moi. Et pourquoi pas? Ne pourrais-je faire ma tâche tout comme un autre? Et peut-être mieux qu'un autre?

MME BACHELET, *même jeu.* Et si tu n'es pas élu?

BACHELET, *agacé.* Je le verrai bien . . . L'élection 25 me semble assurée.

MME BACHELET. Mais il faut de l'argent pour ces affaires-là! Il faut beaucoup d'argent.

BACHELET. Nous en avons. Notre parti en a.

MME BACHELET. Tu ne vois pas quels ennuis tu te 30 prépares!

BACHELET. Je les vois fort bien. Il faudra lutter, faire des discours, des articles. Cela ne me déplaît pas. Il faudra habiter Paris . . .

MME BACHELET.   Habiter Paris à notre âge! C'est
5 une catastrophe! Un déménagement . . .

BACHELET. Qu'est-ce qu'un déménagement, auprès de ce qu'ils ont souffert? (*Remonte au portrait.*)

MME BACHELET.   Bref, tu as accepté?

BACHELET.   Pas encore. Mais je crois que je ne puis
10 me dérober.

> (YVONNE *le regarde avec une tristesse hautaine.*)

YVONNE.   Vous tenez beaucoup à être monsieur le député?

15   BACHELET.   Moi? Dieu sait bien que non! J'ai tout à y perdre. (*Un temps.*) Mais il y a des devoirs qu'on ne peut esquiver et je n'ai pas l'habitude de fuir les responsabilités. (*Un temps. Il montre le portrait.*) C'est pour lui que je le ferai.

RIDEAU

ACTE DEUXIÈME

*Même décor. Mais le portrait d'*HENRI *est beaucoup plus grand qu'à l'acte précédent. La nuit.* MME BACHELET *coud sous la lampe auprès d'*YVONNE. *La pluie tinte sur les vitres.*

SCÈNE I

MME BACHELET, YVONNE

20   MME BACHELET.   As-tu fermé les volets là-haut?

YVONNE.   Oui . . . Avec cette pluie . . .

MME BACHELET.   Onze heures vingt et ils ne sont pas encore là!

YVONNE.   Ne sois pas inquiète. Il ne risque rien.

MME BACHELET.   L'autre soir, au café Martin, ils ont brisé les glaces.

YVONNE.   Il y a du bruit dans toutes les réunions électorales, mais on ne tue jamais personne! 5

MME BACHELET.   Au milieu de la foule, un mauvais coup est vite donné.

YVONNE.   Il n'est pas dans la foule. Il est sur l'estrade avec Berlureau et compagnie.

MME BACHELET.   Il a fallu qu'on lui mette cette 10 idée en tête . . . Député! Depuis trois mois, il ne tient plus en place!

YVONNE.   Il ne prend même plus le temps de manger.

MME BACHELET.   Toute la nuit il a fait des calculs. 15 Cent voix d'ici, cinquante de là. Je ne le reconnais plus.

YVONNE.   Hier, quand le charbonnier est venu, il lui a serré la main.

MME BACHELET.   Et il offre du vin blanc au con- 20 trôleur du gaz.[1] S'il n'est pas élu, il en fera une maladie.

YVONNE.   Pour sûr. (*Elle écoute.*) Les voilà.

> (*La porte s'ouvre. Entrent* BACHELET, RI-
> CHEBON *et* LE COMMANDANT. *Imper-* 25
> *méables mouillés, chapeaux trempés, para-*
> *pluies. Ils paraissent très découragés.*)

SCÈNE II

LES MÊMES, BACHELET, RICHEBON, LE COMMANDANT

BACHELET, *sombre.*   Bonsoir.

RICHEBON.   Bonsoir, mesdames.

LE COMMANDANT.   Mesdames.   30

---

[1] *contrôleur de gaz*, meter reader (for the gas company).

RICHEBON.   Nous sommes trempés.

MME BACHELET.   Enlevez vite vos manteaux. Yvonne, porte ces parapluies à la cuisine . . . Tout s'est bien passé?

5 BACHELET, *même jeu.*   Oui, très bien.

MME BACHELET.   Vous avez perdu M. Berlureau?

RICHEBON.   Il est allé à la mairie. Il va revenir.

MME BACHELET, *à son mari.*   Tu n'as pas besoin de moi?

10 BACHELET.   Non merci.

MME BACHELET.   Alors, nous vous demandons la permission de nous retirer. Bonsoir, messieurs.

> (RICHEBON *et* LE COMMANDANT *s'inclinent.*
> MME BACHELET *et* YVONNE *sortent.*)

15 BACHELET.   Croyez-vous, quelle réunion!

LE COMMANDANT.   Un scandale! Ces gens-la méritent le poteau.

RICHEBON.   Il faut avouer que les socialistes ont eu un beau succès. Bougrillot est un orateur. Évidemment 20 notre majorité sera faible.

BACHELET.   Faible ou forte, ce serait une majorité! Mais l'aurons-nous?

RICHEBON.   Je l'espère fermement.

BACHELET.   Vous n'en êtes pas sûr.

25 RICHEBON.   Sûr! Sûr! On n'est jamais sûr en ces sortes d'affaires. Il faut reconnaître que les choses marchent moins bien que nous ne l'avions espéré . . . Mais elles marchent tout de même.

LE COMMANDANT.   Oui . . . Indiscutablement . . . 30 Elles marchent . . . Elles marchent.

RICHEBON.   Et puis, dans trois jours, nous serons fixés.

BACHELET, *songeur.*   Jeudi soir . . . Je serai député ou ruiné . . . (*Un temps.*) Je n'aurais pas cru que cette campagne entraînerait tant de frais et qu'il faudrait ajouter quelque chose aux trois cent mille francs de Berlureau.

RICHEBON. Le fait est qu'elle est bien plus dure qu'on ne le pensait.   5

BACHELET. Si nous sommes élus, c'est parfait. Mais, en cas d'échec, comment payerai-je ces trente mille francs de dettes . . . Où les prendrai-je?

RICHEBON. Allons, mon cher ami . . . Vous êtes fatigué . . . Vous avez dû mal dormir la nuit der- 10 nière . . . Croyez-moi, nous avons de grandes chances.

BACHELET. Mais aucune certitude! Les socialistes sont très inquiétants.

RICHEBON. Ils n'auront pas la majorité absolue. 15 De toutes façons, nous obtiendrons un ou deux quotients.[2]

BACHELET. S'il n'y en a qu'un, il sera pour vous.

RICHEBON. Il sera pour celui qui aura le plus de voix.   20

BACHELET. Et vous en aurez plus que moi, à cause de votre journal.

RICHEBON. J'ai mon journal, mais vous avez ça. (*Il montre le portrait.*) Le succès de notre liste entière dépend des royalistes. Ils n'obtiendront que sept à 25 huit mille voix. Ce sont des voix qu'ils nous enlèvent et qui ne leur rapporteront rien du tout . . .

RICHEBON. Bah! Nous passerons tout de même. Toutes nos réunions ont été des triomphes.

LE COMMANDANT. Ça c'est vrai . . . Des tri- 30 omphes.

---

[2] *quotients.* Richebon thinks that at least one or two of their candidates will get their quota of votes enabling them to compete in a second or run-off election.

RICHEBON. Hier au soir, à Lamazeilles, c'était superbe.

BACHELET. Vous trouvez? Ils n'ont même pas laissé parler Pouzilhet.

5 RICHEBON. Oui, mais vous! Votre petit machin[3] sur les morts de la guerre, avec la phrase sur votre fils, ça fait toujours un effet considérable. C'était bien la trentième fois que je l'entendais, mais ça m'a fichu la larme à l'œil[4] comme au premier jour, parole 10 d'honneur!

LE COMMANDANT. Parole d'honneur.

BACHELET. Ah! Vous aussi?

RICHEBON. Et puis, il sait si bien le placer . . .

LE COMMANDANT. Il le place au bon moment. 15 Un fier avocat!

BACHELET. Le fait est que j'ai retourné[5] la salle . . . D'ailleurs, le discours de Pouzilhet sur l'hygiène morale et l'exposé de Berlureau sur la reconstitution industrielle ne manquent pas de valeur.

20 RICHEBON. Oui . . . Dans un autre genre.

BACHELET. Si la liste du sergent Bachelet n'est pas élue, c'est que le suffrage universel ne vaut absolument rien! Quand je pense qu'un communiste comme Bougrillot, un gredin sans valeur, peut nous battre 25 . . . Non! Non! Ce n'est pas possible . . . Il faut lutter . . .

RICHEBON. La manifestation de demain au cimetière nous fera beaucoup de bien.

BACHELET. Je propose une petite modification au 30 programme.

LE COMMANDANT. Laquelle?

BACHELET. Voici.

---

[3] *machin*, a slang word with various meanings. Here it means "speech."

[4] *ça m'a fichu la larme à l'œil*, that brought tears to my eyes.

[5] *retourné*, used here in the sense of "upset" or "moved."

(*Il tire une feuille de papier d'un tiroir de son
bureau.* BERLUREAU *entre en coup de vent,
la serviette sous le bras.*)

SCÈNE III

LES MÊMES, BERLUREAU

BERLUREAU.   Mes amis! . . . Mes amis! . . . Ils
nous font un sale coup!   5
BACHELET.   Qui ça?
BERLUREAU.   Les socialistes!
RICHEBON.   Mais . . . comment?
BERLUREAU *ouvre sa serviette et en sort une carte postale.*
Ils font mettre ceci dans les boîtes aux lettres: (*Il lit.*) 10
«Citoyens! Une liste de nullités patriotardes s'est mise
sous l'égide du sergent Bachelet et nous avons la
tristesse d'y voir figurer le nom de son père. Ces gens
sans scrupules, au service de la réaction, essaient
d'exploiter la mémoire d'un martyr . . . Citoyens!   15
Le sergent Bachelet était un héros socialiste.»
BACHELET, *il est tout près de* BERLUREAU *et lit avidement.*   C'est un mensonge!
BERLUREAU, *continuant à lire.*   Voyez au verso de
cette carte le fac-similé de la lettre qu'il envoya à un 20
de ses amis pendant sa dernière permission! (*Il retourne
la carte.*) «Mon cher ami. Je vais repartir pour l'enfer
du front. Quand les hommes comprendront-ils qu'ils
sont frères? Les soldats commencent à voir qu'ils se
battent, eux qui n'ont rien, pour défendre les richesses 25
des embusqués. Si j'ai la chance d'en revenir, quel
coup de balai![6] Signature: Henri Bachelet.»
BACHELET.   C'est un faux! C'est un faux!—
Déchirez ça!

(*Il lui arrache la carte des mains.*) 30

---

[6] *quel coup de balai!* what a clean sweep (we'll make).

Berlureau, *haussant les épaules.*   Ils en ont fait imprimer cent mille . . . On commence ce soir à les distribuer.

Bachelet, *examinant la carte.*   On a certainement
5 imité l'écriture!

Berlureau.   Cette carte a été fournie par le petit Clumet, à qui votre fils l'avait envoyée.

Bachelet.   C'est un misérable!

Le Commandant, *étranglé par la fureur.*   C'est une
10 action qui . . . une action que . . . Oh! . . .

Richebon.   Vous croyez que c'est un faux?

Bachelet.   Elle est indigne de mon fils . . . ou, s'il l'a écrite, c'est dans un moment de folie . . . d'aberration!

15   Berlureau.   Faux ou non, le résultat est là . . . Cette carte va faire un gros effet sur l'électeur.

Richebon.   Berlureau a raison . . . Un très gros effet . . . Elle sera sans doute appuyée par des articles.

20   Berlureau.   Je sais déjà qu'il y en a un demain dans *la Fraternité.* Titre: «les Maquilleurs de cadavres!» Et ça ne fait que commencer!

Bachelet.   C'est une infamie! Des gens qui ne respectent pas la douleur d'un père . . . Mais,
25 enfin, cette lettre ne signifie rien.

Le Commandant.   C'est mon avis.

Berlureau, *haussant les épaules.*   Elle signifie une perte de quinze cents voix . . .

Richebon.   Et peut-être davantage!

30   Le Commandant.   Il faudrait porter plainte devant les tribunaux.

Berlureau, *ironique.*   Excellente idée. Si la carte est un faux, nous obtiendrons la condamnation de Bougrillot dans trois ou quatre mois, c'est-à-dire après
35 notre échec définitif . . . Si la lettre est authentique,

comme je le crois, il vaut mieux se tenir tranquille, hein!

RICHEBON.   Évidemment, il faudrait parer le coup sur-le-champ.

BACHELET, *ardent.*   C'est ça. Mais comment? Com- 5 ment?

BERLUREAU, *il réfléchit. Un temps, et soudain.*   Attendez, j'ai trouvé la parade.

LE COMMANDANT.   Bravo!

BERLUREAU.   Bravo! . . . Pourquoi?   10

LE COMMANDANT.   Pour la parade.

BERLUREAU.   Attendez avant d'applaudir. Vous ne savez pas ce que je vais dire. (*A* BACHELET.) Vous avez des lettres de votre fils?

BACHELET.   Oui . . . oui . . . Trois liasses . . . 15 C'est ma femme qui les garde.

BERLUREAU.   Faites-les apporter tout de suite.

BACHELET.   Bien. (*Il ouvre la porte. A la cantonade.*) Louise . . . Veux-tu m'apporter les lettres d'Henri . . . Vite!   20

BERLUREAU, *se frottant les mains.*   Ah! nous allons bien voir!

BACHELET, *revenant vers* BERLUREAU.   Qu'allez-vous faire?

RICHEBON, *impatient.*   Dites un peu!   25

BERLUREAU.   Nous allons composer une belle affiche avec un portrait du sergent Bachelet . . . Et, au-dessous, quelques lignes prises dans ses lettres . . . Une phrase digne du héros . . .

RICHEBON.   Bravo! J'ai compris! Un coup de 30 maître.

LE COMMANDANT.   J'avais raison d'applaudir!

BERLUREAU.   C'est lui qui répondra à ses détracteurs.

BACHELET.   Une riche idée, Berlureau!   35

Berlureau. En tête, ces deux mots: «Une infamie.»

Le Commandant. Bravo!

Berlureau. Puis quelques lignes: «Le lâche
5 Bougrillot a l'audace d'attribuer au sergent Bachelet,
mort en héros, une carte postale souillée de propos
défaitistes . . . Personne ne sera dupe de cette
manœuvre criminelle . . . Voici quelques lignes
authentiques, celles-ci, prises au hasard dans les
10 lettres du héros . . .» Préparez-moi ça, commandant.

> (Le Commandant *va s'asseoir devant le
> bureau pour rédiger ce que* Berlureau
> *vient de dire.* Mme Bachelet *entre. Elle*
15 *serre contre sa poitrine trois paquets noués
> de rubans violets.*)

Mme Bachelet. Que voulez-vous en faire?

Bachelet. Allons . . . Donne!

Mme Bachelet, *lui remettant les lettres à regret.* Vous
20 ne les abîmerez pas?

Berlureau. Oh! madame!

Bachelet, *avec douceur.* Mais non! C'est pour
comparer les écritures . . . Laisse-nous . . . laisse-
nous . . . Tu vois bien que nous travaillons! (Mme
25 Bachelet *sort lentement sans quitter les lettres du regard.
Dès qu'elle est sortie,* Berlureau *saisit les paquets entre les
mains de* Bachelet *et éparpille les lettres sur la table. Ils
sont tous assis autour de la table sauf* le Commandant
resté devant le bureau.) Je ne sais pas si nous trouverons
30 notre affaire . . . Mon fils était modeste . . . Il
n'étalait pas sa bravoure . . .

Le Commandant. Comme tous les héros!

Richebon, *lisant.* . . . Tout ça est parfaitment
insignifiant . . . Il remercie pour une pipe.

35 Berlureau. Il demande une paire de chaussettes.

Le Commandant.   Un couteau de poche . . . un tricot . . .

Berlureau, *lisant*.   «Ne m'envoyez plus de conserves, parce qu'ici on en bouffe de trop. Ça irrite les gencives,» etc. Pauvre garçon! C'est touchant, mais 5 ça ne peut servir à rien. Nous trouverons bien quelque chose sur le drapeau ou sur «Mourir pour la Patrie,» que diable!

Bachelet.   Ah! Je ne sais pas!

Berlureau.   Ah! Ah! Écoutez ça . . . «Hier 10 mon ami Thibon a été tué d'une balle en plein front. Il est mort au champ d'honneur . . . en héros . . . pour la Patrie! (*Il tourne la page.*) Quelle bonne blague. Il est mort, et voilà tout. Pour moi, je suis si écœuré par cette boucherie inutile que, par moments, je 15 l'envie, je voudrais être à sa place!» (*Consternation générale.*)

Richebon.   Quel dommage qu'il ait si bien commençé et si mal terminé!

Le Commandant.   Ça ne peut servir à rien!   20

Bachelet.   Écrit dans une minute de découragement!

Berlureau.   Et, que voulez-vous! Si on ne trouve rien d'autre, il faudra bien s'en contenter . . . Une légère mise au point⁷ suffira . . .   25

Richebon.   Qu'entendez-vous par mise au point?

Berlureau, *lisant*.   Écoutez: «Hier, mon ami Thibon a été tué d'une balle en plein front. Il est mort au champ d'honneur . . . en héros . . . pour la Patrie . . . Pour moi, je l'envie, je voudrais être à sa 30 place.» Ce n'est pas plus malin que ça . . . Avec ces quatre lignes, nous sommes parés.

Richebon.   Mais, en photographiant la lettre, on verra ces mots que vous . . . négligez.

---

⁷ *mise au point*, adjustment.

BERLUREAU, *il se lève et se dirige vers le bureau.* Mais non . . . Donnez-moi des ciseaux . . . Nous allons découper les passages intéressants et les coller sur une feuille, avec la date et la signature . . . Allons! Des
5 ciseaux!

BACHELET *paraît très agité; sur le point de donner les ciseaux à* BERLUREAU, *il les garde dans sa main.* Avons-nous le droit de corriger cette lettre?

BERLUREAU. Avons-nous le droit de ne pas être
10 élus.

RICHEBON. Nous ne corrigeons rien!

BERLUREAU. Pas la moindre correction! Nous négligeons seulement deux phrases (*Montrant le portrait.*) qu'il ne pensait pas . . . Vous savez très bien
15 que jamais votre fils . . .

BACHELET, *regardant le portrait.* Sans doute . . . Mais puis-je vous laisser détruire ce souvenir.

BERLUREAU. Seriez-vous fétichiste?[8] (*Il lui arrache les ciseaux.*) Est-ce en gardant de vieux papiers que
20 l'on fait honneur à un mort? Les souvenirs ne sont pas si matériels . . . C'est là qu'ils sont!

> (*Il se frappe le cœur avec les ciseaux. Après quoi il commence à découper la lettre.*)

RICHEBON. Et puis, n'avons-nous pas la mission
25 sacrée de défendre sa mémoire? C'est lui qu'on attaque. Avons-nous le droit de l'empêcher de répondre?

BACHELET, *il se tient éloigné du bureau.* Vous croyez que cela servira à quelque chose?

RICHEBON. Mais certainement, mon cher Ba-
30 chelet. Cette affiche et la manifestation de demain assurent notre succès . . . Jeudi soir, vous serez député.

BERLUREAU. Député! Oui . . . député . . . Donnez-moi de la colle en attendant. (BACHELET *apporte*

---

[8] *Seriez-vous fétichiste?* Are you perhaps a fetishist? (i.e., a worshiper of symbols).

un pot de colle.) Je vais coller ça proprement . . . (*Il découpe les phrases, les colle sur une feuille blanche.*) Tenez, une signature . . .

RICHEBON.   Mettez assez de blanc entre les lignes. Ce sera très agrandi. (*Contemplant le résultat.*) Ce sont 5 deux belles phrases!

BERLUREAU *s'empare de la feuille et la tient à bras tendu.* Et l'on ose insulter l'homme qui a écrit ça!

LE COMMANDANT.   Ah! Si je le tenais, ce Bougrillot!

10

SCÈNE IV

LES MÊMES, YVONNE

YVONNE *est entrée brusquement. Elle est très pâle, le visage crispé. D'un coup d'œil elle a compris. Elle parle d'une voix sourde et douloureuse.*

YVONNE.   Ah! les lettres! les lettres! Vous avez osé prendre les lettres!

> (BERLUREAU *cache dans sa serviette, qu'il va prendre sur la table, la feuille qu'il vient de confectionner.*)

15

BACHELET.   Rattache le paquet. Rapporte-le à maman.

BERLUREAU.   Ce sont de nobles et précieux souvenirs.

RICHEBON, *pénétré.*   Des reliques.

20

YVONNE.   Et vous laissez tripoter ces pauvres feuilles par des étrangers . . . (*Désignant* BERLUREAU.) Par cet homme!

BACHELET.   Yvonne!

BERLUREAU. Laissez, mon ami. Je comprends cette émotion! C'est une femme! (*A* YVONNE.) Mais pour-quoi semblez-vous m'en vouloir particulièrement?

YVONNE, *de très près.* Où étiez-vous pendant la
5 guerre?

BERLUREAU. A mon poste.

YVONNE. Pendant qu'il donnait sa vie, vous ven-diez du fer!

BERLUREAU. Lieu commun de journaliste, made-
10 moiselle!

BACHELET. Calme-toi, mon petit. Va te reposer.

> (YVONNE *découvre les morceaux de la lettre
> découpée, à terre près du bureau. Elle se
> précipite pour les ramasser.*)

15 YVONNE. Oh! Ils l'ont mutilée . . . Mutilée!

BACHELET. Nous avons agi selon notre conscience. Il le fallait pour défendre sa mémoire.

BERLUREAU. On l'attaquait, mademoiselle . . . (*Les yeux au ciel.*) La calomnie!

20 YVONNE. Si vous ne l'aviez pas traîné dans vos sales réunions publiques, qui eût songé à l'attaquer? Ah! Je vois bien ce que vous faites depuis trois mois! Vous exploitez le disparu et, pour lancer vos boni-ments patriotiques, vous êtes montés sur son cercueil!
25 Vous avez pris ce pauvre cadavre, vous avez ravivé le rouge de ses plaies et, au son de *la Marseillaise*, vous le traînez de porte en porte: «Une petite voix, s'il vous plait!» C'est un héros qui la mendie. Une voix pour le docteur taré, pour le capitaine d'habillement, pour le
30 journaliste suspect, pour le voleur qui n'a pas fait la guerre! La liste du sergent Bachelet! Ha! ha! ha!

> (*Elle s'affaisse sur la chaise devant la table.*)

BERLUREAU. Il vaudrait mieux appeler Mme Ba-chelet.

35 BACHELET. Non, non! Laissez, elle va se calmer.

Ce n'est rien . . . Yvonne, comment peux-tu dire une chose pareille? Comment peux-tu croire que j'aie oublié mon Henri, mon fils! Il est ma seule pensée.

(*Il montre le portrait.*)

YVONNE, *se lève et va au portrait.* Ce portrait, je le 5 hais! Il a tué le souvenir. Vous pensez à un sergent d'infanterie qui tient tête à un bataillon et vous croyez penser à votre fils! Mais non, cela c'est un tableau. Henri, c'etait bien autre chose. (*Avec une pauvre voix.*) C'était un pas dans l'escalier, un chapeau de paille 10 jauni dans le vestibule, un gant de laine sur la table, l'odeur de son tabac, sa place parmi nous . . . Vous gardez ces croix, ces médailles, il ne les a jamais portées. Mais les plus chères des reliques, qui contiennent le plus de larmes, les pauvres feuillets pleins de sa 15 longue misère, vous les massacrez.

(*Elle retombe épuisée, saisissant dans ses bras, comme pour les protéger, les lettres épar- pillées sur la table.*)

BACHELET. Messieurs, je vous demande pardon, 20 elle n'a plus sa tête à elle.

BERLUREAU, *admiratif, a mi-voix.* Quelle sensibilité!

RICHEBON, *même jeu.* Les nerfs à fleur de peau.

LE COMMANDANT, *furieux.* Capitaine d'habille- ment! 25

YVONNE, *elle va vers Bachelet.* Parrain, je vous en supplie, ne continuez pas cette horrible chose. Vous savez comme il a souffert. Il n'aimerait pas ce que vous faites.

BACHELET. Tu ne comprends pas. Tu ne peux pas 30 comprendre . . . Va dans ta chambre, va . . . va . . . Va te reposer!

(*Elle s'en va. Tout à coup, elle se retourne, revient vers la table, saisit le paquet de let- tres et s'enfuit en pleurant.*) 35

SCÈNE V

LES MÊMES, *moins* YVONNE

BACHELET. Ah! Qu'elle est exaltée!

BERLUREAU. Quel tempérament! Fichtre!

BACHELET. Elle aimait beaucoup son cousin.

BERLUREAU, *ironique.* Je crois bien qu'elle devait
5 l'aimer. Ça se voit!

RICHEBON. Et quelle imagination! Elle est poète,
cette petite.

BERLUREAU, *pénétré d'admiration.* Mais oui, c'est
très joli ce qu'elle nous a dit . . . Le chapeau jauni,
10 le gant sur la table, la tabagie! . . .

RICHEBON. Oh! très émouvant . . .

BERLUREAU, *à Bachelet, frappé d'une soudaine inspiration.* Dites donc! Mais c'est utilisable, tout ça!
Vous pourriez peut-être le placer dans votre discours,
15 demain.

RICHEBON. Riche idée! Ce serait la deuxième
partie de l'évocation. Après la figure du héros, le
côté brillant et . . . mondial, tracer la figure du fils,
le côté humain, familial . . . la douleur paternelle.

20 BERLUREAU. Vous pouvez faire quelque chose de
très bien.

BACHELET. Je n'aurais qu'à laisser parler mon
cœur.

LE COMMANDANT. Tâchez qu'il soit éloquent.

25 BERLUREAU. Messieurs, il est deux heures vingt-
cinq. J'estime que nous avons le droit de reprendre
un repos bien gagné. (*Il donne la feuille à* RICHEBON.)
Passez à l'imprimerie avant de rentrer chez vous . . .
Faites clicher 80 sur 50.[9] . . Une belle affiche. A
30 gauche, en haut le portrait . . .

RICHEBON. Lequel?

---

[9] *Faites clicher 80 sur 50.* Have it stereotyped 80 (centimeters) by 50.

Berlureau.   Celui qui nous a servi pour les affiches vertes. Et, en tête, le texte du commandant. (*Il prend une feuille que* le Commandant *lui tend, il la parcourt des yeux.*) Bon, ça va. Demain, réunion ici, au grand complet, à dix heures et demie.   5

Bachelet.   C'est entendu. Je vous attendrai.

Richebon.   Pouzilhet et l'abbé iront directement au cimetière.

Berlureau, *en poussant* Richebon *et* le Commandant *vers la porte*.   Alors, voyez si vous pouvez placer 10 la chose dans votre discours. Vous, Richebon, procurez-vous une palme pour déposer sur la tombe. (*Il serre la main à* Bachelet.) Et faites bien attention . . . Pas la moindre allusion politique dans votre discours . . . Rien que le sergent Bachelet, et de la 15 gloire et de la douleur! Vous comprenez . . . Et puis, parlez un peu des autres morts du pays . . . Un petit mot pour les mutilés, ça ne fait pas de mal.

Bachelet.   Vous ne croyez pas qu'une allusion au communisme . . .   20

Richebon.   Non! non! Je partage l'avis de Berlureau, restez sur votre terrain, vous êtes imbattable!

Le Commandant.   Et vous l'avez déjà prouvé.

Berlureau.   Croyez-moi. Pas de politique. Sur une tombe, ce serait déplacé. Du tact, mon cher 25 Bachelet, du tact!

(*Ils sortent tous les trois.*)

SCÈNE VI

Bachelet, *puis* l'Inconnu

Bachelet *resté seul, éteint la lumière, sauf une lampe sur le bureau. La pièce est faiblement éclairée par le reflet du feu qui brûle dans la cheminée. Il referme la porte et va s'as-* 30 *seoir à son bureau.*

BACHELET.   Où ai-je mis ce discours? (*Il cherche dans un tiroir du bureau.*) Ah! voilà! (*Il parcourt silencieusement, avec des mines satisfaites. Puis il lit, en cherchant le diapason, et il répète des membres de phrases, en faisant sonner sa voix.*)
5 «Mort! Il est mort! Sous cette pierre, auprès de ses compagnons d'armes, il repose pour l'éternité. Mais du moins la gloire . . .» (*On frappe à la porte deux coups timides.* BACHELET *s'interrompt.*) Qui est là? (*Point de réponse. On frappe de nouveau.*) Qui est là? Entrez! (*La*
10 *porte 's'ouvre. Entre un homme de trente ans environ. Pauvre costume, petit chapeau de feutre presque ridicule. Barbe inculte sur un visage hâve. Il reste dans l'ombre et paraît épuisé.*) Que desirez-vous?

L'INCONNU, *en proie à une très vive émotion.*   C'est moi.

15   BACHELET.   Qui, vous?

L'INCONNU.   C'est moi . . . Henri.

BACHELET.   Henri . . . Cette voix!

L'INCONNU.   C'est moi, père.

(BACHELET *le regarde intensément.*)

20   BACHELET.   Mon fils! (*Il se précipite vers lui et l'étreint avec passion en répétant.*) Mon fils! (*Puis il l'entraîne devant le bureau, dans le rayon lumineux projeté par la lampe, le dévisage avidement. On voit qu'il doute: ce visage ravagé, il ne le reconnaît pas! Il allume alors le lustre. Nouvel examen.*)
25 Mon fils! Vous?

L'INCONNU, *appuyé, debout, contre le bureau.*   Tu ne me reconnais pas?

BACHELET.   Il me semble . . . Cette voix . . . C'est impossible! Mon fils est enterré ici . . .

30   L'INCONNU *s'assoit dans le fauteuil.*   Je t'expliquerai . . . Je suis fatigué . . . Je me suis enfui . . . J'étais dans un asile de fous.

BACHELET.   Toi . . . Pendant dix ans!

L'INCONNU.   Oui. Je ne sais plus.

35   BACHELET, *tout près, tremblant d'émotion.*   Toi! C'est

toi? . . . Henri! (*Brusquement il recule, toise l'inconnu des pieds à la tête.*) Allons! Ce n'est pas possible. (*Il va ouvrir une porte et appelle d'une voix sourde.*) Yvonne! Yvonne! Viens! (BACHELET *regarde toujours l'inconnu.* YVONNE *rentre en robe de chambre.* BACHELET *la prend par* 5 *le bras et l'amène à distance, face à* HENRI.) Regarde!

YVONNE.   Qui est-ce? . . . Qui est-ce?

L'INCONNU, *toujours effondré dans le fauteuil, dit douce-ment.*   Yvonne!   .

YVONNE, *dans un grand cri.*   Henri!   10
          (*Elle court vers lui, l'embrasse, s'agenouille
          devant lui.*)

BACHELET, *balbutiant d'émotion.*   C'est lui, n'est-ce pas? C'est bien lui?

YVONNE *pleure et continue à embrasser* HENRI.   Vivant! 15 Vivant!

L'INCONNU.   Germaine! Où est Germaine?

VOIX DE MME BACHELET, *en coulisse.*   Est-ce que la porte du jardin est fermée? Je l'entends qui bat.

L'INCONNU, *faiblement.*   Maman!   20

BACHELET, *à* YVONNE.   Va lui dire, doucement; une joie si brusque, j'ai peur . . .

VOIX DE MME BACHELET.   Tu ne veux pas y aller?

BACHELET.   Oui . . . j'y vais.
                              (YVONNE *va vers la porte.*) 25

L'INCONNU.   Tous . . . Je vous retrouve tous! . . .
          (*Il veut se lever, mais retombe lourdement dans
          le fauteuil, comme s'il allait avoir une syn-
          cope.* BACHELET *le soutient dans ses bras.*)

YVONNE, *revenant sur ses pas.*   Mon Dieu!   30
          (*Elle se précipite vers le buffet, l'ouvre, prend
          une bouteille de vinaigre. La porte s'ouvre,*
          MME BACHELET *paraît. Elle ne voit
          qu'*YVONNE.)

MME BACHELET.   Je ne peux pas dormir avec cette 35

porte qui bat! Je vais la fermer. (*A* Yvonne.) Qu'est-ce
que tu fais? Tu n'es pas couchée?

(Yvonne *reste immobile, la bouteille à la main. D'instinct,*
Bachelet *s'est placé devant* Henri, *pour que* Mme
Bachelet *ne le voie pas. Un grand silence. Répondant à
la question qui vient de lui être posée.* Yvonne *tourne
lentement la tête dans la direction d'*Henri, *que* Bachelet *découvre alors.* Mme Bachelet *a un leger mouvement de surprise en voyant, à cette heure, un inconnu dans sa
maison.* «*Sans doute quelqu'un venu pour les élections,*»
*songe-t-elle. Elle se dirige vers cet inconnu et, arrivée à
trois pas de lui, le salue d'une légère inclinaison de tête.*
Henri *fait alors un grand effort pour se mettre debout, un
pauvre sourire illumine son visage ravagé.* Mme Bachelet, *obscurement angoissée, fait encore un pas vers lui.*
Henri *a réussi à se lever, il ouvre les bras et murmure,
dans un sanglot, comme un enfant:* «*Maman!*» *Sa mère
reste un instant éblouie, puis, fauchée par une trop grande
émotion, sur place, tombe évanouie dans les bras tendus vers
elle. Angoissés,* Henri, Bachelet *et* Yvonne *la
déposent dans le fauteuil. Son évanouissement est de courte
durée. Elle ouvre les yeux, découvre son fils agenouillé devant
elle. Elle veut lui caresser les cheveux, retire ses mains,
effrayée. Puis c'est enfin la reconnaissance, elle le caresse
doucement, en pleurant, sans bruit, tandis que le rideau
tombe.*)[*]

---

[*] Note des auteurs.—Toute cette scène muette doit être jouée en
prenant de grands temps.

ACTE TROISIÈME

Même décor. Le lendemain matin

SCÈNE I

MME BACHELET, YVONNE

YVONNE *entre en scène.*`Elle apporte des croissants*[1] *et prépare
le petit déjeuner. Entre* MME BACHELET, *l'air affolé.*

YVONNE, *se précipitant vers elle.* Mon Dieu, qu'y
a-t-il?

MME BACHELET. Henri vient de se réveiller.

YVONNE. Je cours l'embrasser.

MME BACHELET. Attends . . . Il me pose des 5
questions. Je ne sais que lui répondre.

YVONNE, *arrêtée dans son élan.* Germaine?

MME BACHELET.´ On dirait qu'il a des soupçons.
Il m'interroge . . . Je suis partie pour lui cacher mon
trouble. Hier soir c'était facile. Il était si faible, si 10
fatigué. Il n'a même pas eu la force de nous raconter
sa triste histoire: il s'est endormi tout de suite. Toute
la nuit je l'ai regardé dormir. J'attendais son réveil
avec impatience! Dès qu'il a ouvert les yeux, je me suis
précipitée pour l'embrasser. Ses premières paroles ont 15
été pour réclamer sa femme.

YVONNE. Que lui as-tu répondu?

MME BACHELET. Que son père était allé la chercher. J'ai essayé de parler d'autre chose. J'ai amené
la conversation sur son père, sur sa candidature aux 20
élections . . . Invariablement il revenait sur le seul
objet qui l'intéresse: sa femme!

YVONNE. Et voilà dans quelle situation elle nous a
mis!

---

[1] *croissants,* breakfast rolls (crescent-shaped).

Mme Bachelet, *tristement.* Il s'inquiète plus de la santé de Germaine que de la mienne!

Yvonne. Quand il va savior! Il aurait mieux valu tout lui dire hier soir!

5 Mme Bachelet. Tu sais bien que nous n'en avons pas eu le courage. Nous étions si heureux et il était si faible. Non! Il est préférable que Germaine ait une explication avec lui . . . Pourvu qu'elle ne tarde pas . . . Chut! Je l'entends qui descend. Aide-moi 10 à lui répondre.

(*Entre* Henri. *Il est rasé et habillé avec un de ses anciens costumes.*)

SCÈNE II

Les Mêmes, Henri

Henri, *impatient et inquiet.* Germaine est là?

Mme Bachelet. Non, mais elle ne peut guère 15 tarder maintenant.

Yvonne. Bonjour, Henri. Tu as bien dormi?

(*Elle l'embrasse.*)

Henri. Bonjour, Yvonne.

Yvonne. Comme tu es beau!

20 Henri. Crois-tu que Germaine me trouvera changé?

Mme Bachelet, *versant du café dans une tasse.* Mais non! Viens prendre du café.

Henri, *il se regarde à la glace.* Tout ça est trop large 25 pour moi, maintenant. (*Il regarde son portrait.*) C'est moi?

Yvonne. Oui. C'est un agrandissement d'une photo que tu nous avais envoyée du front.

Henri, *comparant son image dans la glace et le portrait.* 30 Je ne me reconnais pas . . . Et Germaine, a-t-elle changé?

MME BACHELET. Voilà. Tout est prêt. Tu vas déjeuner.

HENRI. Merci. Je n'ai pas faim.

MME BACHELET. Oh! Regarde les beaux croissants qu'Yvonne est allée acheter pour toi. Ils sont encore 5 tout chauds.

HENRI, *songeant toujours uniquement à sa femme.* Pourquoi n'est-elle pas encore là? A quelle heure mon père est-il parti?

MME BACHELET. A six heures. 10

HENRI, *regardant sa montre.* Sept heures et demie. Il a certainement pris une voiture. Ils devraient être revenus.

YVONNE, *après un silence, préparant un café au lait.* Pour me faire plaisir, avec un peu de crème? 15

HENRI. Non, merci. Je ne veux rien.

MME BACHELET. Voyons, mon petit . . . Il faut reprendre des forces.

HENRI. Enfin, pourquoi mon père n'est-il pas venu me réveiller? Il aurait dû deviner que j'aurais été 20 heureux de l'accompagner.

MME BACHELET. Tu étais si fatigué.

HENRI. La fatigue, est-ce que ça compte? (*Un temps, puis, nerveusement.*) Ah! je ne puis plus attendre. Je vais à leur rencontre! 25

MME BACHELET. Tu ne sais pas quel chemin ils vont prendre pour revenir . . . Il y a deux routes . . . Je t'assure qu'il vaut mieux que tu attendes ici. Tu risques de ne pas les rencontrer.

HENRI. Tu as raison. (*Il s'assoit.*) Je suis si inquiet! 30 Mon père usera-t-il d'assez de ménagements? Une pareille nouvelle! Si elle allait lui faire mal! (*Dans un élan.*) Ah! maman! maman! je suis si heureux, si heureux! Quand je pense que dans quelques instants elle sera là, dans mes bras . . . Germaine! . . . 35

Cette attente, c'est long! . . . (*Il découvre l'inquiétude des deux femmes.*) Mais, qu'est-ce que vous avez?

MME BACHELET. Rien.

HENRI. Vous semblez préoccupées?

5 YVONNE. Nous sommes navrées que tu ne veuilles rien manger.

MME BACHELET. Mon chéri, nous allons bien te soigner.

HENRI. Apres ces dix années, il y aura beaucoup à
10 faire. (*Il se regarde dans la glace.*) Non! Décidément, cette cravate me va mal. Je vais en essayer une autre. Si je pouvais trouver un costume qui m'aille mieux. (*Mouvement de sortie.*) Dès qu'elle sera là, appelle-moi! Viens, Yvonne, j'ai besoin de tes conseils.

15   (*Il sort.*)

YVONNE. Je t'assure que nous devrions lui dire la vérité.

MME BACHELET. Il a le temps de souffrir!

VOIX D'HENRI, *en coulisse.* Yvonne! Tu viens?

20 MME BACHELET. Va vite. Ne le laisse pas seul.

(YVONNE *sort.* MME BACHELET, *restée seule, débarrasse la table. Entre* BACHELET.)

SCÈNE III

BACHELET, MME BACHELET

MME BACHELET. Eh bien?
25 BACHELET. Elle va venir. Son mari est en voyage. Elle était encore couchée.

MME BACHELET. Qu'a-t-elle dit?

BACHELET. Elle ne veut pas croire la nouvelle. Enfin, elle sera là dans un quart d'heure.

30 MME BACHELET. Henri est déjà levé.

BACHELET. Comment va-t-il?

MME BACHELET.   Il est dans un état de nervosité
. . . Il attend sa femme. Nous ne lui avons rien dit.

BACHELET.   Je vais le voir . . . j'ai hâte de connaître cette miraculeuse histoire.

MME BACHELET.   Puisque tu es rentré, je vais faire 5
mon marché . . .

> (*Elle sort. Sonnerie de téléphone.*)

BACHELET à *l'appareil*.   «Oui. C'est moi . . . Ah!
c'est vous, Richebon? Bonjour. Bien, merci. Non, je
n'ai pas encore lu le journal . . . (*Avec une légère* 10
inquiétude.) Le cortège se formera devant chez moi?
. . . Pourquoi pas à la mairie? (*Se reprenant.*) Mais
non . . . Pourquoi voulez-vous que ça me dérange?
. . . Oui, mon discours est prêt . . . (*Entre* BER-
LUREAU *en coup de vent. Il porte à la main une palme en métal* 15
doré et paraît extrêmement joyeux. Il est en redingote, chapeau
haut de forme.[2]) Bon, entendu . . . Je vous quitte
. . . Voici Berlureau. C'est ça, à tout à l'heure.»

> (*Il raccroche le récepteur.*)

SCÈNE IV

BACHELET, BERLUREAU, *puis* YVONNE

BERLUREAU.   Bonne   nouvelle,   mon   cher   ami, 20
bonne nouvelle! Le comte se désiste en notre faveur!

BACHELET, *surpris*.   Les royalistes!

BERLUREAU.   Je l'ai appris ce matin, de source
absolument certaine. J'ai vu l'épreuve de l'article qui
paraîtra ce soir dans les journaux. Ils ont compris 25
qu'ils n'avaient aucune chance et ils préfèrent notre
succès à celui des socialistes. D'ailleurs, l'article est
plutôt rosse.

BACHELET.   Combien de voix?

BERLUREAU.   Sept mille! 30

---

[2] *chapeau haut de forme,* silk hat, top hat.

BACHELET, *hésitant.* Nous serions certains de passer.

BERLUREAU. Nous serions? . . . Nous *sommes* certains de passer. Et vous savez, entre nous, sans cet apport nous étions battus . . . Le vieux chouan va venir ce matin vous annoncer officiellement la chose. (*Il se frotte les mains.*) Ça y est! Ça y est! Vous l'avais-je assez dit que vous seriez député! Dans huit jours, Paris, le Palais-Bourbon, la buvette[3] . . . Le Moulin-Rouge![4] Ah! sacré Bachelet! (*Tape vigoureuse sur l'épaule.*) Mais, dites donc, vous n'êtes pas encore habillé pour la cérémonie . . . Richebon et le commandant vont arriver.

BACHELET, *un peu énervé.* Nous avons bien le temps.

BERLUREAU. Ma parole, mais vous n'avez pas l'air content.

BACHELET, *avec une joie immense.* Moi! Ah! si, je suis content . . . Très content . . . Moi aussi, j'ai une bonne nouvelle à vous annoncer . . . et quelle nouvelle!

BERLUREAU, *sceptique.* Après celle que je vous apporte! Alors . . . Dites!

BACHELET, *dans une joie débordante.* Mon fils est revenu!

BERLUREAU, Quoi?

BACHELET, *même jeu.* Mon fils est revenu.

BERLUREAU. Votre fils . . . Vous avez un fils, vous?

BACHELET, *montrant le portrait.* Lui.

BERLUREAU. Henri?

BACHELET, *même jeu.* Oui. Henri, que nous croyions mort, est vivant.

BERLUREAU. Qu'est-ce que vous me chantez là?

---

[3] *buvette,* bar (the one frequented by the members of parliament).
[4] *Le Moulin-Rouge,* a famous Paris night club.

BACHELET.   Prisonnier pendant toute la guerre, il
est resté jusqu'à hier dans un hôpital.

BERLUREAU.   Qu'est-ce que c'est que toute cette
histoire? Allons . . . Allons . . . Mon brave Bachelet . . . Vous n'y êtes plus . . . Vous n'allez 5
pas perdre la raison à la veille du scrutin?

BACHELET.   Je vous dis que mon fils est revenu.
Évidemment, c'est incroyable . . . C'est une joie
inespérée!

BERLUREAU.   C'est impossible. Voyons! Vous savez 10
bien que notre pauvre Henri est enterré ici.

BACHELET.   Ce n'est pas lui.

BERLUREAU.   Et qui voulez-vous que ce soit?

BACHELET.   Un autre.

BERLUREAU.   Et Henri aurait attendu jusqu'à 15
maintenant pour faire savoir . . . Ça ne tient pas
debout,[5] votre histoire!

BACHELET.   Il avait perdu la raison, puisqu'il faut
vous mettre les points sur les *i* . . . Il était dans un
asile . . . Il s'est enfui . . .   20

BERLUREAU, *l'interrompant, affectueusement narquois.*
Qui vous a raconté tous ces potins?

BACHELET.   Henri!

BERLUREAU, *même jeu.*   Vous l'avez vu?

BACHELET.   Il est ici.   25

BERLUREAU, *montrant le portrait.*   Là?

BACHELET, *montrant le plafond.*   Non. Là.

BERLUREAU, *changeant d'attitude.*   Ici.

BACHELET.   Depuis cette nuit. C'est une joie immense qui me boule-verse . . . Aussi vous ai-je peut- 30
être paru bizarre.

BERLUREAU, *qui n'écoute plus, il s'assoit lourdement.*
Nous sommes fichus!

BACHELET, *inquiet.*   Comment?

---

[5] *Ça ne tient pas debout,* that doesn't stand up, doesn't make sense.

BERLUREAU. Notre élection. (*Geste du doigt devant le nez en sifflant.*) Bzitt!

BACHELET, *anxieux.* Vous croyez?

BERLUREAU. Si je crois! (*Un temps de profonde*
5 *réflexion.*) Non! Non! Tout cela est impossible!
(*Martelant.*) Im-pos-sible! Ça ne peut pas être vrai
. . . Voyons . . . Vous être certain de ne pas vous
tromper . . . Vous l'avez reconnu? ·

BACHELET. Oui . . . (*Un temps.*) Certes, il a
10 beaucoup changé.

BERLUREAU, *satisfait.* Ah!

BACHELET. Pour un étranger, il serait presque
méconnaissable. Il a beaucoup maigri. Son regard
même par moments . . .

15 BERLUREAU. Parfait . . . Parfait! . . . Vous a-t-il
parlé de son enfance? Vous a-t-il donné des détails
précis sur votre vie passée, des détails que seul votre
fils pouvait connaître?

BACHELET. Il est arrivé à deux heures du matin
20 complètement épuisé. A deux heures et demie, il dormait. Il m'a vaguement raconté . . . Son esprit n'est
pas encore très solide. Bien des souvenirs lui ont
échappé . . . Il avait oublié le prénom de sa mère.

BERLUREAU, *triomphant.* Et vous trouvez ça naturel!
25 Non! Mon cher ami, c'est un coup monté!

BACHELET. Un coup monté?

BERLUREAU, *sûr de lui.* Une manœuvre électorale!

BACHELET, *légèrement décontenancé.* Je vous affirme . . .

30 BERLUREAU. Voyons, mon ami, du calme. Sup-
posons que les socialistes vous aient envoyé un complice. Deux hypothèses. Premier cas: l'amour paternel
vous aveugle. Vous marchez à fond,[6] vous reconnaissez votre fils. Le lendemain, veille du scrutin, les murs

---

[6] *Vous marchez à fond*, you "fall" for it completely.

sont couverts d'affiches: «Le faux héros!» Notre élection est par terre!

BACHELET.   Mais nous prouverons . . .

BERLUREAU.   Vous prouverez tout ce que vous voudrez, mais trop tard. Deuxième cas: vous ne marchez pas et vous mettez l'imposteur à la porte. Il va crier dans la rue qu'il est votre fils, que vous le chassez. Les socialistes le recueillent. Notre élection est également par terre . . . Très fort! Très fort! Ils sont très forts!

BACHELET, *avec la plus grande conviction.*   Mais je vous affirme que c'est bien mon fils qui était là cette nuit devant moi. Ma raison en douterait peut-être, mais mon cœur de père . . .

BERLUREAU.   Votre cœur de père peut se tromper.

BACHELET.   Yvonne et sa mère l'ont reconnu aussitôt!

BERLUREAU.   Oh! Les femmes, on leur fait croire ce que l'on veut! Voyons, vous devez pourtant savoir qu'il y a actuellement dans les hôpitaux une centaine de malheureux qui ont perdu la raison ou la mémoire et dont on ne connaît pas l'identité. Depuis l'armistice, on fait circuler en France des photographies de ces martyrs. Et il arrive souvent que deux ou trois mères croient reconnaître leur cher disparu. Elles se le disputent farouchement . . . Leur cœur de mère se trompe!

BACHELET, *très net.*   Je connais mon fils! Il n'y a aucun doute!

BERLUREAU.   Croyez-vous qu'elles ne connaissent pas le leur? En cette affaire, il nous faut une preuve matérielle. Or, les preuves matérielles que nous possédons sont irréfutables: votre fils n'est plus. L'individu qui usurpe son nom est, soit un misérable payé par nos ennemis, soit l'un de ces malheureux dont je viens de vous parler. Les socialistes l'ont envoyé chez vous, qui sait . . . peut-être après l'avoir suggestionné.

BACHELET, *pour couper court à cette discussion.* C'est bien simple. Vous allez le voir. Je vais l'appeler.

5   BERLUREAU.   C'est ça. Faites venir ce prétendu Henri Bachelet!

BACHELET, *appelant.*   Yvonne?

VOIX D'YVONNE.   Parrain!

BACHELET.   Viens!

(*Entre* YVONNE.)

10

YVONNE, *émue.*   Germaine est là?

BACHELET.   Non, pas encore. Où est Henri?

YVONNE.   Dans sa chambre. Je viens de le quitter.

BACHELET.   Va lui dire que j'attends ici . . . Ah!

15 écoute-moi. Pendant qu'Henri et moi nous causerons avec M. Berlureau, tu guetteras l'arrivée de Germaine. Lorsqu'elle sera là, tu n'auras qu'à entrer ici. Je comprendrai . . . Et M. Berlureau voudra bien nous laisser.

20   YVONNE.   C'est entendu.

(*Elle sort.*)

BERLUREAU, *un peu troublé par les réponses d'*YVONNE. Dites-moi . . . Avez-vous annoncé ce retour à quelqu'un?

25   BACHELET.   Non . . . C'est-à-dire à sa femme . . . Elle va venir . . . Nous l'attendons.

BERLUREAU.   Alors elle va chanter ça partout!

BACHELET.   Non. Je lui ai recommandé, ainsi qu'à ma femme et à Yvonne, le silence jusqu'à nouvel 30 ordre.

BERLUREAU, *éclairé.*   Ah! Et pourquoi?

BACHELET.   Je ne sais pas . . . Il m'a semblé . . .

(*Il hésite, puis se tait.*)

BERLUREAU.   Vous voyez bien que vous doutez 35 . . . Laissez-moi faire . . . Vous allez voir!

BACHELET. Parlez-lui doucement . . . Il est malade!

BERLUREAU. On n'est pas des brutes!

(BACHELET *se dirige vers la porte à la rencontre d'*HENRI.) 5

BERLUREAU, *à part.* Si c'était lui, nous serions propres!

SCÈNE V

LES MÊMES, HENRI

Entre HENRI. *Il reste près de la porte.*

BERLUREAU, *mouvement de menton vers* HENRI. C'est lui?

BACHELET. Oui, c'est Henri . . . (*A* HENRI, *un* 10 *peu surpris.*) Comme tu as changé depuis hier soir!

BERLUREAU. Très bien. Asseyez-vous. On va causer.

HENRI, *saluant.* Monsieur.

BACHELET, *présentant.* Monsieur Berlureau . . . 15 Le maire de notre ville. Il ne peut croire la bonne nouvelle de ton retour.

HENRI. C'est tellement extraordinaire!

(*Il s'assoit.* BACHELET *est près de lui l'entourant de tendresse.*) 20

BERLUREAU. Tout à fait extraordinaire . . . Alors vous êtes Henri Bachelet? C'est curieux! Vous ne ressemblez guère à votre portrait. Je l'ai connu autrefois, Henri Bachelet. Il était beaucoup plus fort . . . Un beau garçon . . . 25

HENRI. Il y a eu la guerre.

BERLUREAU. C'est vrai . . . Vous avez beaucoup changé . . . hein?

HENRI, *inquiet.* Vous trouvez?

BERLUREAU.   Alors, comment tout cela est-il arrivé? Racontez-nous un peu ce roman?

BACHELET, *il a vaguement entendu les questions de*
BERLUREAU, *tout à la joie de serrer son fils dans ses bras.*
5 Ce calvaire! Raconte ce calvaire de neuf ans . . .
J'ai hâte de savoir . . .

HENRI.   Comment faire un récit de ces choses
quand la mémoire est chancelante? Je te l'ai déjà dit:
il y a de grands trous dans mes souvenirs . . . Mais
10 si tu me poses quelques questions je pourrai peut-
être . . .

BERLUREAU, *net.*   Où et quand avez-vous été blessé?

HENRI, *lentement, en hachant les mots, il fait un grand*
effort pour reconstituer ses souvenirs.   En hiver . . . Au
15 milieu de la nuit . . . Après deux assauts, ils ont em-
porté la position . . . Le bataillon s'est replié . . .
J'étais blessé à la cuisse . . . au fond d'un trou
d'obus . . . Un nid de mitrailleuse . . .

BERLUREAU.   Et alors?

20 HENRI.   Je n'ai pas pu me replier avec mes camarades. J'étais avec un autre sergent, un mitrailleur.
Il n'était pas blessé. Il est resté seul, au bord du trou, à
la mitrailleuse, longtemps il a tiré . . . Les obus
tombaient . . . ça a duré peut-être un quart d'heure
25 . . . Peut-être davantage . . . Puis . . . une grande
lueur . . .

BACHELET, *le serrant tendrement contre lui, comme pour*
le protéger.   Et après?

HENRI.   Après . . . Je ne sais plus! Je me suis
30 reveillé en Allemagne . . . Blessé à la tête . . .
trépané . . . Je ne pouvais rien me rappeler, pas
même mon nom . . . Et puis . . . je ne raisonnais
pas bien . . . Je suis resté longtemps dans le même
hôpital.

35 BERLUREAU.   Où est-il cet hôpital?

Henri, *geste vague.* En Allemagne . . . A la fin de la guerre, ils m'ont envoyé en France . . . Dans une maison de santé.

Berlureau, *sans insister.* Une maison de fous?

Henri. Je n'étais pas fou. J'étais libre. On me 5 faisait travailler aux champs. J'ai encore les mains dures. Brusquement, hier matin, en m'éveillant, j'ai su qui j'étais. Je n'ai rien dit à personne . . .

Berlureau. Pourquoi?

Henri. J'avais peur. Ils m'auraient peut-être en- 10 fermé. Je me suis enfui . . . (*A son père*) Voilà!

(*Le père et le fils s'embrassent.*)

Bachelet. Voilà toute la douloureuse histoire.

Berlureau, *se lève.* Une histoire qui ne tient pas debout.

Bachelet, *interloqué.* Que voyez-vous d'invraisem- blable?

Berlureau. Tout. Je comprends qu'un mal- heureux père se laisse abuser. Mais à moi, on ne me la fait pas![7]

Henri. Ah! Ça! Que signifie?

Berlureau. Allons, ne perdons pas de temps . . . Vous n'êtes pas plus malade que moi!

Bachelet, *furieux.* Berlureau, taisez-vous!

Berlureau. Mais laissez-moi donc faire . . . 25 Combien touchez-vous? On vous donnera le double et vous irez ressusciter ailleurs. (Henri *lui saute à la gorge. Courte lutte.* Bachelet *essaie de les séparer.* Berlureau *essaie de se dégager.*) Vous n'avez pas honte de jouer un rôle pareil! . . . Spéculer sur le chagrin d'une 30 famille . . . Profiter d'un mort! Voulez-vous me lâcher! (Henri *l'assoit violemment sur le fauteuil.* Bachelet *les sépare. Piteux,* Berlureau *refait le nœud de sa cravate.*) Quelle brute!

[7] *on ne me la fait pas,* they can't put it over on me.

HENRI.   Et je vous engage à ne pas continuer!

BACHELET, *à* BERLUREAU.   Vous êtes ridicule. Vous voyez bien que c'est mon fils . . . Faut-il vous répéter que nous l'avons tous reconnu? . . .

5   BERLUREAU, *très ennuyé.*   Ainsi, vous seriez vraiment . . . (*Entre* YVONNE. BERLUREAU *s'interrompt.* BACHELET *paraît aussitôt très gêné. Court silence.* BERLUREAU *passe devant* HENRI *en faisant un crochet pour ne pas se trouver à sa porte.*) Eh bien, je crois qu'il est
10 préférable que nous laissions monsieur Henri . . . J'aurais cependant tenu à vous exprimer . . .

BACHELET, *le poussant vers la porte.*   Plus tard . . . Plus tard . . . Venez par ici . . .

                    (*Ils sortent.* YVONNE *qui reste seule en face*
15   *d'*HENRI, *est émue et gênée.*)

SCÈNE VI

HENRI, YVONNE

HENRI.   Pourquoi ta présence met-elle en fuite cette canaille?

YVONNE.   Mais . . . Je ne sais pas!

HENRI.   L'attitude gênée de mon père lorsque tu
20 es entrée . . . Sa hâte de sortir . . . Son insistance pour entraîner ce Berlureau . . . Et toi, qui n'oses pas me regarder . . . On me cache quelque chose . . . Yvonne, réponds-moi . . . Où est Germaine?

YVONNE, *après une courte hésitation.*   Ah! Et puis, il
25 vaut mieux que tu saches la vérité.

HENRI.   Morte?

YVONNE.   Oh! Non!

HENRI.   Alors . . . avec un autre? (YVONNE *baisse la tête et s'assoit.*) Allons . . . Allons! C'est impossible
30 . . . Yvonne, dis-moi que ce n'est pas vrai!

YVONNE.   Elle s'est remariée en 1919.

HENRI. Elle . . . remariée?

YVONNE. Et elle n'est pas la seule . . . (HENRI *est courbé par le chagrin. Tendrement.*) Tu as de la peine . . . Pardonne-moi . . . il valait mieux . . .

HENRI, *sombre.* Où est-elle? 5

YVONNE. Elle est là. Elle n'ose pas entrer. On lui a dit que tu ne savais rien.

HENRI. Je veux la voir! (YVONNE *va ouvrir la porte.* GERMAINE *apparaît. Elle fait un pas dans la pièce puis demeure immobile.* HENRI *d'un geste, renvoie* YVONNE.) 10 Laisse-nous!

SCÈNE VII

HENRI, GERMAINE

GERMAINE *est restée immobile, muette, comme paralysée.*

GERMAINE, *dans un souffle.* Toi! . . . C'est toi!

HENRI, *impénétrable.* Comme tu vois.

GERMAINE. Ce n'est pas possible!

HENRI, *même jeu.* Tout est possible! 15

GERMAINE. Toi! Henri!

(*Elle a un élan.* HENRI *l'arrête d'un geste.*)

HENRI. C'est tout ce que tu trouves à me dire?

GERMAINE. Je suis si boulversée . . . Depuis que ton père m'a raconté . . . J'ai peine à croire . . . 20

HENRI. Et à me reconnaître. (*Mouvement de* GERMAINE) Oh! si! Ne proteste pas. Mon père, lui aussi, a hésité hier soir . . . Dame, avec une figure comme la mienne! Quelle ruine, hein?

GERMAINE, *s'approchant de lui.* Vivant! Tu es 25 vivant!

HENRI. Retour en droite ligne de chez les morts.

GERMAINE, *tout près.* Raconte-moi.

HENRI. A quoi bon . . . (*Un temps. Puis, directement dans les yeux.*) Ton mari va bien? 30

GERMAINE, *reculant.*   Quoi . . . Tu sais?

HENRI.   Oui, je sais que quatre années ont suffi pour que tu m'oublies . . . Quatre ans! Et tu devais m'aimer toute la vie!

5   GERMAINE.   Si tu pouvais savoir mon désespoir, mes larmes . . . Ah! oui! Comme je t'ai pleuré! . . .

HENRI.   Tant qu'un autre ne s'est pas offert pour te consoler.

GERMAINE.   Ce n'est pas une consolation que j'ai 10 acceptée, mais une aide . . . Comment pouvais-je prévoir . . .

HENRI.   Que j'aurais assez peu de tact pour revenir. Excuse-moi, je ne l'ai pas fait exprès.

GERMAINE.   J'étais seule, sans ressources, avec ma 15 mère . . .

HENRI.   Mes parents t'avaient donc renvoyée?

GERMAINE.   Non, mais ils n'étaient pas riches. Je n'avais aucune raison de rester à leur charge.

HENRI.   Au résumé, tu voudrais que je t'approuve. 20 (*Il rit amèrement.*) Quand je pense aux lettres que tu m'envoyais au front! Une phrase y revenait à chaque instant: «Si tu ne reviens pas, je n'aurai pas le courage de te survivre.» Et chaque fois c'était pour moi une angoisse infinie . . . Ai-je été assez bête! (*Un temps.* 25 *Toisant Germaine.*) Tu as pris admirablement ton parti![8]

GERMAINE.   Ce n'est pas vrai! Pendant trois mois, j'ai été très malade.

HENRI.   Trois mois! Tant que ça! Je serais bien 30 exigeant d'en demander davantage . . . Enfin, je suis heureux de constater que le chagrin ne t'a pas vieillie.

GERMAINE.   Tu m'accuses, et cependant je ne suis

---

[8] *Tu . . . parti.* You resigned yourself admirably.

pas coupable. La vie, le temps seuls sont responsables . . .

HENRI.   Combien de femmes doivent être dans ton
cas! La mort de celui que vous aimiez devait vous ôter
toute raison de vivre. D'avance vous gémissiez, et, 5
maintenant, que reste-t-il de ces grandes douleurs, une
date inscrite sur une tombe . . . Une date que
chaque jour on oublie davantage!

GERMAINE.   Rien ne pouvait te faire oublier.

HENRI.   Allons donc! Voudrais-tu essayer mainte- 10
nant de me faire croire que tu n'es pas heureuse, alors
que tout en toi respire le bonheur? . . . Cette robe
que tu as choisie pour plaire à un autre . . . Cette
bague que tu essaies de dissimuler . . . Tu es heureuse . . . Et comment en serait-il autrement? Qu' 15
étais-tu autrefois? . . . La femme d'un pauvre. Tu
avais sur le dos une robe de quatre sous . . . Et tu
voudrais regretter ce temps-là! . . . Mon obscur
souvenir lutterait avec le présent! Tu as gagné au
change. Alors . . . raconte . . . Il est riche? . . . 20
Un type plus malin que moi? A-t-il fait la guerre? . . .
Hein . . . réponds!

GERMAINE.   Il est plus âgé que toi.

HENRI.   Jusqu'à quarante-cinq ans, les hommes
montaient aux tranchées.   25

GERMAINE.   Il était réformé.[9]

HENRI.   Ah! oui . . . Pas assez solide pour aller se
faire casser la figure avec les autres, assez pour prendre
leurs femmes . . . Et c'est ça que tu aimes?

GERMAINE.   Je ne l'aime pas d'amour. Il a été très 30
bon pour maman et pour moi. Nous étions si désem-
parées . . . Si tu savais! Il y a eu tant de misère!
. . . Et puis, pourquoi te le cacherais-je? Après tant
de chagrin, j'avais besoin d'affection.

---

[9] *réformé*, exempt (for physical reasons).

HENRI. Et ta mère, elle ne te suffisait pas?

GERMAINE. Je t'assure que tout cela ne peut être comparé à notre amour . . . L'amour de nos vingt ans!

5 HENRI. Je ne comprends qu'une chose: tu lui appartiens . . . Et moi . . . J'étais mort pour vous défendre . . . pour permettre cette saleté.[10]

GERMAINE. Henri!

HENRI. Au fait, puisqu'il paraît que je suis enterré
10 ici . . . tu as certainment déposé des couronnes sur ma tombe, avec quelque épitaphe bien touchante; «Regrets éternels» ou «A mon époux chéri que je n'oublierai jamais» . . . Jamais! Quatre ans! . . . Hein, est-ce bien ça? . . . Raconte, voyons! C'est
15 trop drôle!

GERMAINE. Pourquoi ridiculiser les sentiments les plus sincères?

HENRI. Sincère . . . toi! Depuis que tu es devant moi, as-tu été une minute sincère? Veux-tu que je
20 traduise tes pensées? Tu as peur, oui, peur! . . . Tu trembles à l'idée d'être obligée de quitter ton mari . . . As-tu eu un seul élan vers moi? . . . Pas un mot tendre . . . Rien! Dame, si je voulais . . . Ton second mariage est annulé d'office . . . Qu'en dis-tu?
25 Si je voulais . . . Quelle sale blague, hein?

GERMAINE. Henri, je t'en prie!

HENRI. Tu songes à ta nouvelle maison . . . Tu compares avec le misérable foyer de l'imbécile que j'étais . . . Non! Non! Sois bien tranquille, je n'ai
30 pas l'intention de troubler ce parfait bonheur. Reste avec lui. Ne considère dans mon retour que ce seul avantage: à l'avenir, tu es dispensée de retourner sur ma tombe, si toutefois tu prenais encore la peine de la visiter . . . (*Pendant cette dernière réplique,* GERMAINE

_____
[10] *saleté*, dirty thing.

pleure doucement, la tête cachée dans ses mains.) Tiens . . .
tu pleures . . . A quoi bon . . . Tu vois bien que
j'arrange tout. Garde tes larmes pour une meilleure
occasion. Et moi . . . crois-tu donc que je n'ai pas
envie de pleurer, de crier, de hurler ma souffrance? 5
. . . Mais représente-toi, si tu le peux, si tu as encore
un peu d'affection pour moi, tout ce que je viens de
subir . . . Un matin . . . Une épave . . . un fou
revient à la vie . . . Sa pensée se précise . . . Les
voiles se déchirent . . . Il interroge . . . Il com- 10
prend . . . Dès lors, il n'a plus qu'un désir: s'enfuir.
Et sais-tu vers qui vont aussitôt ses pensées? . . . Vers
sa femme dont l'image chérie ne quitte plus son cerveau. Il s'y accroche . . . comme s'il craignait de
l'oublier une seconde fois. Alors, il s'enfuit . . . 15
Avant de prendre le train, il achète un journal pour
lire une date . . . Juillet 1924 . . . Neuf années se
sont écoulées . . . Il tremble . . . Qu'est-elle de-
venue? Morte, peut-être. Seule la mort peut l'empêcher de la retrouver. Elle l'aimait tant . . . Pas un 20
seul instant, tu entends bien, pas un instant il ne sup-
pose qu'un autre malheur peut la lui avoir enlevée
. . . Durant tout le voyage, il ne pense qu'à elle . . .
Ses parents? Au second plan! . . . Obscurément,
dans son cerveau se posent de cruels problèmes . . . 25
S'il devait choisir . . . qui préférerait-il retrouver?
Il veut rejeter ces pensées, mais une voix lointaine en
décide. Sans hésiter, il sacrifie père, mère, pourvu
qu'il retrouve celle qu'il aime . . . Enfin, il arrive
. . . Son père ne le reconnaît pas . . . Qu'importe 30
. . . il n'a qu'une hâte . . . Sa femme! Il apprend
qu'elle est vivante, mais il lui faut attendre le lendemain pour la voir. Et, ce matin, Yvonne m'a tout
dit. Alors, depuis, je ne sais plus . . . Je ne sais plus
. . . As-tu compris, cette fois, le mal que tu m'as fait? 35

. . . Dis . . . Comprends-tu? . . . Réponds . . .
C'est moi qui devrais pleurer . . . Et, depuis que tu
es là, les sanglots m'étouffent, mais je ne veux pas
. . . Non, je ne veux pas pleurer . . .

5   (*Il s'affaisse sur une chaise, terrassé par un
              chagrin effrayant.*)

GERMAINE, *elle le contemple avec pitié et s'agenouille
devant lui.* Henri! . . . Henri! Pardon! . . . Ne
pleure pas . . . Mon cœur est déchiré . . . Déjà ton
10 pauvre visage ravagé par la souffrance, et puis ces
larmes . . . Je t'en prie, Henri . . . Ne pleure plus
. . . Je ne sais plus, moi . . . Que puis-je faire? Je
voudrais trouver quelque chose . . . Des paroles pour
te donner du courage. Mais je comprends que tout est
15 inutile . . . Et je reste là, témoin de ta grande
douleur . . . (*Elle appuie le visage d'*HENRI *contre elle.*)
Là . . . C'est ça . . . Appuie-toi sur moi, tout
contre ta petite Mène . . . Comme autrefois . . .
Comment voudrais-tu que j'aie oublié notre amour?
20 . . . Le printemps de notre vie . . . Crois-tu que je
vive depuis la guerre? . . . Chaque jour n'est qu'une
triste comédie. Lorsqu'on songe au passé, il semble
qu'on ait vécu dans un pays de rêve . . . Et, cependant, il faut vivre . . . Alors on est repris par l'en-
25 grenage des jours . . . La vie est vilaine, mais on y
tient quand même . . . Henri, il faut me pardonner.

HENRI, *se relevant lentement.* Ah! je le sais trop bien
que tu as mille excuses . . . Les vivants ne peuvent
pas vivre avec les morts.

30 GERMAINE, *implorante.* Tu me pardonnes? . . .

HENRI. Que t'importe!

GERMAINE. Je voudrais t'embrasser.

HENRI. Ah! Non! Pas ça! Pas d'aumône! (*Montrant son visage.*) Est-ce qu'on peut embrasser ça!

Germaine, *de nouveau en larmes.* Ah! Tu vois bien . . .

Henri, *tout près d'elle.* Eh bien, si! Je mens! J'ai envie de tes lèvres! (*Il la prend dans ses bras.*) Laisse-moi te caresser encore une fois . . . comme si tu 5 étais toujours mon petit à moi . . . (*Ils s'embrassent.*) T'avoir ainsi, dans mes bras, mais c'est la première minute de bonheur depuis combien d'années! Après ça, je n'ai plus qu'à crever pour de bon, cette fois!

Germaine. Ne parle pas ainsi, je t'en supplie . . . 10

Henri. Comment veux-tu que je vive sans toi? . . . Mais, puisque tu as pitié de moi, pourquoi ne serions-nous pas encore heureux tous les deux? . . . Cet homme, tu ne peux pas l'aimer . . . Il n'a aucun droit sur toi . . . Tu ne réponds pas . . . 15 Oui, je comprends. Pauvre naïf, comme si tu pouvais hésiter entre l'existence misérable que je t'offre et celle que tu as su t'assurer!

Germaine. Comment peux-tu croire?

Henri. Alors . . . Si tu m'aimes encore . . . 20 Qui peut t'empêcher . . . Sois tranquille, jamais je ne ferai allusion à ce passé . . . Quoi, tu hésites encore? Allons, il y a autre chose. Qui peut s'opposer à notre bonheur?

Germaine, *elle baisse la tête.* Mon fils. 25

Henri. Tu as un enfant?

Germaine, *doucement.* Oui, un fils, il a quatre ans.

Henri. C'est bien . . . Je comprends . . . Tu as raison, c'est impossible. Tu es libre, Germaine.

Germaine, *dans un élan.* Pardon! 30

Henri, *la repoussant.* Non! Non! . . . Laisse-moi seul, maintenant . . . Quand tu voudras, nous divorcerons.

(*Elle sort en pleurant.*)

Henri, *seul.* Il eût mieux valu rester fou.

    (*Il s'assoit sure une chaise, à gauche, le dos
tourné à la porte d'entrée.*)

SCÈNE VIII

Henri, Bachelet

Bachelet. Germaine est partie . . . ? Elle était
5 si émue qu'elle n'a rien pu me dire . . . (*Tristement.*)
Elle t'a tout expliqué . . . Qu'avez-vous décidé? . . .

    Henri, *geste de lassitude.* Ne m'en parle plus.

    (Berlureau *se montre timidement sur le pas
de la porte. Il entre sur la pointe des pieds.*)

10   Bachelet, *gêné.* Tu sais . . . Berlureau est là
. . . Il est navré . . . Il n'a pas voulu partir sans te
faire ses excuses . . . Il ne voudrait pas que tu conserves une fâcheuse impression . . . Tu ne veux pas
le voir maintenant . . .

15   (Berlureau *esquisse un mouvement de retraite, puis s'avance, piteux.*)

SCÈNE IX

Bachelet, Henri, Berlureau, *puis* Yvonne

Berlureau, *navré.* Mon cher ami, je suis cons-
terné. Ainsi vous êtes vraiment le sergent Henri
Bachelet?

20   Henri. Ça vous gêne?

    Berlureau, *même jeu.* Vous plaisantez! Mais il
est certain que mes paroles ont pu vous blesser . . .
Évidemment! Pardonnez-moi ces propos pénibles.
Je croyais défendre votre mémoire contre une im-
25 posture . . . Je suis désolé.

    Bachelet. Il ne faut pas lui en vouloir.[11] C'est

---

[11] *lui en vouloir,* be angry with him.

un bon ami. Il croyait parler dans notre intérêt.

HENRI, *geste de très grande lassitude.* N'en parlons
plus.

BERLUREAU, *soulagé d'un poids.* C'est ça, n'en parlons plus. (*Un temps, reprenant toute son assurance. A* BA- 5
CHELET, *très cordial.*) Il va falloir le soigner, ce gar-
çon-là !

BACHELET. Soyez tranquille.

BERLUREAU. Il lui faudra beaucoup de repos, du
calme . . . du silence . . .   10

BACHELET. Nous ferons le nécessaire.

BERLUREAU. Le pouvez-vous . . . Je ne le crois
pas . . . Ce qu'il lui faut, c'est la campagne, le grand
air, le silence des champs . . . Et, tenez . . . il me
vient une idée. Pour vous prouver que je ne suis pas un 15
méchant homme, je mets à votre disposition une ferme
que je possède aux environs de Toulouse. Il faut partir
immédiatement . . . Vous verrez, du bon lait, des
œufs . . . La solitude . . . La solitude absolue . . .

HENRI. Je ne désire pas m'isoler.   20

BERLUREAU. Mais je vous assure que, dans l'intérêt de votre santé . . .

HENRI. Occupez-vous de vos affaires et fichez-
moi la paix.[12]

(*Il se lève, lui tourne le dos et va à la fenêtre.*) 25

BERLUREAU, *à* BACHELET. Pas aimable ! Enfin,
Mme Bachelet doit être bien heureuse, et vous, je vous
félicite . . . Vous êtes un heureux père . . . Mais un
candidat malheureux. Quand la bonne nouvelle se
répandra, nous allons sombrer dans le ridicule, nous 30
serons battus et vous serez ruiné. (HENRI *le regarde
avec surprise.*) . . . Oui, vous ruinez votre père.

HENRI. Moi ! Comment ?

BERLUREAU. Il se présente aux élections.

---

[12] *fichez-moi la paix,* don't bother me.

HENRI.   Je sais. Mais quel rapport . . .

BERLUREAU.   Toute notre campagne électorale repose sur votre gloire.

HENRI.   Ma gloire?

5   BERLUREAU.   Votre père ne vous a pas mis au courant de la légende,—car ce n'est plus qu'une légende qui auréole votre nom . . . On vous prenait pour un héros! Le véritable héros est au cimetière!

BACHELET.   Il était tout de même avec lui.

10   BERLUREAU.   Non, mon cher ami. C'est irréparable. Il n'est plus un héros. La première qualité d'un héros, c'est d'être mort et enterré. (*Un temps.*) La campagne électorale nous a coûté fort cher. Votre père a engagé trente mille francs qu'il n'a pas!

15   BACHELET.   Je les trouverai. Qu'est-ce que trente mille francs auprès de l'immense joie . . .

BERLUREAU.   Moi, j'en perds trois cent mille et je n'ai pas de joie. Et Richebon, et l'abbé, et le commandant, et Pouzilhet? Avez-vous le droit de pousser 20 vos associés au désastre? Et s'il n'y avait que nous! Vous allez porter un coup terrible au parti!

HENRI.   Quel parti?

BACHELET.   Dame, il ne sait rien!

BERLUREAU.   Le parti qui poursuit l'œuvre des 25 combattants morts pour la France, qui lutte contre ceux qui voudraient réduire à néant tant de sacrifices . . . Contre ceux qui ne veulent pas prévoir une nouvelle agression de l'Allemagne . . . Au résumé, c'est bien simple . . . Si vous rendez publique la 30 nouvelle de votre retour, vous ruinez notre parti, vous livrez la France à nos ennemis, vous rompez l'équilibre européen . . . Vous provoquez peut-être une catastrophe mondiale!

HENRI.   Pas plus! . . .

35   BERLUREAU.   Oui. Cela peut vous paraître un peu

fort. Mais, en réfléchissant . . . (HENRI *hausse les épaules, ricanant.*) Voyons, Bachelet, dites-lui donc que je n'exagère rien!

BACHELET. Il est certain . . .

BERLUREAU, *le coupant.* Vous voyez . . . 5

HENRI. Je vois que mon retour dérange tout le monde.

BACHELET, *il embrasse son fils.* Henri!

BERLUREAU, *sur un ton qui veut être convaincant.* Attendez! . . . Les élections ont lieu dans trois jours. 10 Taisez-vous jusque-là. Après le scrutin, vous pourrez faire ce que vous voudrez. Qu'est-ce que trois jours de repos! Vous avez bien attendu dix ans! Vous n'en êtes pas à trois jours près![13]

HENRI, *mouvement vers la porte.* Laissez-moi, je suis 15 si fatigué.

BACHELET. Mon pauvre enfant . . . Va te reposer . . . Va rejoindre ta mère . . . Monte dans ta chambre.

(*Il l'accompagne jusqu'à la porte.*) 20

BERLUREAU, *de loin.* Trois jours . . . On peut y compter?

HENRI. Je ferai ce que mon père voudra.

(*Il sort.*)

BERLUREAU. Eh bien, voilà une solution parfaite! 25

BACHELET, *très net.* Non! Non! C'est impossible. Je ne puis cacher mon fils!

BERLUREAU. Pendant trois jours? . . . Et pourquoi? . . . Sa maman le soignera et, pendant ce temps-là, vous serez élu! 30

BACHELET, *même jeu.* Je ne peux pas prendre part à la cérémonie de ce matin.

BERLUREAU. Qu'est-ce qui vous en empêche?

---

[13] *Vous . . . près!* Three days shouldn't matter to you!

BACHELET, *définitif*. Je ne puis pas aller au cimetière.

BERLUREAU, *avec une grande sincérité*. Mais pourquoi? . . . Écoutez-moi, Bachelet . . . Je vais vous
5 parler franchement. Jusqu'ici, je vous ai caché mes scrupules. Mais j'en avais!

BACHELET, *pas convaincu*. Vous?

BERLUREAU. Oui . . . Moi! Ce que nous a dit hier soir cette admirable Yvonne me travaillait; elle
10 avait raison. Mais, aujourd'hui, mes scrupules tombent. Votre fils est vivant. Nous ne commettons plus de sacrilège. Nous jouons la comédie, voilà tout! En politique, c'est inévitable! Aussi viendrez-vous à la cérémonie.

15 BACHELET. C'est impossible . . . Je ne pourrai pas parler.

BERLUREAU. Mais comprenez donc que ce n'est plus seulement pour honorer la mémoire de votre fils que vous vous faites élire, c'est pour assurer la paix à
20 laquelle il a droit. Un peu d'énergie, que diable, vous lui devez bien ça!

(*Entre* YVONNE.)

YVONNE. Vos amis sont là.

BACHELET. Richebon et le commandant?

25 BERLUREAU. Qu'ils entrent!

(*Exit* YVONNE.)

BACHELET. Je vous assure . . .

BERLUREAU. Seriez-vous à ce point égoïste? . . . Votre fils est vivant, soit! Et les autres . . . leur
30 sacrifice ne compte plus pour vous? Allons, ne vous dérobez pas![14]

(*Entrent* RICHEBON *et* LE COMMANDANT, *en tenue de cérémonie.* LE COMMANDANT *porte un étui de cuir très long.*)

---

[14] *Allons . . . pas!* Come, don't shirk!

SCÈNE X

BACHELET, BERLUREAU, RICHEBON, LE COMMANDANT

BERLUREAU. Ah! vous êtes prêts? (*Au* COMMANDANT.) Qu'est-ce que vous portez là?

LE COMMANDANT. Une bannière. Il n'y a pas de cérémonie sans drapeau.

BACHELET, *qui était près de la fenêtre, songeur.* Le 5 comte de Lieuville . . . Le voilà! (*Affolé.*) La démarche officielle . . .

BERLUREAU, *il pousse* BACHELET *vers la porte.* Allez au-devant de lui!

(BACHELET *sort.*) 10

RICHEBON. Le comte de Lieuville ici?

LE COMMANDANT. L'ennemi dans la place?

BERLUREAU. Vous ne savez pas la nouvelle? Les royalistes nous donnent leurs voix!

RICHEBON. Pas possible! Mais c'est splendide! 15

LE COMMANDANT, *ému.* Les braves gens!

RICHEBON. Mais que vient-il faire ici?

BERLUREAU, *ironique.* Un discours, sans doute. (*Il montre le portrait.*) Je parie qu'il va parler de lui!

LE COMMANDANT, *au garde-à-vous.* Du héros . . . 20

BERLUREAU, *impénétrable.* Oui . . . du héros . . .

SCÈNE XI

LES MÊMES, LE COMTE DE LIEUVILLE

Entre BACHELET, *qui a revêtu une redingote. Il introduit* LIEUVILLE. *C'est un beau vieillard, très distingué.*

BACHELET. Entrez, monsieur le comte, et soyez le bienvenu dans ma maison. Vous connaissez ces messieurs?

LIEUVILLE. Parfaitement. (*Il salue d'un petit signe de tête.*) Je ne viens pas chez M. Bachelet, candidat républicain-nationaliste, je viens chez le père du sergent Bachelet.

5 LE COMMANDANT. . . . Sergent Bachelet!

LIEUVILLE. Comment?

LE COMMANDANT, *bafouillant.* Brroum!

LIEUVILLE. Adversaires politiques, nous le resterons, monsieur. Le parti royaliste, que j'ai l'honneur
10 de représenter ici, recrute chaque jour de nouveaux adhérents. Un jour prochain verra notre triomphe. Ce jour-là n'est pas encore arrivé. Je sais que les élections de jeudi nous réservent une très honorable défaite . . . Mais une défaite . . .

15 LE COMMANDANT. Une défaite.

LIEUVILLE. Vous dites?

LE COMMANDANT, *même jeu.* Brroum!

RICHEBON, *un coup d'œil furieux au* COMMANDANT. Continuez, monsieur le comte, continuez.

20 LIEUVILLE. Nous pourrions poursuivre la lutte et montrer, par le nombre de voix qui nous est assuré, les progrès accomplis par nos doctrines. Mais, à l'heure où de graves périls menacent la France, il convient de placer les intérêts de la patrie au-dessus de l'esprit de
25 parti.

BERLUREAU. Bravo!

RICHEBON. Voilà qui est parlé!

LIEUVILLE. Notre seul objectif sera donc d'empêcher la victoire des socialistes. Il nous a semblé que
30 la liste Bachelet était, après la nôtre, la mieux qualifiée pour assurer le maintien de l'ordre . . . Certes, je me permets de vous dire que je n'estime pas également tous vos colistiers.[15] Je regrette de voir parmi vous le docteur Pouzilhet, dont la réputation n'est pas . . .
35 nette!

---

[15] *colistiers*, fellow candidates.

Berlureau. On vous a trompé, monsieur le comte.

Lieuville, *sans regarder* Berlureau. Il me semble même que M. Berlureau ici présent, n'était pas très qualifié pour aller à la bataille . . . électorale, entre 5 l'abbé Maurel et le père d'un héros. Mais quoi! nous n'avons pas le choix!

Berlureau, *souriant*. Faute de grives![16]

Lieuville. Ce qu'il faut, avant tout, c'est sauve-garder les droits imprescriptibles de nos morts, et, ici, 10 je m'excuse, monsieur Bachelet, de réveiller en vous un douloureux souvenir. Je sais combien, et à juste titre, vous êtes fier d'avoir donné le jour à un héros . . . Fils de plébéien, Henri Bachelet avait hérité de toutes les fières qualités de la race . . . C'est sur la 15 tombe de nos soldats que doit se consolider l'union sacrée, cette union qui doit permettre une France plus grande et plus forte!

Bachelet. Vous parlez admirablement, monsieur le comte. Quel dommage que vous ne soyez pas des 20 nôtres!

Lieuville. Jamais, monsieur Bachelet. Ce qui ne m'empêche pas, devant ce portrait, de vous annoncer officiellement que la liste monarchiste est heureuse de se désister en sa faveur et de crier bien haut: Honneur 25 au sergent Bachelet! Vive la France! (*A* Bachelet.) . . . à qui vous avez tout donné.

     (*Il serre les mains à* Bachelet, *qui a une at-titude très embarrassée. On entend des rumeurs sous les fenêtres, quelques fracas de* 30 *cymbales et de cuivres.*[17])

---

[16] *Faute de grives!* This expression is part of the proverb: «*Faute de grives, on mange des merles,*» beggars can't be choosers; half a loaf is better than none. *Grive*, thrush; *merle*, blackbird.

[17] *fracas . . . cuivres*, noise of cymbals and brass instruments.

RICHEBON, *à la fenêtre.* Le cortege est en train de se former.

LE COMMANDANT. Et voilà la musique.[18]

LIEUVILLE. Pour la cérémonie au cimetière.

5 BERLUREAU. C'est là que nous allons prendre les engagements suprêmes.

BACHELET. Pensez-vous que ce soit très nécessaire?

LIEUVILLE. Je comprends que cette manifestation vous soit pénible, mais je la crois d'un grand effet. Le 10 peuple a besoin de cérémonies un peu théâtrales!

BERLUREAU. Oh! ce sera très simple! (*Au* COMMANDANT.) Prenez la palme!

LE COMMANDANT. Je ne peux pas. J'ai la bannière!

15 RICHEBON. Donnez-la-moi!

LIEUVILLE. Je serai heureux de m'associer à cette pieuse démarche. C'est une occasion de nous montrer côte à côte et de faire connaître notre alliance . . . momentanée . . .

20 BERLUREAU. Ah! Quelle idée! Et même vous pourriez saluer à la fenêtre avant le départ!

LIEUVILLE. Si vous voulez!

(BERLUREAU *se précipite et ouvre la fenêtre. Acclamations.*) ·

25 BERLUREAU. Citoyens! (*Cris: Bravo! Vive monsieur le Maire!* BERLUREAU *regarde les personnages présents avec un petit sourire satisfait.*) Je suis heureux de vous annoncer que, dans l'intérêt supérieur de la patrie, le parti royaliste vient d'offrir ses voix à la liste du 30 sergent Bachelet! (*Cris: Bravo! Vive la France! Vive le roi!*) Cette alliance, nous allons la sceller tout à l'heure au pied du monument du héros français. (*Tumulte, cris.* BERLUREAU *à* LIEUVILLE *et à* BACHELET.) Rapprochez-vous . . . Accolade . . . Accolade . . .

---

[18] *la musique,* the band.

(BERLUREAU *pousse* BACHELET *dans les bras
de* LIEUVILLE. LIEUVILLE *et* BACHELET
s'embrassent. BERLUREAU *se place derrière aux et brandit la palme en hurlant.
Ovation. A ce moment,* YVONNE *entre; elle
assiste silencieuse, à toute la fin de cette
scène.*)

BERLUREAU.   Et maintenant, allons-y!

(*Il ceint son écharpe*[19] *et va donner le bras à*
BACHELET.)

BACHELET, *affolé.*   Cher ami . . . Je . . . Je ne
sais pas si je pourrai . . .

LIEUVILLE, *prenant* BACHELET *par l'autre bras.*   Courage . . . Appuyez-vous sur moi!

BERLUREAU, *à* LIEUVILLE.   Le chagrin le tue!

(RICHEBON *portant la palme, et* LE COM-
MANDANT *qui tient une bannière sont à
gauche premier plan, prêts à sortir. Au milieu
de la scène,* BACHELET, *soutenu par*
LIEUVILLE *et* BERLUREAU, *s'avance. Le
trio passe devant la table, puis sort.*

LE COMMANDANT, *les suivant.*   Ça me rappelle le
jour de la mobilisation!

(*Ils sortent tous.*)

SCÈNE XII

YVONNE, *puis* HENRI

YVONNE, *restée seule, regarde par la fenêtre. Les hurlements
de la foule redoublent.* LIEUVILLE *et* BACHELET *sont dans
la rue. Entre* HENRI, *qui descend du second étage et se
montre timidement.*

HENRI.   Qu'est-ce   que   c'est? . . . Un   accident? . . .

---

[19] *Il ceint son écharpe,* he puts on his sash.

YVONNE.   Non, c'est de la politique!

HENRI.   Ah! . . . (*Il va à la fenêtre.*) Mon père est
à leur tête. Où vont-ils?

YVONNE.   Sur ta tombe!

5   (*L'orphéon attaque la marche de* Sambre-et-
         Meuse. *Clameurs. Applaudissements.*
         HENRI *regarde, éffaré, sa cousine pendant
         que le rideau tombe.*)

ACTE QUATRIÈME

Le cabinet de travail de BACHELET *à Paris. Mobilier
somptueux. Sur le mur du fond, un portrait du héros plus grand
qu'à l'acte précédent; sur le bureau, la Légion d'honneur, la
Croix de guerre et la Médaille militaire épinglées à un coussin
de velours grenat.*

         (BACHELET *se tient très droit dans une redin-
         gote neuve, il a les yeux brillants, le geste
         autoritaire. Quand le rideau se lève, il est
         assis devant le bureau. A sa gauche, un
         jeune secrétaire, très élégant, décachette les
         lettres et les lit.*)

SCÈNE I
BACHELET, LE SECRÉTAIRE

LE SECRÉTAIRE, *il lit.* . . . «Si vous aviez l'ex-
10 trême obligeance de me faire obtenir un demi-tarif de
chemin de fer . . .»

BACHELET.   Ma parole, ils prennent leur député
pour un domestique! (LE SECRÉTAIRE *attend, le crayon
à la main.*) Comment s'appelle-t-il?

15 LE SECRÉTAIRE.   Bernouillet, liquoriste . . .

BACHELET.   Diable! Accordé . . . Transmettez au

directeur de la Compagnie avec ma carte. (Le Secrétaire *note*.) Il n'y a rien d'autre?

Le Secrétaire.   Non, monsieur le député.

Bachelet.   Faites taper les réponses et rapportez-
les à signer avant midi. Vous me préparerez en même 5
temps une liste des démarches que m'imposent ces
gens.

Le Secrétaire.   Bien, monsieur.

> (*Il sort. Sonnerie de téléphone. Bachelet dit:
> «Encore!» puis prend le récepteur.*) 10

Bachelet, *à l'appareil*.   «Allo. Oui, c'est moi. A
qui ai-je l'honneur . . . ? Comment? . . . Monsieur
Liort . . . du *Nouvelliste?* . . . Non, monsieur, je ne
donne pas d'interview pour le moment . . . Vous
trouverez mon discours dans l'*Officiel* . . . Au revoir, 15
monsieur.»

> (*Il raccroche le récepteur. Entre* l'Huissier.)

L'Huissier, *montrant une carte*.   Ce monsieur insiste
beaucoup.

Bachelet, *lisant*.   «Le Comte de Lieuville . . .» 20
Ah! Faites entrer . . . Mais laissez-lui entendre que
c'est une faveur . . . que je suis très pressé.

L'Huissier.   Bien, monsieur le député.

Bachelet.   Et je ne veux plus voir personne, sauf
M. Berlureau, que j'attends ce matin. (Bachelet 25
*découvre une lettre de faire-part encadrée de noir sur son bureau
et dont il avait oublié de prendre connaissance.*) Tiens! Qui
est mort! . . . (*Il ouvre et lit.*) «Grandel!» Ah! Ce
pauvre ami! Le chagrin l'a tué!

> (*Il reste pensif jusqu'à l'entrée de* Lieuville.) 30

SCÈNE II

Bachelet, Lieuville

Lieuville.   Bonjour, mon cher député.

Bachelet, *souriant*.   Bonjour, mon cher électeur!

LIEUVILLE. Mes félicitations. Vos débuts à la tribune ont été éclatants. J'ai tenu à venir vous serrer la main.

BACHELET. J'ignorais que vous fussiez à Paris.

5 LIEUVILLE. Je suis arrivé avant-hier pour un mariage . . . Un cousin . . . J'étais d'ailleurs chargé par vos électeurs d'une mission auprès de vous, une mission particulièrement agréable!

BACHELET. Laquelle?

10 LIEUVILLE. Plus tard . . . Vous verrez . . . C'est une surprise . . . Profitant de mon séjour à Paris, je suis allé à la Chambre hier.

BACHELET. Ah! vous avez entendu mon discours?

LIEUVILLE. J'ai entendu l'ovation qui salua le père 15 du sergent Bachelet, avant même qu'il eût parlé.

BACHELET. Mais, mon discours?

LIEUVILLE. Admirable! Et quelle émotion!

BACHELET, *détaché*. Je ne voulais apporter que des chiffres pour discuter le relèvement des pensions . . . 20 Mais, peu à peu, en parlant de nos morts, l'émotion m'a empoigné . . .

LIEUVILLE. Le souvenir! . . . Votre voix tremblait!

BACHELET, *inquiet*. Mais, dites-moi . . . elle por-25 tait bien?

LIEUVILLE. Une voix nette . . . une voix d'orateur.

BACHELET, *ironique*. Et la réponse du ministre?

LIEUVILLE. Piteuse! Et que pouvait-il répondre à 30 une argumentation aussi précise?

BACHELET. Évidemment. Quand le gros Cazalis est monté à la tribune avec son interpellation[1] sur la marine, il n'a pas eu beaucoup de peine à renverser le cabinet.

---

[1] *interpellation*, question (addressed from the floor of the Chamber to a member of the government).

LIEUVILLE. Il n'a fait que l'achever. Le vrai triomphateur de la journée, c'est vous.

BACHELET. Mais c'est lui qui sera président du Conseil. Il a été appelé à l'Élysée ce matin à la première heure. Oh! je ne l'envie pas . . . Les fonctions 5 de député sont déjà assez fatigantes.

LIEUVILLE, *montrant l'antichambre*. Beaucoup de visites?

BACHELET. Ah! ne m'en parlez pas! Tous les membres de la Société des parents de soldats défilent ici, 10 sans compter les journalistes, les solliciteurs . . . Je suis député depuis un mois. J'ai déjà reçu plus de cinq cents personnes! Et je ne parle pas de mon courrier . . . Deux cents lettres par jour . . . Il faut bien répondre. J'ai dû prendre un secrétaire et deux dac- 15 tylos.

LIEUVILLE. Et ce travail risque fort de s'accroître quand vous serez ministre.

BACHELET, *rayonnant*. Ministre? Vous croyez?

LIEUVILLE. Les journaux vous indiquent comme 20 probable.

BACHELET. En bonne logique, Cazalis devrait me confier le sous-secrétariat des Pensions . . . J'attends!

LIEUVILLE. Après votre discours, vous êtes tout 25 désigné. Ah! C'est egal, vous aurez fait une carrière politique extrêmement rapide.

BACHELET. Et d'autant plus pénible, mon cher comte . . . Mais, quoi! le pays a besoin de toutes les bonnes volontés. 30

LIEUVILLE, *il se lève*. Sans doute . . . Mais je crains d'abuser de vos instants.

BACHELET. Mon cher ami, vous savez très bien que vous ne me dérangez jamais . . . En quoi puis-je vous être agréable? 35

LIEUVILLE. Oh! il s'agit d'une petite histoire sans

gravité . . . Le curé de Saint-Trophime a eu des difficultés avec le commissaire de police à propos d'une procession.[2] Je crois même qu'il y a eu procès-verbal.[3]

BACHELET.   Rédigez-moi donc une petite note, que
5 vous m'enverrez.

LIEUVILLE.   Bien . . . Et, puisque j'y suis, j'ajouterai la demande de subvention pour le cercle sportif de Saint-Pierre. Ils n'ont pas eu un sou cette année, tandis que la Jeunesse athlétique républicaine . . .

10 BACHELET.   C'est ça! Sur la même note . . . Je verrai mon collegue de l'Éducation physique.

LIEUVILLE.   Merci d'avance. Je vous laisse travailler. Au revoir, mon cher député . . . Mes hommages à Mme Bachelet . . . Elle se plaît a Paris? . . .

15 BACHELET.   Elle n'est pas encore venue. Elle se repose à la campagne, dans le Midi, avec sa nièce . . . qui était un peu fatiguée.

LIEUVILLE.   Alors, à tout à l'heure. Je vous apporterai la petite note en même temps que l'objet
20 . . . Le souvenir . . .

BACHELET.   Entendu, au revoir . . . (*Sort* LIEUVILLE. *Seul.*) Qu'est-ce que ça peut être? . . . La «petite note» en même temps que l'objet . . . On dirait qu'il parle de la facture.

SCÈNE III

BACHELET, HENRI

On entend une voix: «Eh bien, moi, je vous dis qu'il me recevra! Laissez-moi passer, voyons!» La porte s'ouvre, paraît HENRI, *suivi par* L'HUISSIER. BACHELET *se lève, inquiet.*

25 BACHELET.   Toi!

HENRI.   Oui . . . moi!

---

[2] *Le curé . . . procession.* Public processions of religious bodies were forbidden by law.

[3] *procès-verbal,* official police report.

BACHELET, *gêné, à l'huissier.* C'est bien. Laissez-nous.

L'HUISSIER. J'ai voulu empêcher monsieur . . .

BACHELET. C'est bien, allez . . . allez . . .

(L'HUISSIER *sort.*) Bonjour, mon petit! (*Il l'embrasse.*) 5
Comme tu as bonne mine! Mais j'étais loin de m'attendre à te voir ici . . . Je te croyais à Saint-Raphaël, sous les tamaris . . .

HENRI. Tu ne m'as pas répondu, je suis venu.

BACHELET. Et ta mère? . . . Et Yvonne? . . . 10

HENRI. Maman est restée là-bas . . . Yvonne m'a accompagné.

BACHELET. Comme ça, tout d'un coup, dans l'état où tu es? Quels enfants vous êtes tous les deux! Sans compter que je vais vous recevoir très mal . . . il n'y 15 a rien d'installé, sauf un petit bureau et une chambre. Je l'avais écrit à ta mère.

HENRI. Ne t'inquiète pas; nous sommes arrivés cette nuit, à deux heures. Yvonne est à l'hôtel, nous garderons une chambre, voilà tout! 20

BACHELET. Mais, enfin, pourquoi cette décision si rapide?

HENRI, *il se lève.* Je t'ai écrit que je veux épouser Yvonne.

BACHELET. Assieds-toi . . . C'est un projet qui me 25
plaît beaucoup. Mais il me semble que rien ne presse.

HENRI. Je veux recommencer ma vie avec elle. J'ai gâché dix années; je sais maintenant la valeur d'une heure.

BACHELET. Je te dis que je n'y vois aucun in- 30
convénient. Mais un peu de patience aplanira bien des difficultés.

HENRI. Je patiente depuis un mois. Maintenant, j'en ai assez. Je veux mon nom. Vous m'avez demandé de me taire pendant trois jours. J'étais faible, j'étais 35 frappé au cœur. J'ai accepté. Mais il y a un mois de ça!

BACHELET, *conciliant*.   A Saint-Raphaël, personne ne te connaît. C'est sans importance.

5   HENRI.   A Saint-Raphaël, peut-être, mais je ne veux pas rester toute ma vie à Saint-Raphaël. Je veux épouser Yvonne. Je veux mon nom, je vais me faire connaître.

BACHELET.   Bien, bien, sois calme . . . Tu sais
10 qu'avant de te marier il faudra que tu divorces?

HENRI.   Raison de plus pour se hâter. Pour divorcer, j'ai besoin de mon état civil[4] et il faut faire casser mon acte de décès.[5]

BACHELET.   Ce sera vite fait, mon petit. Mais tu
15 sais ce que je t'ai écrit: avant d'annoncer ton retour, il est indispensable de réunir un dossier.[6] . . de savoir comment, exactement, se sont passées les choses . . . fournir les preuves matérielles . . . retrouver l'hôpital où tu étais soigné en Allemagne . . . Comprends-tu?
20 Sinon, tu serais suspect!

HENRI.   Suspect?

BACHELET.   Eh! oui! Depuis ton retour, la Chambre a voté l'amnistie . . . Sais-tu ce que nos ennemis pourront dire? . . . Que tu avais déserté et que tu
25 attendais l'amnistie pour revenir en France.

HENRI.   Celui qui pensera une pareille chose fera bien de ne pas me la dire en face!

BACHELET.   Mon pauvre enfant, que veux-tu faire contre la calomnie?

30   HENRI.   Ce dossier, où est-il?

BACHELET.   Berlureau s'en occupe très activement . . . Il le complète, parce qu'il est plus au courant que

---

[4] *état civil*, papers (indicating one's civil status).
[5] *acte de décès*, death certificate.
[6] *réunir un dossier*, collect a case history.

moi. Il a des relations avec l'Allemagne. Oui . . . son
frère s'est établi là-bas pour faire des affaires. Mais tu
comprends bien que ces démarches prennent du
temps. (*Entre* L'Huissier. Bachelet, *furieux:*)
Qu'est-ce que c'est?   5

L'Huissier. M. Berlureau.

Bachelet. Faites entrer . . . (L'Huissier *sort.*)
Il va t'expliquer. Il te montrera ce que nous avons
fait.

SCÈNE IV

Les Mêmes, Berlureau

Entre Berlureau *en coup de vent; il se précipite vers*
Bachelet *sans voir* Henri.

Berlureau. Ah! mon cher ami! Bonne nouvelle! 10
Cazalis nous fait appeler tous les deux . . . Et il
revient de chez le président! . . .

Bachelet. Ministres?

Berlureau. Oui, peut-être . . . Ministres? Vous
aurez les Pensions . . . sans aucun doute . . . 15
Quant à moi, je ne sais pas encore . . . (*Découvrant*
Henri.) Mais . . . c'est votre fils!

Bachelet. Oui.

Berlureau, *à* Henri, *lui serrant la main.* Bonjour,
mon ami. Eh bien, vous avez entendu? Vous êtes fier, 20
hein? . . .

Henri. Très fier . . . Avez-vous mon dossier?

Berlureau. Votre dossier . . . Ah! oui . . . Je
me proposais d'en parler, ce matin, avec votre père
. . . de votre dossier . . . quoique nous ayons en 25
ce moment bien d'autres soucis . . . Bref . . . bref
. . . ce dossier n'est pas sortable.

(*Il s'assoit devant le bureau et fouille dans sa
serviette.*)

BACHELET.   Comment? . . . Pourquoi? . . .

BERLUREAU.   Vous allez voir . . .

HENRI.   Avec ou sans dossier, je m'appelle Henri
Bachelet et je veux ma place chez moi . . .

5   (*Il assène un coup de poing sur la table.*)

BACHELET.   Personne ne songe à te la refuser.

BERLUREAU, *effrayé, fait glisser sa chaise en arrière pour
se mettre hors de portée du poing d'*HENRI.   Eh bien, le
grand air lui a rendu des forces! . . . Écoutez ça!
10 (*Il tire un papier de sa serviette. A* BACHELET.) Vous savez
que Cazalis nous attend . . . Nous n'avons guère de
temps . . . Enfin liquidons ceci. (*Il lit.*) «Le soldat
français 149 . . .» on vous appelait le 149 là-bas faute
de renseignements . . . «est entré à l'hôpital de
15 Dresde[7] le 31 décembre 1915 . . . S'est présenté le
19 décembre, au matin devant nos lignes . . .» (*A*
HENRI, *soulignant.*) Les lignes allemandes! . . . «nu-
tête et en bras de chemise . . . Blessure en séton à la
cuisse,[8] blessure à la tête . . . amnésie totale par
20 commotion.[9] Pas de plaque d'identité. Appartient
probablement au 115ᵉ d'infanterie.» (*A* HENRI.) C'est
inexact, hein?

HENRI.   J'étais au 152ᵉ.

BERLUREAU.   C'est bien pour ça qu'on n'a jamais
25 pu vous identifier. (*Il reprend le dossier.*) Viennent ensuite des renseignements médicaux . . . Votre cas
était extrêmement curieux, à ce qu'il paraît . . .
«Enfin, a quitté Dresde le 12 décembre 1918.»

HENRI.   Eh bien, qu'est-ce qui n'est pas sortable
30 là-dedans?

BERLUREAU.   «S'est présenté devant nos lignes le
19 décembre au matin!» (*Appuyant.*) S'est présenté . . .

BACHELET.   Il ne savait pas où il allait . . .

---

[7] *Dresde,* a city in Germany, Dresden.
[8] *blessure . . . cuisse,* flesh wound in the thigh.
[9] *commotion,* shock (*med.*).

BERLUREAU.   Peut-être, mais il a pris la mauvaise direction. Et quand les journaux vont publier ça . . . le héros de jadis va se transformer en quelque chose d'assez différent! . . .

BACHELET.   Il vaut mieux ne pas parler de ce dos-5 sier . . .

HENRI, *à son père*.   Parlez-en ou n'en parlez pas, je m'en moque . . . Moi, je t'ai prévenu, je veux ma place, je veux mon nom et je vais faire le nécessaire.

(Un temps.) 10

BERLUREAU.   Alors, vous voulez tuer le héros? Oui, le sergent Bachelet dont le nom est synonyme de courage, de gloire, d'honneur . . . Le sergent Bachelet, symbole de la vaillance française, une figure légendaire qui fait partie du patrimoine national . . . 15 Et vous allez dire: «Ce n'est pas vrai, le sergent Bachelet n'est pas un héros!» Avez-vous le droit de détruire ce magnifique symbole?

HENRI.   Assez de bouffonnerie, s'il vous plaît.

BERLUREAU.   Bon . . . bon . . . Je regrette que 20 tout sentiment patriotique soit éteint en vous. Reste à connaître si vous avez gardé l'amour de la famille . . . Savez-vous que vous allez forcer, votre père à démissionner? Savez-vous que son triomphe va s'achever sous des huées?

25

HENRI.   Je veux mon nom!

BACHELET.   Je me suis posé cette question: croyez-vous que le retour d'Henri m'empêchera d'être un bon député?

BERLUREAU.   Un bon député! Mais quand vous 30 monterez à la tribune, vous entendrez un joli chahut. «Voilà le père du héros! Et la santé du petit, toujours bonne?» Allons, mon cher ami, vous le savez aussi bien que moi: si vous êtes quelqu'un à la Chambre, c'est à cause de ceux que vous représentez, et vous ne 35 pouvez rester président de l'Association des parents de

morts avec un mort comme celui-là! (BACHELET *a un geste d'accablement.*) Votre influence est réduite à zéro . . . Vous vous dégonflez. Vous devenez un pantin ridicule . . . On vous forcera à demissionner . . .
5 Avez-vous des rentes?[10]

BACHELET.   Trente mille francs de dettes.

BERLUREAU, *à* HENRI.   Écoutez-moi, mon jeune ami . . . Vous ne pouvez pas permettre ça. Je vais tout arranger . . . Tout est prévu . . . (*Il prend des*
10 *papiers dans sa serviette.*) Voici un état civil complet et dûment légalisé par M. le maire de notre bonne ville . . . Ce sont les papiers de M. Henri Denis, qui naquit avant-hier dans la caboche[11] que voici . . . (*Il se touche le front.*) avant-hier, et il a pourtant trente
15 et un ans! . . . Ça vous ira comme un gant.

HENRI.   A moi!

BERLUREAU, *avec une volubilité souriante.*   A vous-même . . . Cet Henri Denis est un garçon d'avenir . . . Il sera chef de cabinet[12] du sous-secrétaire d'État
20 aux Pensions. Trente mille francs par an . . . Tout justement, la nièce de ce ministre est charmante . . . Henri Denis pourrait l'épouser . . . En payant trois cents francs à la Chancellerie, il pourrait joindre au sien le nom de sa femme. Il s'appellerait Henri Denis-
25 Bachelet . . . Il porterait le nom glorieux du héros . . . Et voilà.

HENRI, *entre ses dents.*   Canaille!

BERLUREAU.   Bon. C'est une façon de parler. Écoutez . . . Je vous laisse les papiers de M. Henri
30 Denis . . . (*Il les dépose sur le bureau.*) Vous réflé-chirez . . . (*Il tire sa montre.*) Dix heures! Il faut aller chez Cazalis . . . Distribution des portefeuilles! Al-

---

[10] *rentes*, private income.
[11] *caboche*, slang for "head."
[12] *chef de cabinet*, head secretary.

lons, Bachelet . . . Dépêchez-vous, ma voiture est
en bas.

BACHELET. A quoi bon?

BERLUREAU. Bah! Il refuse pour la forme. Quand
vous serez ministre! 5

BACHELET. Ministre . . . Voyons, Henri . . . A
ton avis, dois-je aller à cette réunion?

HENRI, *catégorique.* Il est inutile de monter encore
si tu dois tomber de plus haut.

BACHELET, *à* BERLUREAU. Vous entendez . . . 10
C'est inutile . . .

BERLUREAU, *vers la porte.* Moi, je n'ai plus le temps
de discuter . . . Dans ces moments-là, il faut être
présent . . .

BACHELET, *à* BERLUREAU *qui sort.* Je n'y vais pas 15
. . . Mais, si vous voyez que c'est possible, parlez
pour moi . . . Offrez mon concours . . .

BERLUREAU, *revenant, à* HENRI. Voyons . . . mon
ami . . . le temps presse . . . Votre dernier mot?

HENRI. Allez-vous-en! 20

BERLUREAU. Tant pis, je n'ai pas le temps
d'ergoter sur une question d'amour-propre . . . et
d'amour-propre mal placé . . . (*Avec une pitié douloureuse et comique.*) Au revoir, mon pauvre Bachelet.
Comptez sur moi, si je puis faire quelque chose. Au 25
revoir.

(*Il sort.*)

SCÈNE V

BACHELET, HENRI

BACHELET *est allé à la fenêtre pour regarder partir* BER-
LUREAU. HENRI *contemple son portrait.* BACHELET *vient
au milieu de la scène.*

BACHELET. Eh bien . . . voilà . . . c'est entendu . . . j'abdique . . . Toutefois, je veux encore

te poser une question: crois-tu que la nouvelle officiellement annoncée de ton retour puisse faire plaisir à
quelqu'un?

HENRI, *sans se retourner.*   A moi!

5 BACHELET.   Seuls, nos ennemis vont se réjouir
. . . Et cette nouvelle va désorganiser le ménage de
Germaine.

HENRI, *faisant face.*   Ne me parle plus d'elle, je
t'en prie.

10 BACHELET.   Ah! tu vois, tu n'obéis qu'à un sentiment de vengeance. Ce n'est pas digne de toi.

HENRI.   Non! Tu te trompes! Tout cela est oublié
. . . Germaine . . . c'est fini! Ce qui est indigne de
moi, c'est de vivre sous un faux nom. Ma décision est
15 irrévocable.

BACHELET.   Bien, je vais démissionner. Sinon, j'y
serais forcé par le scandale. Cependant, il faut en-
visager le côté pratique . . . Où irons-nous? Comment vivrons-nous tous les quatre? Y as-tu réfléchi?

20 HENRI.   C'est bien simple, tu reprendras ta place à
la préfecture.

BACHELET.   Moi? Ah! ça non! Rentrer dans cette
boîte,[13] parmi les jaloux et les envieux! Non, merci!
Ils ont applaudi ma montée rapide parce qu'ils ne
25 pouvaient pas faire autrement . . . Mais de quels
sourires ils salueraient ma dégringolade! . . . Non!
Non! Ne compte pas là-dessus. A aucun prix, tu
m'entends bien, je ne remettrai les pieds là-bas . . . à
aucun prix.

30 HENRI.   Eh bien, tu feras autre chose. Tu as des
amis, ils te trouveront un emploi.

BACHELET.   Tu ne comprends donc pas que je ne
puis même pas rentrer au pays . . . Alors? Que faire?

---

[13] *boîte*, colloquial for "office."

HENRI. Eh bien, nous irons ailleurs.

BACHELET. Et tu t'imagines qu'on peut trouver une situation, comme ça du premier coup? N'y compte pas.

HENRI. D'abord, j'aurai ma pension de blessé de 5 guerre.

BACHELET. Tu crois qu'elle te suffira?

HENRI. Je crois qu'un homme qui porte cinq blessures, qu'on a trépané a le droit de ne pas mourir de faim.

10

BACHELET. Sais-tu ce qu'on va te donner après un an de démarches? Cent cinquante francs par mois. Peut-être moins. C'est avec ça que tu espères nourrir ta femme? Ah! tu parles de recommencer ta vie et tu as raison: je t'y aiderai de toutes mes forces, mais pas 15 dans ces conditions-là. Et mes dettes, comment les payer? Berlureau m'a prêté trente mille francs.

HENRI. C'est lui qui t'a entraîné dans cette aventure. Il patientera. D'ailleurs, il n'est pas à court de combinaisons![14] (*Montrant le faux état civil sur le bureau.*) 20 Il m'a proposé ça!

BACHELET. Je veux bien qu'il ait agi dans son intérêt, mais il ne faut rien exagérer. Il voulait aussi nous rendre service. Il risque gros. C'est tout de même pour nous qu'il court ce risque. (*Avec un ton qui rappelle* 25 *celui qu'il a dû prendre en faisant un discours à la tribune.*) Et puis, j'ai très bien vu qu'il songeait aux intérêts du parti qui, en définitive, sont les intérêts de la France.

HENRI. Non, père, je t'en prie . . . La période électorale est finie . . . Parle de ton intérêt, de votre 30 intérêt à tous les deux, mais pas de ceux de la France! La vérité, c'est que tu es député et que tu veux rester député. Et, pour réussir à t'accrocher, tu me re-

---

[14] *à court de combinaisons*, short of, lacking in schemes.

léguerais volontiers à la campagne jusqu'à la fin de
mes jours . . . Les idées que tu defends ne sont même
pas les tiennes.

BACHELET. J'ai évolué . . .

5　HENRI. Allons donc! Crois-tu que j'aie oublié
ta façon de voir les choses avant mil neuf cent quatorze? . . . Je ne te reconnais plus!

BACHELET, *dans une intense émotion.* M'as-tu jamais
connu?

10　HENRI. Père!

BACHELET, *il s'assoit accablé.* Écoute, Henri, je vais
te parler à cœur ouvert. (*Geste d'*HENRI.) Attends pour
me juger . . . Tu ne me connais pas . . . Quand tu
m'as découvert, je n'étais qu'un rond-de-cuir. Et tu as
15 conclu sans doute que la vie m'avait traité selon mon
mérite . . . Non, mon petit . . . La vie n'a pas été
bonne pour moi . . . Tu me considères comme un
médiocre, un ambitieux qui veut profiter des circonstances . . . Ambitieux, oui! Médiocre, non!
20 Parfois, dans la rue . . . en passant devant une glace,
j'avais un mouvement de révolte, quand je voyais ce
pauvre bonhomme avec des bosses aux genoux et qui
portait dans un corps éteint une âme aussi fripée que
sa redingote. Quelle rage! Savoir qu'on aurait pu
25 réussir tout comme un autre, être quelqu'un et n'être
qu'un raté! (*Il a des larmes dans la voix.*) Comprends-tu?
. . . Comprends-tu?

HENRI, *ému.* Père, je t'en prie!

BACHELET. Je n'espérais plus rien de la vie, je ne
30 lui demandais plus rien. Le plus affreux de la misère,
c'est qu'on en prend l'habitude. Soudain, la guerre
. . . ta mort: j'ai cru que c'était le dernier coup et
que j'allais mourir . . . (*Il se lève.*) Puis, un jour sur
la place publique, devant toute la ville, un général a
35 épinglé sur ma poitrine ta Médaille militaire et ta

Légion d'honneur. (*Un grand temps.*) C'est là que tout a
commencé . . . j'ai voulu travailler à ta gloire, te
faire survivre, et, peu à peu, je me suis habitué à ma
douleur . . . Il faut l'avouer: on oublie, nos malheurs sont toujours trop grands pour nous . . . Les 5
souvenirs se déforment à tel point qu'aujourd'hui
j'ai deux fils: celui-ci (*Il montre le portrait.*) . . . et
toi . . .

HENRI, *tristement, montrant le portrait.* Je ne lui en
veux pas.   10

BACHELET.   Il m'a aidé à porter mon chagrin . . .
Un jour Berlureau m'a offert un siège de député . . .
(*Un grand geste désolé.*) Je le vois clairement aujourd'hui
. . . L'ambition de ma jeunesse n'était pas morte
. . . Elle s'était reveillée . . . exaspérée par vingt 15
ans de misère . . . c'était elle qui me poussait, je ne le
savais pas, je croyais travailler pour toi seul! (*Un
temps. Puis, brusquement:*) Et quand même je me serais
servi de ta gloire, n'était-ce pas la gloire de mon fils?

HENRI.   Père, je ne te reproche rien. Je ne te juge 20
pas . . . D'ailleurs, tout cela, c'est le passé . . .
Aujourd'hui, qu'allons-nous faire?

BACHELET, *dans une exaltation qui augmentera jusqu'à
la fin de la scène.* Si tu avais vu de près les hommes
d'aujourd'hui, tu n'hésiterais pas.   25

HENRI.   Alors, tu me proposes d'accepter ça?

BACHELET, *devant son bureau, bouleversant nerveusement
livres et papiers.* Henri, tout ce que j'ai, je ne l'ai pas
demandé: mon destin est venu vers moi . . . Si tu
parles, je m'effondre. Aujourd'hui, celui qui tombe est 30
piétiné par les autres, oui, piétiné . . . Un homme
comme moi ne peut pas redescendre . . . La préfecture . . . Non! Non! (*Comme halluciné.*) Ministre
. . . La consultation! . . . Ministre . . .

HENRI.   Père, tu deviens fou!   35

Bachelet, *avec une énergie farouche.* Comprends-
moi . . . Je veux être un chef politique . . . Non pas
pour les honneurs ou les parades, non, ce n'est pas un
but égoïste que je poursuis. Cette force qui est en moi,
5 il faut que je la mette au service de quelque chose,
sinon elle me tuera . . . (*Dans une vision de folie.*) Ah!
pouvoir agir! . . . Me réaliser! . . . Ne plus être
une épave dans la foule anonyme, mais un chef! . . .
Faire quelque chose qui laissera une trace . . . penser
10 pour les autres . . . Commander . . . (*Hurlant.*)
Commander. (*Il ricane.*) Renoncer à ce que je suis, à
ce que je puis être demain? Jamais! jamais! jamais!

          (*Il sort comme un fou.* Henri *regarde triste-
ment la porte par où son père vient de partir,
puis vient devant son portrait, le contemple
15 longuement, en hochant la tête, et semble demander: «Qu'est-ce que tu en penses?» Il
regarde ensuite dans la direction du bureau,
s'en approche, prend le faux état civil, le
tient éloigné de lui pendant un instant, re-
20 garde son portrait, hoche la tête douloureuse-
ment, regarde encore vers la porte et finalement d'un geste décidé, met le faux état civil
dans sa poche.* Voix du Secrétaire *en
25 coulisse.*)

Le Secrétaire. Je vous assure que M. le député
n'est pas là.

        (*A ce moment paraît* Yvonne, *sur la porte.*)
Yvonne. Je suis la nièce de M. Bachelet.
30 Le Secrétaire. Excusez-moi, mademoiselle, je
vous en prie. Si vous voulez bien vous asseoir, M. le
député ne tardera pas.

        (*Entre* Yvonne. Le Secrétaire *sort et
ferme la porte.* Henri *s'avance.*)

SCÈNE VI

HENRI, YVONNE

YVONNE.   Tu as vu ton père? . . . Il a consenti?

HENRI.   J'ai consenti.

YVONNE.   Tu as consenti . . . à quoi?

HENRI.   Je te presente Henri Denis.

YVONNE.   Henri Denis? 5

HENRI.   Oui, je m'appelle ainsi . . . Tu ne le crois pas? (*Il tire ses papiers de sa poche.*) Faut-il te montrer mes papiers? . . . Voilà mon acte de naissance.

YVONNE, *grave.*   Henri, c'est ton père qui t'a proposé ça? 10

HENRI.   Pas mon père . . . ton oncle, qui sera bientot le mien. Nous pouvons nous marier maintenant.

YVONNE.   Tu as renonce à ton nom?

HENRI.   C'est toi qui me le rendras. Je t'expli- 15 querai.

YVONNE.   Tu   as   accepté   ça . . . toi! . . . toi! . . .

HENRI, *tristement.*   Tais-toi. Ne me dis rien. Si tu avais vu mon père, tu aurais compris . . . 20

YVONNE.   Il y a longtemps que j'ai compris!

HENRI.   C'est une chose affreuse. Mon père . . .

YVONNE.   Il est comme les autres.

HENRI.   Et maintenant, je sais ce qu'ils valent, les autres! 25

YVONNE.   Je te reste, moi!

HENRI.   Toi, tu es une petite âme d'avant la guerre . . . Tu serais capable d'un sacrifice . . .

SCÈNE VII

LES MÊMES, BERLUREAU

BERLUREAU *entre rapidement, il salue vivement* YVONNE.
Mademoiselle . . . (*A* HENRI.) Où est Bachelet?

HENRI. Il est parti pour vous rejoindre.

BERLUREAU. Eh bien, c'est fait! Il est ministre
5 . . . (*Un petit temps. Avec une joie naïve.*) Et moi aussi
. . . Mais dites-moi (*Avec un clignement d'œil.*) . . .
vous marchez?[15]

HENRI. Oui, je marche!

BERLUREAU. Bravo! Chef de cabinet d'un ministre
10 . . . ça vaut bien quelques petites concessions . . .
Vous l'avez enfin compris!

HENRI. Oui, j'y ai mis le temps . . . Excusez-moi
. . . Je revenais de trop loin . . . Je saurai m'adap-
ter . . . Henri Denis est encore bien jeune, mais il se
15 fera . . .

BERLUREAU. A la bonne heure!

HENRI, *s'exaltant peu a peu.* Je croyais à la bonté,
au désintéressement. Je méprisais l'argent et l'ambition . . . j'aurais été capable de me sacrifier pour une
20 idée . . . (*Il montre le portrait.*) Le voyez-vous, celui-ci
. . . Son exploit n'est qu'une légende . . . Pas aussi
fausse que vous croyez . . . Non! ce n'est pas moi qui
fus tué sur une mitrailleuse en protégeant une retraite
. . . Mais, sans ma blessure, je l'aurais fait, oui,
25 j'en étais capable, j'aurais donné ma vie pour mon
pays, pour tous ceux que je défendais, pour vous . . .
Ah! pauvre poire![16] Oui, j'ai compris. Je vois ce que
vous avez fait de la vie pendant que nous n'étions pas
là . . . Il faut être égoïste . . . Je le serai . . . Il

---

[15] *vous marchez?* you accept?
[16] *poire,* sucker (slang).

faut être ambitieux . . . vous allez voir ça! Je retrouve un monde de mufles! Je serai plus mufle que les
autres . . .

YVONNE, *essayant de l'entraîner.* Henri . . . viens
. . . viens . . . partons!   5

HENRI, *se dégageant.* Partir! Ah! non! Pas si bête!
Ah! c'est la curée . . . Eh bien, j'en veux ma part,
maintenant. Moi aussi, je veux exploiter le capital de
la famille.

(Il montre le portrait.) 10

BERLUREAU. C'est tout ce qu'on vous demande,
mais ne le criez pas si fort!

(Entre BACHELET.)

SCÈNE VIII

LES MÊMES, BACHELET

BERLUREAU. Vous avez vu Cazalis?

BACHELET, *écrasé.* Non, il était parti.   15

BERLUREAU. Eh bien, vous êtes ministre, mon ami,
et je vous présente votre chef de cabinet monsieur
Denis! . . . (*Il cligne de l'œil. Bas,* à BACHELET.) Je
l'ai décidé.

BACHELET, *ébloui.* Moi! Ministre!   20

BERLUREAU. Et moi aussi!

BACHELET. Les Pensions?

BERLUREAU. Oui, et moi les Régions libérées.

HENRI, *ironique.* C'est une affaire.

BERLUREAU. Oui, monsieur Denis, des milliers de 25
belles affaires . . . Le plus grand entrepreneur de
France . . . et une noble tâche!

(Entre L'HUISSIER.)

SCÈNE IX

Les Mêmes, *puis* Blancard, Richebon, *puis* Lieuville

L'Huissier, *annonçant.* Monsieur Richebon, le commandant Blancard.

Berlureau, *allant au-devant d'eux.* Ah! ces chers amis!

5   Richebon. Bravo! Bravo!

Bachelet. Vous connaissez déjà la nouvelle?

Le Commandant. Vous aurez vite pris du galon, vous!

Richebon. C'est à votre discours que vous le 10 devez.

Le Commandant, *épaulant un fusil imaginaire.* Le ministère . . . Pan! Pan!

L'Huissier, *entrant de nouveau.* M. le comte de Lieuville demande si monsieur le ministre peut le 15 recevoir.

Berlureau. Qu'il entre! Qu'il entre!

Bachelet. Le comte de Lieuville m'apporte un objet d'art. C'est, paraît-il, le produit d'une souscription faite par mes électeurs. Touchant, n'est-ce pas?

20   Richebon. Des malins.

(*Entre* Lieuville.)

SCÈNE X

Les Mêmes, Lieuville

Lieuville, *allant vers* Bachelet. Mon cher ministre . . .

Bachelet. Vous savez déjà?

25   Lieuville. L'huissier vient de me prévenir . . . (*Saluant à la ronde.*) Mademoiselle . . . Messieurs . . . (*Devant* Henri, *ton interrogateur.*) Monsieur . .

Berlureau, *très vite.* Monsieur Henri Denis. Un garçon d'avenir!

Lieuville. Monsieur . . . enchanté . . . (*Il lui serre la main. A* Bachelet.) La petite note . . .

(*Il lui remet un papier.*) 5

Bachelet. Merci . . . J'examinerai . . .

Lieuville. Maintenant, permettez-moi de vous parler au nom de vos électeurs. Ces braves gens se sont réunis et dans une pieuse pensée, ont voulu vous offrir un souvenir . . . tangible et concret . . . j'aurais 10 voulu que cette remise fût rehaussée par l'éclat d'une cérémonie, mais votre temps est précieux. Il appartient plus que jamais au pays . . . Plus de paroles . . . Des actes . . . (*Allant vers la porte.*) Apportez l'objet . . .

15

(*Tout le monde regarde vers la porte, mais rien ne vient.*)

Bachelet, *après un moment d'attente.* Je vous prie, mon cher Lieuville, de transmettre à ceux qui eurent cette pensée touchante . . . et parmi lesquels vous 20 figurez sans doute en première ligne . . . ma gratitude émue et l'assurance de mon dévouement . . . Cet objet sera pour moi, en même temps qu'un précieux témoignage de l'amitié qui m'unit à mes chers electeurs, un encouragement à remplir ma 25 tâche . . . Soyez persuadé que je n'y faillirai pas et qu'aux heures difficiles sa vue sera pour moi une source d'énergie . . .

(*A ce moment entrent deux déménageurs portant un immense cadre qu'ils dressent contre le* 30 *mur du fond. Le comte tire le voile de côté et découvre un portrait en pied d'*Henri. Henri, *de nouveau prêt à sortir, met son chapeau sur sa tête et entraîne* Yvonne. *Il trouve* Lieuville *devant lui.*) 35

LIEUVILLE, *à* HENRI, *très cinglant.* Chapeau bas devant le héros, monsieur, chapeau bas! . . .

(BACHELET *et* BERLUREAU *ont un moment d'inquiétude, car* HENRI *a un geste furieux.* YVONNE, *instinctivement, veut le retenir. Il se dégage. Il s'est maîtrisé.*)

HENRI, *à* LIEUVILLE. Excusez-moi, monsieur . . . l'émotion . . . (*D'un geste large, il salue le portrait en s'inclinant.*) Je l'ai beaucoup connu.

RIDEAU

Bernard

* *

JEAN-JACQUES BERNARD (born in 1888) is the son of Tristan Bernard, the well-known author of *L'Anglais tel qu'on le parle*, and other hilarious comedies. The son followed his father into the theater but has developed a totally different type of play. His career began before the first World War with the production of two one-act plays and the publication of a volume of *nouvelles*. After the war, and under its inspiration, he wrote *La Maison épargnée* (1919) and a volume of short stories entitled *Les Enfants jouent*. In 1924 came a second volume of *contes: Les Tendresses menacées*. Meanwhile he had produced, in 1921, *Le Feu qui reprend mal*, a play inspired by the aftermath of the war. It marked by its tone and technique as well as by its repercussions the true beginning of Bernard's dramatic career, and was the first of the series of plays which made his reputation. Several volumes have now been published; they include, in addition to *Le Feu qui reprend mal*, such well-known titles as *Martine* (1922) —considered his masterpiece and accepted by the Comédie Française in 1934—*L'Invitation au voyage* and *Le Printemps des autres* (both in 1924), *L'Ame en peine* (1926), *Nationale 6* (1935), *Le Jardinier d'Ispahan* (1939), *Marie Stuart reine d'Écosse* (1942), and *Louise de la Vallière* (1943). The last two were first performed in Geneva because of the German occupation of France. *Louise de la Vallière* had its first French performance at the Théâtre de l'Odéon in 1945.

Bernard developed what has been sometimes called «*le théâtre du silence.*» A much better term, suggested by the author himself, is «*le théâtre de l'inexprimé.*» In 1922, just before the production of *Martine*, he wrote:

123

Le théâtre est avant tout l'art de l'inexprimé. C'est moins par les répliques mêmes que par le choc des répliques que doivent se révéler les sentiments les plus profonds. Il y a sous le dialogue entendu comme un dialogue sous-jacent qu'il s'agit de rendre sensible.

Aussi le théâtre n'a pas de pire ennemi que la littérature. Elle exprime et dilue ce qu'il ne devrait que suggérer. Le romantisme, dans ce qu'il a eu de moins bon, a porté cet inconvénient à l'extrême.

Un sentiment commenté perd de sa force. La logique du théâtre n'admet pas les sentiments que la situation n'impose pas. Et si la situation les impose, il n'est pas besoin de les exprimer.

It is clear from this statement that while Jean-Jacques Bernard is to some extent the spiritual descendant of Marivaux and Musset, his psychological comedies rely even more than theirs on intuition and divination.

Le Secret d'Arvers (first produced in 1926) is a good example of Bernard's conception and technique. The unexpressed love of Félix Arvers (one of the minor Romantic poets) for Marie Nodier (Mme Ménessier) permits the author to create a dramatic situation in which the audience is moved much more by what is implied than what appears on the surface. It is, therefore, more than a *«pièce à costumes,»* more than a period play (though all the characters are historical); it is, on a smaller scale than *Martine*, a *«tragédie intime»* glimpsed, as M. Blanchart puts it, through the *«innocence apparente des mots.»*

During the second World War Jean-Jacques Bernard was confined for several months in a concentration camp at Compiègne. He has described that ordeal in a very moving book, *Le Camp de la mort lente*, published in 1944. Since the end of hostilities he has produced a volume called *Le Pain rouge* after one of the stories, which together with *«L'Intouchable»* and *«Monique»* were inspired by the German occupation. He has also written a novel, *Marie et le Vagabond*, 1949.

LE SECRET D'ARVERS

pièce en un acte

PAR

Jean-Jacques Bernard

———— ✱ ✱ ————

Le Secret d'Arvers a été représenté, pour la première fois, le 6 juin 1926, par la Petite Scène.

PERSONNAGES

ARVERS   MARIE NODIER
FONTANEY   MME NODIER
CHARLES NODIER
LE CONCIERGE DE L'ARSENAL

Le salon de CHARLES NODIER[1] *à la bibliothèque de l'Arsenal, en février 1831. Deux hautes fenêtres semblables, au fond, donnent sur un large balcon et découvrent un ciel gris où se découpent les pins des berges de la Seine. A droite, la cheminée, large, profonde, surmontée de deux lampes. A gauche, face à la cheminée, un petit piano. Au tout premier plan de gauche, une porte donnant sur l'antichambre. Au dernier plan, deux portes semblables se font vis-à-vis; celle de droite donne*

---

[1] *Charles Nodier* (1780–1844), one of the leading figures of the French Romantic School, the author of *Trilby ou le Lutin d'Argail (or the Elf of Argyll)* and *Jean Sbogar,* and head of the important Bibliothèque de l'Arsenal where his literary *soirées* brought together writers and artists of this colorful period.

sur la chambre de NODIER, *celle de gauche sur la chambre de*
MME NODIER. *Devant la fenêtre de droite, une petite table de
jeu. Devant la cheminée, se faisant pendant, deux fauteuils.
Entre les deux fenêtres, face au public, un tableau représen-
tant un paysage alpestre. Les rideaux des fenêtres, les fauteuils
et les chaises sont en casimir rouge bordé de laine jaune.*

*A peu près vers le milieu de la pièce, et tourné vers la chemi-
née, un jeune homme est assis sur une chaise. Il est seul. Il est
immobile, son chapeau et sa canne entre les genoux. Costume
de l'époque, l'habit de couleur sombre pincé à la taille, le
col très montant, serré dans une large cravate, le chapeau
très haut. Pas de recherche,[2] sauf un monocle carré qui pend
sur la poitrine et dont il ne se sert pas. Vingt-quatre ans.
Plutôt agréable de figure. Le regard doux, les cheveux abon-
dants et frisés, très bruns; la barbe assez courte. Au bout
d'un certain temps, un autre jeune homme entre par le premier
plan à gauche. A peu près le même âge. Le visage très pâle,
mais beaucoup plus de recherche dans le costume et beaucoup
plus de romantisme dans l'attitude. Le premier jeune homme
s'est retourné au bruit.*

SECOND JEUNE HOMME.   Arvers!

ARVERS.   Fontaney![3]

FONTANEY.   Que faites-vous tout seul sous ces
lambris?

5   ARVERS.   Vous voyez: j'attends.

FONTANEY.   Qu'attendez-vous? Le Messie,[4] le retour de Charles X,[5] la mort du dernier classique ou
simplement les maîtres de céans?

---

[2] *Pas de recherche*, nothing dandified (in his costume).

[3] *Fontaney*, the author of *Ballades, mélodies et poésies diverses*, 1829,
and *Scènes de la vie castillane et andalouse*, 1835. He also wrote a *Journal
intime* which reveals a fine personality.

[4] *Le Messie*, the Messiah.

[5] *Charles X*, king of France from 1824 to 1830 when he went into
exile.

ARVERS, *déposant sa canne et son chapeau.* Mme Nodier est chez une parente. Nodier n'est pas encore rentré.

FONTANEY. Pas rentré! L'Arsenal vide aujourd'hui! Un dimanche, jour du bon Dieu, le bon Dieu 5 de l'Arsenal[6] s'est enfui! Cela encore ne serait rien s'il ne m'avait donné rendez-vous à trois heures.

ARVERS. Vous connaissez Charles Nodier. Il vous aura oublié.

FONTANEY. Ah! il a dépassé les régions les plus 10 inaccessibles de la distraction. Et moi qui lui apportais un travail . . . Enfin, j'attendrai avec vous. Tant pis! Ou tant mieux. (*Il s'assied.*) Très heureux de vous revoir, cher Arvers. Comment allez-vous?

ARVERS. Bien . . .   15

FONTANEY. Moi aussi . . . Ou plutôt ça va très mal. J'arrive—le saviez-vous?—du pays des Maures et des Andalouses.[7]

ARVERS. On me l'a dit.

FONTANEY. Me retrouver ici . . . (*Il regarde autour* 20 *de lui.*) Ici . . . Vous comprenez . . . Ce salon sans Marie . . .

ARVERS. Oui . . .

FONTANEY. Ah! cette maison de l'Arsenal . . . Nodier devant cette cheminée nous contant des his- 25 toires . . . Et Marie . . . Marie à ce piano . . . Jour de Dieu! que tout cela, quand j'étais là-bas, me paraissait loin . . . et près . . . Un an bientôt qu'elle est mariée . . .

ARVERS. Un an le 17 février . . . Après-de- 30 main . . .

FONTANEY. Un an! Phénoménal! . . . Au moins, dites-moi vite qu'elle n'a pas tout à fait abandonné

---

[6] *le bon Dieu de l'Arsenal,* i.e., Nodier.
[7] *pays des Maures et des Andalouses,* i.e., Spain.

les beaux dimanches de son père. La revoit-on ici
quelquefois? Hélas! cela ne doit plus être pareil,
n'est-ce pas?

5   ARVERS.   Mais, tous ces temps-ci, elle était à Metz.
C'est la semaine dernière qu'elle est rentrée à Paris
. . . (*Après un silence.*) Vous savez, il y a peu de temps
que je fréquente ici, moi . . . Elle allait se marier
quand Paul Foucher[8] m'a présenté.

10   FONTANEY.   C'est   vrai . . . Ah!   mon   pauvre
Arvers, je suis encore bien amoureux d'elle . . .

FONTANEY.   Ah!

FONTANEY.   A vous, je puis le dire: si l'an dernier
j'ai mis le cap sur l'Espagne,[9] c'est à cause de Marie.
15 Vous pensez bien que l'ambassadeur n'avait pas besoin
d'un compagnon comme moi. C'était un moyen de
fuir; car j'avais l'âme malade, mon cher. Mais la fuite
n'est pas toujours un bon remède. J'ai cru que le temps
et la distance rendraient mes sentiments plus calmes
20 . . . Ah! par l'enfer, j'étais un enfant. Là-bas, je n'ai
eu qu'une pensée: revenir. Et, las de ronger mon frein,
il a bien fallu que je revienne. Mais, ici, la déception
m'anéantit. Marie était à Metz. Aussi je ne songeai
plus qu'à repartir. Je le lui ai écrit, savez-vous? . . .
25 Que lui disais-je déjà? Qu'il me faudrait un long
voyage dont on revient les cheveux tout blancs. Alors
je serais dompté, oui, dompté comme ces chevaux
qu'on a fait galoper dans les terres labourées . . . (*Il
est agité. Il parle en marchant. Il répète.*) Oui, dans les
30 terres labourées . . . (*Apercevant tout à coup les yeux
d'*ARVERS *fixés sur lui.*) Qu'y a-t-il? Pourquoi me regardez-vous ainsi?

ARVERS.   Moi? . . .

---

[8] *Paul Foucher*, the brother-in-law of Victor Hugo.
[9] *j'ai mis le cap sur l'Espagne*, I headed for Spain.

Fontaney, *souriant, plus calme.* Oui, oui, vous vous dites: «Il n'est pas aussi amoureux qu'il le croit. Il en parle trop.»

Arvers. Je vous assure . . .

Fontaney. Certes, je n'ai jamais dit que ce fût 5 un amour dont on meurt. D'ailleurs, soyez tranquille, je ne mourrai pas de cela . . . (*Il se touche la poitrine.*) La phtisie ne m'en laissera pas le temps . . . Mais croyez-moi, c'est un sentiment très sérieux, très durable et, je ne crains pas de le dire, très fraternel. 10

Arvers. Fraternel . . .

Fontaney. Il faut bien qu'il le soit. Ma flamme a pris cette forme respectueuse. Mais elle garde toute l'ardeur que je dois à Marie. Qui l'a vue le dimanche soir faire danser les jeunes gens de son âge me com- 15 prendra. Je suis l'admirateur obscur d'une belle enchaînée.[10] Je n'exagère pas . . . Si, si, vous avez souri. Non? Vous devez me comprendre, vous . . . Ne croyez-vous pas que nous sommes tous un peu solidaires devant ce qui est arrivé à Marie Nodier? 20

Arvers. Qu'est-il arrivé à Marie Nodier?

Fontaney. Mais, mon cher Arvers, c'est l'histoire la plus triste du siècle. Sur mon honneur de légitimiste,[11] je vous jure que l'année 1830 aurait encore été une belle année si elle n'avait vu que la chute de 25 Charles X. Mais songez donc: la muse de l'Arsenal pouvait épouser l'homme qu'elle voulait. Nymphe du romantisme, elle en pouvait devenir la déesse. Ce n'est pas pour moi, pauvre ombre chétive, que je la pleure. C'est pour l'art tout entier. N'aurait-elle pu 30 aussi dignement qu'Adèle Foucher être la compagne d'Hugo? Imaginez le destin de Marie lié à celui d'un

---

[10] *une belle enchaînée,* a beautiful prisoner.
[11] *légitimiste.* A legitimist was a partisan of the Bourbons.

de nos premiers poètes: Émile Deschamps[12] ou, à la
rigueur, Alfred de Vigny. A quel nom ne pouvait-elle
prétendre? Songez que si l'âge l'eût permis, elle n'eût
même pas été indigne de notre grand Alexandre
5 Soumet.[13] . . Au lieu de tout cela, catastrophe . . .
Elle épouse un fonctionnaire des finances et s'appelle
Mme Ménessier . . .

ARVERS.   Mais c'est un bon mari . . .

FONTANEY.   Oh! le sinistre point de vue! Foudre et
10 tonnerre![14] Plutôt que de conduire Marie à un pareil
autel, mieux eût valu briser nos plumes et siffler
Hernani.[15] . . Et qu'en a pensé notre pauvre Nodier?

ARVERS.   Ma foi, son père a d'abord eu très peur.
Aujourd'hui, il est enchanté.

15 FONTANEY.   Non! quel homme! (*Rêveur.*) Et quelle
leçon peut-être! Que de surprises nous ménage un
homme tel que lui![16] Le pire imprévu lui paraît naturel. Aucun père, vous m'entendez bien, aucun n'aurait
osé concevoir pour sa fille de si hauts espoirs. Et aucun
20 père, les ayant conçus, n'aurait si facilement accepté
de la donner à un fonctionnaire . . . Ah! philosophe . . .

Il se lève et va vers le piano.

ARVERS, *malgré lui.*   Qu'allez-vous faire? (FON-
25 TANEY, *qui était en train d'ouvrir le piano, s'arrête et le regarde.*) Laissez ce piano . . . Vous ne comprenez

---

[12] *Émile Deschamps* (1791–1871) . . . *Alfred de Vigny* (1797–1863).
Both were Romantic poets. The latter having by far the greater talent
is well known to posterity. Deschamps, popular in his day, is no longer
read.
[13] *Alexandre Soumet* (1788–1845), another figure of the Romantic
period. Like Deschamps he was admired in the 1820's and 1830's,
and has met the same fate.
[14] *Foudre et tonnerre!* Thunder and lightning!
[15] *siffler Hernani*, hiss *Hernani* (the most famous play of the Romantic
period, 1830, by V. Hugo).
[16] *Que . . . lui!* How many surprises such a man reserves for us!

pas . . . Quoi! vous vous dites amoureux . . .
et . . . Fermez donc le piano de . . .

FONTANEY, *laissant retomber le couvercle.* . . . le
piano qui était à Marie.

ARVERS. Ce sera toujours le sien . . .   5

FONTANEY. Mon geste vous a paru sacrilège . . .
Peut-être n'avez-vous pas tort . . . Ah! quand réen-
tendrons-nous cet instrument? . . . Piano de Marie
Nodier, quand revibreras-tu sous ses doigts?

MARIE, *qui est entrée par la gauche, premier plan, et a* 10
entendu la dernière phrase. Mais aujourd'hui même,
Fontaney!

             MARIE *a dix-neuf ans; brune, jolie.*

FONTANEY. Vous étiez là?

MARIE. J'arrive . . . Et vous? . . . Tout seuls, 15
messieurs? . . . Bonjour, monsieur Arvers . . . Vous
n'avez pas changé, Fontaney . . .

FONTANEY, *lui baisant la main.* Je suis tout ému
. . . Non, non, rien n'a changé en moi . . . madame . . .   20

MARIE, *riant.* Comme vous avez du mal à dire
madame . . . (*L'imitant.*) «Madame» . . . Pauvre
Fontaney . . . Brave Fontaney, je suis contente de
vous revoir . . . Votre dernière lettre m'a fait plaisir,
vous savez. Il faudra me parler de votre séjour en 25
Espagne. Mais ne prenez pas cet air triste. Que vous
m'amusez! Avez-vous toujours l'habitude de jouer au
moribond? Vous rappelez-vous les volumes que vous
faisiez orner d'urnes funéraires? Dieu! que vous étiez
drôle!   30

FONTANEY. Vous êtes toujours adorable . . . Ah!
j'aurais tant de choses à vous dire. Mais en rentrant
dans ce salon—vide pour moi, puisque vous étiez
partie—je ne m'attendais pas à vous y retrouver si

vite. Quoi! rien du passé n'a bougé et Marie est toujours là.

MARIE.   En visite . . .

FONTANEY.   En visite . . . (*Après un silence.*) Com-
5 ment va M. Ménessier?

MARIE, *souriant.*   Il est temps . . . Je vous remercie, mon mari se porte bien. C'est le meilleur des
maris et je lui rends au centuple une affection qui,
chaque jour, m'est plus chère. (*Riant.*) Mon pauvre
10 Fontaney! . . . Eh bien, monsieur Arvers, vous ne
dites rien?

ARVERS, *tressaillant.*   J'écoute . . . (*Un   silence.*)
Permettez-moi de déposer . . .

MARIE.   Vous attendiez mon père tous les deux?
15   FONTANEY.   Il est sorti.

MARIE.   Êtes-vous sûr?

FONTANEY.   Arvers . . .

ARVERS.   On me l'a dit.

MARIE.   Nous allons bien voir . . . (*Elle se met au*
20 *piano et commence à jouer. Les deux hommes la regardent.*
Au bout de quelques mesures, CHARLES NODIER *apparaît*
sur le balcon, derrière la fenêtre de droite. C'est un homme
très grand. Longs bras. Longues mains. Longs cheveux. Figure
glabre entre des petits favoris. Une grande houppelande au col
25 *relevé et une toque. Il pousse lentement la fenêtre, pénètre dans*
la pièce sans être entendu et reste un moment immobile à écouter
MARIE *en souriant.* MARIE *tourne la tête vers lui et s'écrie:*)
Ah! je le savais qu'il n'était pas sorti. (*Elle se lève et*
court à lui.) Père, bonjour.
30   NODIER, *accent franc-comtois*[17] *assez prononcé.*   Tu
étais là, Marie? Depuis longtemps? (*Il enlève sa toque et*
sa houppelande.)

---

[17] *accent franc-comtois,* accent of a person from Franche-Comté (in
the eastern part of France).

MARIE. Non, pas moi. Mais ces messieurs t'attendaient.

NODIER, *s'avançant et serrant les mains.* Bonjour, Fontaney . . . Comment allez-vous, Arvers? . . . Vous avez su m'excuser. J'avais donné des ordres. 5 Mais ils n'étaient pas pour vous. Ils ne sont jamais pour vous.

ARVERS. Vous êtes trop bon.

NODIER. Je ne suis pas bon du tout. Je suis un pauvre nouvellier[18] qui, lorsqu'un sujet le prend, ne 10 sait plus rien être d'autre qu'un méchant homme distrait et bourru. Un sujet m'a pris tout à l'heure et j'ai oublié que j'attendais Fontaney et qu'Arvers avait le droit de venir me déranger à toute heure du jour . . . 15

ARVERS. Nullement, mais nullement . . .

NODIER. . . . et de la nuit, mon petit . . . Donc, j'ai dit que je sortais et je suis sorti en effet . . . sur mon balcon, malgré le froid . . . Oui, j'ai profité de ce que ma femme était absente—tu ne le diras pas, 20 Marie—et j'ai rêvé . . . Notre-Dame avec ses gargouilles et la Seine avec ses grenouilles qui coassent sont les meilleures inspiratrices du monde . . . Je ne connais pas de cabinet de travail comparable à ce balcon. On voit le cœur de la ville et pourtant on est 25 si loin de Paris! Cent cinquante lieues pour le moins. Je viens pendant une heure de ne pas m'ennuyer avec moi-même.

FONTANEY. Et nous aurons bientôt quelque nouveau Trilby.[19] . . 30

NODIER. C'est un alexandrin,[20] Fontaney. Si Dumas était là, il vous embrasserait . . . (*Il s'est*

---

[18] *nouvellier*, a writer of *nouvelles*, i.e., long short stories.
[19] *Trilby*. See the first footnote to this play.
[20] *alexandrin*, Alexandrine (a poetic line of twelve syllables).

adossé à la cheminée.) A propos, le mois dernier, avec
Émile Deschamps, Dumas[21] et Hugo, nous avons parlé
en vers pendant vingt minutes, sans qu'il nous fût possible de faire autrement. Il a fallu que le concierge
5 de l'Arsenal ouvrît la porte et me dît: «C'est un monsieur qui demande monsieur le bibliothécaire . . .»
pour rompre l'enchantement. Autrement, je n'ose pas
prévoir ce qui serait arrivé. Nous étions sur le point
de perdre définitivement le rythme de la prose et
10 d'affronter le ridicule de demander nos pantoufles en
vers . . .

FONTANEY, *qui a écouté avec ravissement.* Savou-
reux . . .

ARVERS, *de même.* Adorable.

15 FONTANEY. Merveilleux, formidable . . .

NODIER. Vers de trois pieds à rimes alternées.[22] . .
Attention! La poésie est traîtresse, mes enfants . . .
Méfiez-vous d'elle.

FONTANEY. Pour mieux l'aimer . . .

20 NODIER. Naturellement . . . Figurez-vous que le
monsieur qui me demandait ce jour-là était un jeune
historien qui ne manque pas de talent, m'a-t-on dit.
Un nommé Michelet.[23] Il venait dans ces lieux pleins
de souvenirs retrouver l'atmosphère de l'Arsenal de
25 Sully.[24] Mais je doute qu'il mène son travail à bonne

---

[21] *Dumas* (1802–1870), the author of *The Three Musketeers* and the
Count of Monte-Cristo.

[22] *Vers de trois pieds à rimes alternées.* Nodier calls attention to the
words the young men have just uttered. They form poetic lines as
follows:

> Savoureux
> Adorable
> Merveilleux
> Formidable

[23] *Michelet* (1798–1874), the author of an important *Histoire de France.*

[24] *Sully.* He was the finance minister of Henry IV at the end of the
16th and beginning of the 17th centuries. It was in the state arsenal,
where Sully had quarters, that the Bibliothèque de l'Arsenal was
later established.

fin. C'est une espèce de poète, un doux rêveur qui ne
me paraît pas né pour l'histoire . . . C'est étonnant
ce que les gens peuvent se tromper sur leur destinée.
C'est comme moi, qui ne suis guère qu'un naturaliste
manqué[25] . . . (*Souriant.*) mais, devez-vous penser, un 5
bavard accompli.

ARVERS. Oh!

FONTANEY. Comment supposez-vous . . .

NODIER. Eh bien, Marie, je ne m'attendais pas à
te voir si tôt, ma fille. C'est une belle surprise.   10

MARIE. Père, toute ma journée est à toi. Je ne
bougerai pas d'ici. Mon mari viendra dîner et ce soir,
je recevrai avec maman et toi les habitués de nos
dimanches, comme autrefois . . .

NODIER, *à* ARVERS *et* FONTANEY, *avec un sourire* 15
épanoui d'enfant. Vous avez entendu, messieurs . . .

MARIE. Je veux prouver à tous nos amis—puisque,
toi, tu le sais déjà—que tu n'as rien perdu de ta petite
fille quand elle s'est mariée.

NODIER, *même jeu.* Écoutez . . . écoutez . . . 20
Quel événement! Il faut absolument que vous m'ame-
niez le plus de monde possible. Oh! pouvez-vous me
rendre un service? Voulez-vous passer, pour les prévenir, chez Soulié,[26] chez Hugo, chez Balzac, chez
Guiraud, chez Dauzats, chez Sainte-Beuve; chez tous 25
ceux à qui vous penserez . . . Ah! si vous pouviez
joindre Gérard de Nerval et Boulay-Paty . . . Mon
Dieu! Mon Dieu! Et Lamartine qui n'est pas à
Paris . . .

FONTANEY. Nous allons battre toute la ville . . . 30
ARVERS. Hélas!

---

[25] *naturaliste manqué.* He means he should have been a naturalist
instead of a writer.
[26] *Soulié* . . . These men were all figures of the Romantic period,
some of whom are famous, some now never heard of.

NODIER. Quoi donc?

ARVERS. Une corvée de famille, ce soir . . .

NODIER. Il n'y a pas de corvée qui compte aujourd'hui, mon enfant. Vous vous arrangerez. Ou
5 alors je croirai que vous n'aimez pas Marie, vous.
(ARVERS *ouvre la bouche, mais ne dit rien.*) Allons, mon
petit Fontaney, puisque j'ai ma fille pour toute la
journée, je puis vous consacrer maintenant quelques
moments. Qu'est-ce que vous vouliez déjà me mon-
10 trer? Des vers? De la prose?

FONTANEY. Des chiffres . . .

NODIER. Hein?

FONTANEY. Ce que coûterait cette collection
espagnole dont je vous ai parlé.

15 NODIER. Alors, avec de l'imagination, je vais
respirer l'air de mon pays. Figurez-vous qu'Hugo
prétend que les enfants de Besançon sont un peu
Espagnols. Vous verrez que cet animal[27] trouvera le
moyen de nous le faire croire . . . Mais voilà que je
20 bavarde encore. Passez dans ma chambre, Fontaney.
Mais je vous préviens que je ne vous écoute que si
vous me faites ce rapport dans le rythme qui convient à ces sortes de choses, c'est-à-dire en décasyllabes.[28]

25 FONTANEY. Si vous voulez.

NODIER *et* FONTANEY *sortent par la droite,*
dernier plan.

MARIE. N'est-ce pas qu'il est délicieux, mon grand
garçon? Ne pensez-vous pas qu'il restera un enfant
30 toute sa vie? . . .

ARVERS. Mais quel enfant!

MARIE. Oui, je crois que vous l'aimez bien.

ARVERS. Comment ne l'aimerait-on pas? Ah! je

---

[27] *cet animal,* that fellow. A colloquial expression.
[28] *décasyllabes,* ten-syllable lines.

saurais mal vous exprimer ce que j'éprouve pour lui
. . . Tout ce qui vient de Nodier m'est . . . Écoutez!
si je ne craignais de vous désobliger, je vous répéterais
une parole de . . . de Fontaney, je crois . . . C'est
que le plus grand chef-d'œuvre de votre père, 5
c'est . . .

Il la regarde.

MARIE, *riant.* Sa fille! Si c'est Fontaney qui a
trouvé cela, il n'a pas beaucoup d'imagination, le
pauvre garçon! Que de fois je l'ai entendu, ce com- 10
pliment banal . . . Voyez l'effet. Et encore, je ne
devrais pas rire, car cela n'est pas très flatteur pour
mon père. Je suis si peu digne de lui . . .

ARVERS. Mais . . .

MARIE. Oui, oui, je sais bien ce que vous pour- 15
riez me dire. Oh! je ne nie pas que je possède un petit,
un tout petit charme.—Voyez, je vous parle à cœur
ouvert.—Y suis-je pour quelque chose? Mes parents
m'ont faite ce que je suis et ce qui me manquait, un
bon mari me l'a donné. Il me suffit qu'on ne dise pas: 20
«La fille de Charles Nodier, quelle petite pécore!»
N'ai-je pas raison?

ARVERS. Tant de modestie . . . C'est si
beau . . .

MARIE. Vous voulez encore me faire rire . . . 25

ARVERS. Sans doute, une pierre précieuse n'est
pas responsable de sa perfection . . . Est-ce une
raison pour . . . pour . . .

MARIE. Monsieur Arvers, je pense que vous êtes
un vrai ami. Est-ce que vous ne trouvez pas que les 30
vrais amis devraient dédaigner de telles polites-
ses? . . .

ARVERS, *se rétractant brusquement.* Vous avez raison . . .

MARIE. Que disiez-vous donc tout à l'heure à 35

mon père? Que vous ne pourriez pas venir ce soir . . .
Je ne savais pas votre famille si exigeante . . .

ARVERS. Elle ne l'est pas . . . Mais une maladie
récente . . . d'une tante . . . Enfin, j'ai promis . . .

5 MARIE. Vous pourriez bien vous dégager?

ARVERS. Oh! . . . difficilement . . .

MARIE. Pour mon père, cette soirée est une petite
fête; vous lui feriez plaisir. Il est si sensible à ces
choses-là . . . C'est même un conseil que je vous
10 donne. Vous êtes jeune et l'affection de Nodier peut
vous être bien utile.

ARVERS. Elle m'est chère, c'est mieux . . . Je ne
suis guère ambitieux.

MARIE. Est-ce que tous nos amis ne le sont pas?
15 Voyez Dumas, voyez Hugo et les deux Deschamps et
même ce petit Musset[29] qui vous ressemble un peu.

ARVERS. Ils le sont trop . . . Je ne me sens pas
au diapason . . .

MARIE. Il ne faut pas faire fi de vos dons.[30] Et sans
20 même parler de la gloire, mieux vaut vivre de vos vers
que du métier que vous faites.

ARVERS. Certes, gratter du papier chez un notaire,
ça n'est pas réjouissant tous les jours. Mais les vers ne
nourrissent pas leur homme. Je sens bien que je
25 finirai par écrire des vaudevilles[31] et le plus grand
service que pourra me rendre votre père sera peut-
être de me recommander à M. Scribe ou à M.
Bayard . . .

MARIE. C'est bien facile. Nous lui en parlerons
30 dès ce soir, si vous venez.

ARVERS. Mais je ne viendrai pas.

---

[29] *Musset* (1810–1857), one of the great Romantic poets.
[30] *faire fi de vos dons*, scorn your gifts.
[31] *vaudevilles*, light comedies. Scribe and Bayard collaborated in
producing a number of them. Later, Arvers wrote several.

MARIE. Vous êtes têtu . . .

ARVERS. Nullement, mais . . .

MARIE. Tant pis pour vous . . . Ce sera un peu, tout à l'heure, comme nos soirées d'autrefois, que vous n'avez guère connues.

ARVERS. Croyez-vous . . . que ce qui a été puisse être encore une fois et tout à fait pareil?

MARIE. Mais oui. Je me mettrai au piano. Je les ferai danser. C'est vrai, ce ne sera pas pareil. Ce sera mieux, puisqu'il y aura un enfant de plus dans la mai-son . . . mon mari . . .

ARVERS, *après un silence.* Oui . . .

MARIE, *se mettant au piano.* Que vais-je leur jouer? (*Elle essaie les premières mesures de quelques airs.*) Ceci . . . *la, la, la* . . . ou ce quadrille . . . *la, la* . . . ou bien cela . . . ou cette valse; écoutez: elle est du jeune Reber.[32] Il ne se doute pas que je la sais déjà. (ARVERS *ne répond pas. Il s'est accoudé au piano et la regarde. Enfin, elle lève les yeux vers lui et s'arrête brusquement.*) Qu'est-ce que vous avez? . . .

Elle referme le piano.

ARVERS, *saisi.* Moi?

MARIE. Vous faites la tête d'un homme qui a des idées noires, monsieur Arvers. Vous ne voulez pas me raconter cela . . .

ARVERS, *la tête basse, après un débat intérieur.* Eh bien, la vérité, madame . . . la vérité, c'est que . . . je m'ennuie terriblement chez ce notaire.

MARIE. Voyez! je le savais bien qu'il y avait quelque chose. Pauvre ami, mais ce n'est plus rien, puisque vous me l'avez dit. Nous tâcherons avec mon père, de vous sortir de là. Il vous trouvera bien un meilleur emploi. Et nous vous présenterons à M. Scribe qui vous fera écrire des vaudevilles. Vous avez bien fait de

---

[32] *Reber* (born in 1807), a composer.

me parler franchement. Vous aviez l'air si triste que
j'aurais pu me demander longtemps ce que vous
aviez sur le cœur. Il faut venir souvent à l'Arsenal. On
vous y fera passer vos soucis.

5   ARVERS, *sans la regarder.*   J'y viens toujours avec
joie . . . Je vous remercie . . . Je suis, il faut le dire
aussi, très seul . . . Peut-être ne vous représentez-
vous pas bien cela, vous qui avez toujours été en-
tourée, gâtée, adulée . . . Pardon . . .

10   MARIE.   Si, je vois . . . Allons, ne vous tourmen-
tez plus. Nous vous tirerons d'ennui.

ARVERS.   Merci . . .
            Depuis un moment ses yeux sont fixés sur le
            piano.

15   MARIE.   C'est mon album que vous regardez?

ARVERS.   Votre? . . . Oui . . .
            Il feuillette l'album machinalement.

MARIE, *s'éloignant du piano.*   Savez-vous que c'est
sur la prière de nos amis que je l'ai laissé à l'Arsenal?

20 «Ce sera un peu de vous» m'a dit Dumas. Est-ce qu'on
peut résister à un mot pareil? Mon père m'écrivait à
Metz que jamais on ne l'avait tant ouvert que depuis
mon départ. C'était pour mes amis un moyen d'être
encore avec moi. D'ailleurs, vous pouvez juger; il y a

25 des tas de choses nouvelles: des vers de Hugo, trois ou
quatre poèmes d'Émile Deschamps; il y a aussi une
déclaration de Guttinguer[33] à rendre Fontaney jaloux.

ARVERS, *qui n'a cessé de feuilleter l'album, pendant*
qu'elle parlait, lit des noms au hasard.   Musset, Ernest

30 Fouinet, Vigny . . . tous vos adorateurs.

MARIE, *riant.*   Un adorateur, M. de Vigny! Parce
qu'il a écrit sur mon album son histoire de cor de
chasse?[34] . . . Non, pas celui-là . . . Il a d'ailleurs

---

[33] *Guttinguer* (1785–1866), a minor Romantic poet.
[34] *son histoire de cor de chasse,* a reference to Vigny's poem *Le Cor.*

bien du talent, le digne homme, bien qu'il soit un peu fier.

ARVERS. . . . Hugo . . . Sainte-Beuve . . .

MARIE. Il n'y manque que des vers de vous.[35] (ARVERS *ne répond pas.*) Lisez donc les derniers d'Émile 5 Deschamps . . .

ARVERS, *distraitement.* Ils sont très beaux . . .

MARIE. Vous les avez lus?

ARVERS. Non, non . . . je les lis . . .

   Soudain il prend sur le piano une plume d'oie 10   *et ouvre un petit encrier.*

MARIE, *qui s'est assise de l'autre côté de la pièce et ne regarde pas.* Avez-vous su le dernier mot de Dumas sur le grand Saint-Valry?[36]

ARVERS, *sans s'arrêter d'écrire.* Non . . .   15

MARIE. Le grand, l'immense Saint-Valry était enrhumé du cerveau. Alors Dumas . . . (*Elle rit.*) Dumas lui a demandé s'il n'avait pas pris froid aux pieds l'année dernière . . . (*Après un silence.*) Vous ne trouvez pas cela drôle?
                20

ARVERS. Si, si . . .

MARIE. Dumas ne manque pas une occasion de taquiner ce pauvre homme. Saint-Valry est pourtant bien inoffensif. Mais il a le défaut de ne pas supporter qu'on lui parle de sa grande taille. Vous connaissez le 25 vers qu'a fait Méry[37] sur lui: «Il se baisse et remasse un oiseau dans les airs.» (*Elle rit toute seule, longuement, puis se tourne vers lui.*) Tiens! Vous écrivez sur mon album . . .

ARVERS, *s'arrêtant.* J'ai cru comprendre que vous 30 permettriez . . .

      FONTANEY *rentre par la droite.*

---

[35] *Il . . . de vous.* Every one but you has contributed.
[36] *Saint-Valry*, one of the minor poets and a friend of Victor Hugo.
[37] *Méry, Joseph* (1798–1865), minor poet and novelist.

MARIE.   Ah! vous avez fini, Fontaney.

FONTANEY.   Votre père est parti à fond sur mon idée. C'est l'enthousiasme, et le voilà occupé au moins jusqu'au dîner.

5 MARIE.   Qu'avez-vous fait? C'est bien ma chance . . .

FONTANEY.   Il faut que je vous explique . . .

MARIE.   Mais je ne veux rien savoir. Mon père ne parlera ce soir que de ces livres espagnols. Ne me 10 déflorez pas son récit.

> *Pendant ce dialogue,* ARVERS, *toujours debout, continue à écrire.*

FONTANEY.   Alors, vous ne m'en voulez pas trop?

MARIE.   Vous me croyez donc bien mauvaise?

15 FONTANEY.   Je vous crois très . . . comment dirai-je? . . . très adulée . . .

MARIE.   Quelqu'un me disait cela il n'y a pas longtemps . . . Mais c'est Arvers, justement . . . (*Se tournant.*) Tenez, il met des vers sur mon album. 20 C'est très bien. J'y veux voir la signature de tous nos amis. (*A* ARVERS.) La vôtre manquait. N'oubliez surtout pas de mettre votre prénom: Félix . . . Heureux, n'est-ce pas? Vous voyez, je sais un peu de latin. Ça portera bonheur à l'album. (*A* FONTANEY.) Eh 25 bien, vous aussi, vous y avez mis quelque chose récemment. C'est très joli. Je ne vous l'ai pas encore dit?

FONTANEY.   Je n'ai pas eu cette joie.

MARIE.   Quant à maman, elle est enchantée des vers que vous lui avez faits. Vous gâtez la famille, 30 Fontaney. C'est bien dommage que je n'aie plus ma grand'mère.

FONTANEY.   Vous m'accablez de votre ironie.

MARIE.   Pas du tout. Je ne plaisante jamais. La maman de maman eût été digne que vous l'aimiez.

35 FONTANEY.   Ce qui est délicieux, c'est que vous

parlez toujours sérieusement. Le paradoxe fleurit dans
votre bouche comme une chose naturelle.

MARIE.   Quelle jolie bêtise! (*Se retournant.*) Eh
bien, vous avancez, monsieur Arvers?

ARVERS.   J'ai presque fini.   5

MARIE.   Ne faites pas trop de ratures, je vous en
prie . . .

ARVERS, *écrivant.*   Je n'ai pas eu besoin d'en faire.

MARIE.   Oh! c'est l'aveu que vos vers ne sont pas
une primeur.[38] . .   10

ARVERS, *vivement.*   Pas une . . .

                                                 Il s'arrête.

MARIE, *à* FONTANEY.   Vous partez? . . .

FONTANEY.   Il le faut. Vous savez bien que votre
père m'a chargé de faire le tour de ses amis . . .   15

ARVERS.   J'ai fini.

MARIE, *qui n'a pas entendu.*   Mais vous reviendrez ce
soir, j'espère.

FONTANEY.   Oh! certainement . . .

ARVERS, *un peu plus fort.*   J'ai fini . . .   20

MARIE.   C'est fini? . . . Voyons! (*Elle lit sur
l'album.*) Sonnet.[39] . . Justement, je raffole des sonnets.
Je suis comme M. Sainte-Beuve[40] qui prétend qu'il n'y
a rien au-dessus. (*Lisant.*)

> *Mon âme a son secret, ma vie a son mystère,*
> *Un amour éternel en un moment conçu.*
> *Le mal est sans espoir . . .*

---

[38] *vos vers . . . une primeur,* your lines are not new (i.e., just composed).

[39] *Sonnet.* Félix Arvers wrote the sonnet that follows. He wrote it
first, as this play shows, in Marie Nodier's album. It was then reprinted
(with a couple of minor changes) in *Mes heures perdues,* 1833. It is the
only poem he composed that is still known and admired; in fact, were
it not for this sonnet he would be completely forgotten. The text used
here by M. Bernard is naturally that of Marie's album.

[40] *Sainte-Beuve* (1804–1869), literary critic and poet. He was one of
the few Romantic poets interested in the sonnet.

Ah! je vois Fontaney qui s'impatiente. Allez-vous-en donc, ami. Nous n'avons pas besoin de vous.

FONTANEY.   A ce soir. (*A* ARVERS.) Excusez-moi, mon cher, de ne pas vous attendre. Je me suis mis en
5 retard. Très pressé, maintenant.

> *Il sort par la gauche, premier plan.*

MARIE.   Toujours le même, ce bon Fontaney . . . Il ne changera jamais, je crois. Mais il a bien mauvaise mine. Cela m'inquiète. Pauvre garçon, cela
10 m'inquiète . . . (*Voyant* ARVERS *silencieux et après l'avoir regardé un moment.*) Je vous remercie pour votre sonnet, monsieur Arvers. Il est très joli.

ARVERS.   Mais vous n'avez pas . . .

MARIE.   Si, si, j'ai vu . . . J'ai vu rapidement
15 déjà . . . D'ailleurs . . . (*Elle retourne à l'album et lit.*)

> . . . *en un moment conçu* . . .
> *Le mal est sans espoir, aussi j'ai dû le taire,*
> *Et celle qui l'a fait n'en a jamais rien su* . . .

Mais oui, c'est tout à fait bien. Est-ce que cela correspond à quelque chose, à une idée, à un souvenir?

ARVERS.   C'est . . . c'est imité de l'italien.

20   MARIE.   De l'italien . . . Ah! (*Un silence, puis, au moment de reprendre, elle prête l'oreille.*) Mais . . . mais j'entends la voix de maman.

> *Elle quitte l'album et sort rapidement par la gauche.* ARVERS, *resté seul, regarde la porte*
25 *par laquelle elle est sortie, regarde l'album et puis, la tête basse, va prendre sa canne et son chapeau.* MARIE *rentre avec sa mère.* MME NODIER *tient à la main des fleurs qu'elle dépose sur une chaise.*

30   MME NODIER.   Quelle surprise de te trouver ici de

si bonne heure? . . . Ah! monsieur Arvers, vous allez
bien? . . . Pourquoi ne m'as-tu pas prévenue? Je ne
serais pas sortie.

MARIE. Je n'aurais pas pu te prévenir. Mon mari a
reçu à deux heures la visite d'un camarade. Il a vu que 5
cela ne m'amusait pas. Il m'a dit: «Va donc chez tes
parents, je t'y retrouverai.» Alors, aujourd'hui, je suis
votre fille. Voilà! Sais-tu que nous dînons ici?

MME NODIER. Comme ton père va être heureux!
L'as-tu déjà vu? 10

MARIE. Oui, mais Fontaney l'a plongé dans un
travail dont il est bien capable, par distraction, de ne
pas se laisser distraire, même par moi.

MME NODIER. S'il travaille, ne le dérangeons pas
. . . Je pense bien que nous vous verrons ce soir, 15
monsieur Arvers.

ARVERS. C'est-à-dire . . . Probablement . . .
(*S'avançant.*) Vous permettez que . . .

MME NODIER. Ce n'est pas moi qui vous fais partir,
au moins? J'en serais bien confuse. Je ne veux pas vous 20
empêcher de rester avec Marie. Mais vous m'excuserez
un moment, le temps de me débarrasser. Tout à
l'heure, Marie, puisque j'ai la chance de t'avoir, nous
préparerons ensemble la réception.

MARIE. Oh! oui, maman . . . Mais dis-moi . . . 25
Une seconde, monsieur Arvers . . . (*Elle prend le bras
de sa mère et elles sortent ainsi par la porte au dernier plan à
gauche.* ARVERS, *resté seul, hésite un instant, puis va rapidement fermer l'album et revient au milieu de la pièce.* MARIE
rentre en souriant.*) Voilà! Maintenant . . . (*Elle va vers* 30
*l'album, n'a même pas un mouvement de surprise en le voyant
fermé, le rouvre distraitement et lit.*)

> Hélas! j'aurai passé près d'elle inaperçu,
> Toujours à ses côtés et toujours solitaire . . .

(*Elle s'arrête, demeure un instant rêveuse, et puis:*) Savez-vous si Francis Wey[41] est de retour à Paris?

ARVERS. Il me semble . . .

MARIE. Est-ce que cela vous ennuierait de passer
5 chez lui? Je suis sûre que mon père serait heureux de le voir ce soir. Il l'aime bien, sans doute parce qu'il est Franc-Comtois.[42] C'est étonnant ce que mon père, qui est sceptique en tout, peut être sentimental en certaines choses . . . (*Elle regarde l'album distraitement.*)

Et j'aurai jusqu'au bout . . .

10 ARVERS, *vivement.* Non . . .

MARIE. Qu'est-ce qu'il y a?

ARVERS. Excusez-moi, il faut que je parte mainte-nant . . . (*Un silence.*) Je passerai chez Francis Wey . . .

15 MARIE. Alors, venez-vous ce soir?

ARVERS. Oui . . . non . . . je ne crois pas . . .

MARIE. Tant pis! Nous regrettons. En tout cas, monsieur Arvers, je vous remercie bien pour votre sonnet.

20 ARVERS. Ce n'est rien . . .

MARIE. Mais si, mais si. C'est très gentil à vous. Je veux l'étudier avec attention avant de vous en parler longuement. Ici, on est toujours dérangé. Tenez! partez vite, que je puisse le lire à mon aise . . .

25 ARVERS. Vous allez le lire?

MARIE. Oui, oui, tout de suite . . .

ARVERS, *la regarde un instant, prend sa main, la porte à ses lèvres et sort rapidement par la gauche. Mais il rentre presque aussitôt.* Je viendrai ce soir.

Il sort.

30 MARIE, *après un silence.* Qu'est-ce que nous pour-

---

[41] *Francis Wey* (1812–1882), writer of short stories and novels.
[42] *Franc-Comtois*, from Franche-Comté.

rions bien faire pour ce garçon? (*Elle retourne à l'album.*)

> *Hélas! j'aurai passé près d'elle inaperçu,*
> *Toujours à ses côtés et toujours solitaire,*
> *Et j'aurai jusqu'au bout fait mon temps sur la terre,*
> *N'osant rien demander et n'ayant rien reçu . . .*
>
> *Pour elle, quoique Dieu . . .*

MME NODIER, *rentrant.*   Qu'est-ce que tu lis?

MARIE.   Des vers.

MME NODIER.   Ah! tu ne peux pas te plaindre de 5 tes amis. Ton album s'est bien enrichi depuis ton départ . . . M. Arvers n'est plus là?

MARIE.   Non . . . Oh! il y a un bien beau poéme d'Émile Deschamps. As-tu vu la fin, maman? C'est admirable. (*Lisant avec flamme.*)   10

> *Les belles sont aussi des reines;*
> *Il faut bien que ces souveraines*
> *Entendent quelques vérités . . .*

C'est un peu long. Voilà le seul reproche. M. Arvers a été plus discret. Un sonnet. Et je ne l'ai même pas encore lu jusqu'au bout. Veux-tu l'écouter?

MME NODIER.   Ma petite, je n'ai pas le temps. Il faut bien que ce soir je fête votre présence par quelque 15 bon plat fin.[43] . . Lis tout cela sans te presser, et nous arrangerons le salon ensemble; les chaises comme d'habitude; et puis nous changerons les fleurs . . .

MARIE.   C'est délicieux, ça va me rajeunir.

MME NODIER.   Sotte! comme si tu avais besoin de 20 cela.

> *Elle sort par la gauche, dernier plan.*

MARIE, *lisant avec un sourire flottant sur son visage distrait.*

---

[43] *quelque bon plat fin,* a good and tasty dish (one fit for a *gourmet*).

Pour elle, quoique Dieu l'ait faite bonne et tendre,
Elle ira son chemin distraite et sans entendre
Ce murmure d'amour élevé sur ses pas . . .

A l'austère devoir . . .

Qu'y a-t-il? (*Au* CONCIERGE, *qui entre par la gauche, avec un livre à la main.*) Ah! c'est vous, monsieur Émile?

LE CONCIERGE. Madame, c'est un homme qu'a déposé ce livre à la loge de la part de m'sieur Hugo.

5 MARIE, *vivement.* M. Hugo . . . (*Elle s'avance et prend le livre.*) Ah! *Les Feuilles d'automne.*[44] La bonne surprise . . . (*Ouvrant le livre.*) *A Charles Nodier . . . à mon grand ami, à mon maître . . .* Je vais le donner tout de suite à mon père. Il va être bien content . . .

10 LE CONCIERGE. Qui va être content aussi, c'est ces m'sieurs dames tout à l'heure, de voir que Madame reste pour la soirée, à ce que m'a dit m'sieur Fontaney . . .

MARIE. Vous êtes bien gentil, monsieur Émile.

15 LE CONCIERGE. Oh! y a pas à dire, tout le monde a été bien triste du départ de Madame. Mais puisque Madame est heureuse, enfin, c'est l'essentiel . . . Nous autres, on serait bien tranquilles aussi du moment, si ce n'était mâme[45] Émile que ses varices 20 travaillent toujours un peu. Ah! je redescends à la loge. C'est pas pour les gens qui peuvent venir le dimanche à de pareille heure; quoiqu'à bien parler on ne sait jamais. Bien le bonjour, Madame.

Il sort.

25 MARIE, *tout en relisant la dédicace des* Feuilles d'automne, *va à la porte de droite et frappe.* Père . . . (*Elle entr'ouvre la porte, mais la referme presque aussitôt*

---

[44] *Les Feuilles d'automne,* a collection of lyric poems published by Victor Hugo in 1831.
[45] *mâme,* i.e., madame.

en souriant.) Trop occupé pour le moment. Victor Hugo attendra . . . (*Elle pose le livre sur la table devant la porte, puis retourne au piano et lit.*)

> *A l'austère devoir pieusement fidèle,*
> *Elle dira, lisant ces vers tout remplis d'elle:*
> *«Quelle est donc cette femme?* » *et ne comprendra pas.*

(*Elle demeure rêveuse un long moment, les yeux fixés devant elle, et puis:*) Ah! je vais arranger les fleurs. (*Alors, sans* **5** *se presser, elle va enlever les fleurs fanées de chacun des vases et les jette dans un panier qu'elle a pris dans un coin. Elle fait cela avec une satisfaction un peu distraite, comme une vieille besogne familière à laquelle il lui est doux de s'abandonner. Et puis, d'abord presque imperceptiblement, mais bientôt plus* **10** *fort, elle se met à chantonner machinalement sur l'air de* Malbrough.[46]) Et ne comprendra pas . . . et ne comprendra pas . . . (*Elle a fini d'enlever les fleurs fanées. Elle prend maintenant les fleurs fraîches que sa mère a déposées tout à l'heure sur une chaise et commence à les séparer.* **15** *Et elle continue de chantonner.*) Et ne comprendra pas . . . et ne comprendra pas . . .

> *Cependant* NODIER *est entré doucement. Elle ne l'entend pas. Il reste au fond. Il la regarde et l'écoute un instant avec un bon sourire.* **20**

NODIER. Qu'est-ce que tu chantes, Marie?

MARIE, *se retournant, toute surprise, les fleurs à la main.* Moi? Je chante?

RIDEAU

---

[46] *l'air de Malbrough,* the tune of *Malbrough s'en va-t'en guerre.*

Giraudoux

* *

JEAN GIRAUDOUX, born in 1882 at Bellac in the old
province of Limousin, entered the École Normale
Supérieure where he made a brilliant record. He served
with distinction during the first World War and was sent
to the United States on a military mission to Harvard University. But he had already started to write and with the
end of hostilities soon acquired a reputation as a novelist.
During the 1920's he published *Suzanne et le Pacifique* (1921),
Siegfried et le Limousin (1922), *Juliette au pays des hommes*
(1924), *Bella* (1926), and *Églantine* (1927). These novels
have little plot. Their charm lies in their poetic, imagina-
tive style which though sometimes extravagant is always re-
freshingly original.

In 1928 Giraudoux produced his first play *Siegfried*
(drawn from the above mentioned novel). Its great success
encouraged the author to produce in rapid succession
Amphitryon 38 (1929), *Judith* (1931), *Intermezzo* (1933),
Tessa (adapted from a play by Margaret Kennedy and
Basil Dean), *La Guerre de Troie n'aura pas lieu* (1935),
Électre (1937), *Ondine* (1939), *Sodome et Gomorrhe* (1943)
and *La Folle de Chaillot* (published posthumously in 1945,
produced in Paris, 1946, and the English version in New
York City, 1949). This is not a complete list but it contains the more important titles. These plays, though verging
frequently on the fanciful, are the reflections of a highly
cultured and intelligent man on some of the most important questions which confront mankind. *Siegfried*, for
example, treats the problem of Franco-German relations
and the essential differences between the French and Ger-

man character. *La Guerre n'aura pas lieu* shows how the Trojans are swept into war against the Greeks in spite of all that Hector can do to prevent it, and thus raises the basic problem of the inevitability of war. But Giraudoux's dramas are not philosophical treatises. They are successful plays which combine action and thought, poetry and analysis. The «*style badin et métaphorique*» which the author had introduced into his novels is present here, and constitutes one of the essential charms. Opinion among critics is virtually unanimous that Giraudoux is a better playwright than novelist and that his contribution to the 20th-century French theater will live.

At the beginning of the Second World War Giraudoux became commissioner of information. He remained in France after the armistice of 1940, but did not live to see the liberation of his country from the German yoke, for he died early in 1944.

* *

SIEGFRIED[1]

*Pièce en quatre actes représentée pour la première
fois à la comédie des Champs-Élysées le 3 mai 1928,
avec la mise en scène de* LOUIS JOUVET

PAR

Jean Giraudoux

* *

PERSONNAGES

GENEVIÈVE	GÉNÉRAL DE FONTGELOY
ÉVA	GÉNÉRAL VON WALDORF
MME PATCHKOFFER	GÉNÉRAL LÉDINGER
MME HŒPFL	PIETRI
SIEGFRIED	MUCK
BARON VON ZELTEN	KRATZ
ROBINEAU	MEYER

MONSIEUR SCHMIDT, MONSIEUR PATCHKOFFER, MONSIEUR
KELLER, LE SERGENT DES SCHUPOS,[2] SCHUMANN, UN
DOMESTIQUE.

ACTE PREMIER

*Bureau d'attente luxueux et moderne. Escalier de marbre
blanc, avec tapis rouge, à droite de la baie. Vue sur Gotha[3]
couverte de neige.*

---

[1] *Siegfried*, legendary hero of the Germans. The name itself is significant: *sieg*, victory; *friede*, peace.

[2] *Schupos*, policemen.

[3] *Gotha*, an important city in the German province of Thuringia.

SCÈNE I

ÉVA, L'HUISSIER MUCK, UN DOMESTIQUE

MUCK, *annonçant*. Son Excellence le général Ludendorf!

ÉVA. Pas maintenant . . . Ce soir, à neuf heures.

MUCK. Son Excellence le Président Rathenau!

5   ÉVA. Ce soir, à neuf heures . . . Tu sais parfaitement que cet après-midi est sacré pour Monsieur Siegfried.

MUCK, *au* DOMESTIQUE. Je n'ai pas de succès . . . Annonce les tiens!

10   LE DOMESTIQUE, *d'une voix presque honteuse*. Monsieur Meyer! . . .

ÉVA. Parfait. Monsieur le Conseiller Siegfried va le recevoir dans un moment.

LE DOMESTIQUE. Monsieur Kratz! Madame
15 Schmidt!

ÉVA. Très bien. Ils sont à l'heure, Monsieur Siegfried va les voir tous.

MUCK. C'est le tort qu'il aura.[4] . .

ÉVA. Qui te demande ton avis?

20   MUCK. Monsieur Siegfried se cause des émotions bien inutiles . . . (ÉVA *ne répond pas, et écrit.*)

MUCK, *au* DOMESTIQUE. J'ai regardé sous le nez[5] tous ces prétendus parents qui viennent des quatre coins de l'Allemagne reconnaître en lui un fils disparu
25 à la guerre . . . Aucun ne lui ressemble!

LE DOMESTIQUE. Ah!

MUCK. Tu me diras que des ressemblances, il en est comme des maladies,[6] qu'elles sautent une génération?

---

[4] *C'est le tort qu'il aura.* He's wrong to do so.

[5] *J'ai regardé sous le nez,* I've peered at.

[6] *des ressemblances . . . maladies,* it's the same with likenesses as with maladies.

Le domestique, *qui met en ordre les fauteuils et les portières.* Oui, je te le dirai.

Muck. J'ai regardé les photographies qu'ils m'ont tendues à la porte, les photographies de leur enfant,— leurs tickets d'entrée. Celui-là porte des lunettes. 5 Celui-là a un soupçon de bec de lièvre. Aucun ne ressemble à Monsieur Siegfried !

Le domestique. Tu ne sais peut-être pas voir les ressemblances?

Muck. Au contraire. Dans les musées, dans les 10 théâtres, sur les tableaux, sur les statues, sur tous ces gens en costumes anciens ou tout nus, sur Alexandre le Grand, sur Lohengrin,[7] il est bien rare que je ne retrouve pas quelque chose de Monsieur Siegfried en veston . . . Sur ceux-là, rien . . . Tu connais 15 Lohengrin?

Le domestique, *vague.* Mal. Je l'ai aperçu.

Éva, *interrompant leur dialogue.* Tout est prêt pour l'entrevue?

Muck. Le lustre est réparé . . . J'ai mis des 20 lampes neuves . . .

Éva. Monsieur Siegfried est habillé?

Muck. Il s'habille. (*Au* domestique.) Il hésite. Il ne sait s'il va couper ses moustaches, comme la dernière fois. Je l'ai laissé devant la glace. Il se de- 25 mande sans doute comment il sera le plus ressemblant. S'habiller avec les traits de son enfance est plus long que de prendre un veston.

Éva. Fais entrer le baron de Zelten.

Muck, *surpris.* Je n'ai pas annoncé le baron de 30 Zelten !

Éva. C'est ce que je te reproche. Pourquoi l'as-tu laissé entrer, malgré ma défense? Pourquoi lui per-

---

[7] *Lohengrin,* another legendary hero of the Germans, the son of Parzival.

mets-tu de se mêler à nos visiteurs et de les questionner?

MUCK. J'ai cru bien faire, c'est le cousin de Mademoiselle.

5   ÉVA. Les bruits les plus fâcheux courent sur le compte de Zelten. Il est le grand homme des cafés, des coulisses,[8] des piscines. On raconte qu'il a acheté la police et qu'hier soir même, tous les agents étaient convoqués chez lui.

10   MUCK. Mademoiselle se trompe. Il leur avait donné des billets de théâtre. Ils étaient tous à *Salomé* pour voir quels uniformes ont les gardes d'Hérode.

ÉVA. Va . . . Je l'attends.

> *Elle congédie l'autre domestique.*

SCÈNE II

ÉVA, BARON VON ZELTEN

15   ÉVA. Que cherches-tu ici, Zelten?

BARON VON ZELTEN. Je vois que tu fais toujours bonne garde autour de ton nourrisson. Il est rentré du Parlement?

ÉVA. Es-tu pour nous ou contre nous, Zelten?

20   BARON VON ZELTEN. Il est rentré, il t'a mise au courant de son succès, je le vois à ton visage! Tu rayonnes, cousine. Que l'adoption par nos députés d'une constitution aussi étique donne cet éclat aux joues d'une jolie Allemande, cela me rend moins 25 sévère pour elle!

ÉVA. Une Allemande peut se réjouir de voir l'Allemagne sauvée. Après avoir accolé pendant trois ans l'adjectif «perdue» au mot Allemagne, il est doux de le changer par son contraire.

---

[8] *coulisses.* Used here in the sense of "theatrical world."

BARON VON ZELTEN. Les épithètes contraires sont
les plus facilement interchangeables, cousine, surtout
quand elles s'appliquent au mot Allemagne. Tu as à
me parler?

ÉVA. Pourquoi as-tu voté tout à l'heure contre le 5
projet Siegfried?

BARON VON ZELTEN. Le projet Siegfried! Ne di-
rait-on pas que j'ai voté contre les Walkyries[9] et toute
la légende allemande! . . . Parce qu'il t'a plu, voilà
sept ans, dans ton hôpital, de baptiser du nom de 10
Siegfried un soldat ramassé sans vêtements, sans connaissance, et qui n'a pu, depuis, au cours de sa carrière
politique et de ses triomphes, retrouver ni sa mémoire
ni son vrai nom, tout ce qu'il peut dire ou faire jouit
du prestige attaché au nom de son parrain! . . . Qui 15
te dit que ton Siegfried ne s'appelait pas Meyer avant
sa blessure, et que simplement je n'ai pas voté contre
le projet Meyer?

ÉVA. C'est tout cela que tu venais dire dans sa
propre maison?
20
ZELTEN, *détournant la conversation.* La dernière fois
que je t'ai vue, Éva, il y a six ans, tu enseignais à ce
bébé adulte, à l'institut de rééducation, les mots les
plus simples: chien, chat, café au lait. Aujourd'hui,
c'est de lui que tu apprends à prononcer les mots 25
ravissants de Constitution, Libéralisme, Vote plural,
peut-être Volupté. Non?

ÉVA. Le mot Allemagne, oui.

ZELTEN. L'Allemagne de ton Siegfried! Je la vois
d'ici. Un modèle de l'ordre social, la suppression de 30
ces trente petits royaumes, de ces duchés, de ces villes
libres, qui donnaient une résonnance trente fois dif-

---

[9] *Walkyries.* According to Scandinavian mythology, the Valkyries
(female messengers of Odin) decide the fate of battles, designate
those who are to die, and conduct them to Valhalla.

férente au sol de la culture et de la liberté, un pays
distribué en départements égaux[10] dont les seules
aventures seront les budgets, les assurances, les pensions, bref une nation comme lui théorique, sans mé-
5 moire et sans passé. Ce fils du néant a une hérédité de
comptable, de juriste, d'horloger. Imposer la constitution de ton élève à l'Allemagne, c'est faire avaler un
réveille-matin au dragon de Siegfried, du vrai, pour
lui apprendre à savoir l'heure!

10 ÉVA. Avec Siegfried, l'Allemagne sera forte.

ZELTEN, *impétueux*. L'Allemagne n'a pas à être
forte. Elle a à être l'Allemagne. Ou plutôt elle a à
être forte dans l'irréel, géante dans l'invisible. L'Allemagne n'est pas une entreprise sociale et humaine,
15 c'est une conjuration poétique et démoniaque. Toutes
les fois que l'Allemand a voulu faire d'elle un édifice
pratique, son œuvre s'est effondrée en quelques
lustres.[11] Toutes les fois où il a cru au don de son pays
de changer chaque grande pensée et chaque grand
20 geste en symbole ou en légende, il a construit pour
l'éternité!

ÉVA. Cette éternité est finie . . .

ZELTEN. Finie, Éva! Au lieu de promener Siegfried dans les cités modèles, amène-le seulement là-bas,
25 sur les premiers contreforts de nos Alpes. Va surprendre l'aube avec lui. Tu y verras si l'Allemagne du
Saint Empire ne survit pas dans l'air gelé, à cette
heure où les ruisseaux, tout en glace, sont sillonnés
d'une rigole à leur thalweg,[12] où l'on ne rencontre en-
30 core que les humains et les animaux qui n'ont pas

---

[10] *en départements égaux*. Zelten has in mind the French departments
created by the French Revolution as administrative units in place of
the old provinces. He fears the same result in Germany.
[11] *lustre*, lustrum (a period of five years).
[12] *rigole . . . thalweg*, gutter, channel . . . valley.

changé depuis Gustave Adolphe,[13] les belettes, les
chevaux pie, les courriers à voiture jaune dont le cor
fait surgir entre deux volets qui s'entr'ouvrent la joue
droite et le sein droit d'une chambrière.[14] Tu y verras
le paysage même de notre Allemagne d'autrefois, de 5
conjuration et de travail, de pillage et de sainteté, si
chargé à la fois de poésie et de vérité, que tu t'atten-
dras à apercevoir soudain, flottant dans l'air, comme
dans les gravures du moyen âge,[15] un gros petit enfant
céleste, tout nu ou des mains seules priant . . . C'est 10
là, l'Allemagne . . .

ÉVA. Je suis pressée. Que veux-tu?

ZELTEN. Je peux voir Siegfried?

ÉVA. Pourquoi?

ZELTEN. C'est mon affaire. 15

ÉVA. Il n'est pas visible pour toi.

ZELTEN. Il repose?

ÉVA. Ne fais pas l'ignorant. Tu sais à quoi il se
prépare.

ZELTEN. Je le devine! . . . Il se rase. Il met un 20
col bas, il rafraîchit sa chevelure; pour cette heure
qui va lui donner, pense-t-il, une famille, il fait une
toilette de condamné à mort. Les entrevues précé-
dentes ne l'ont pas découragé? Il espère encore?

ÉVA. Il espère, ne t'en déplaise. 25

ZELTEN. Et toi, tu espères?

ÉVA. Évidemment.

ZELTEN. Tu n'es pas sincère.

ÉVA. Zelten!

ZELTEN. Ne seras-tu pas désolée le jour où l'un de 30

---

[13] *Gustave Adolphe*, i.e., since the 17th century.

[14] *les belettes . . . chambrière*, weasels, piebald horses, yellow post
chaises with their riders blowing horns bring a chambermaid to the
window and allow a glimpse of a cheek and bosom through the par-
tially opened shutters.

[15] *comme . . . âge*, as in mediaeval woodcuts.

ces visiteurs viendra retirer ton élève de ce domaine idéal pour en faire un simple Bavarois, un vulgaire Prussien? Un père, à cet Allemand créé sans matière première! Toutes les vierges de l'Allemagne l'ont
5 déjà reconnu comme leur enfant légitime . . . Qui me dit d'ailleurs qu'il ne joue pas lui-même un jeu?

ÉVA.   Tu es fou?

ZELTEN.   C'est à son mystère que Siegfried doit sa popularité! Celui que l'Allemagne regarde comme
10 son sauveur, celui qui prétend la personnifier, lui est né soudain voilà six ans dans une gare de triage,[16] sans mémoire, sans papiers et sans bagages. Les peuples sont comme les enfants, ils croient que les grands hommes arrivent au monde par un train . . . Au
15 fond, l'Allemagne est flattée que son héros ne soit pas dû aux épanchements peu sacrés d'un couple bourgeois. Un juriste qui naît comme meurt un poète, quelle aventure! Son amnésie a donné à ton Siegfried tous les passés, toutes les noblesses, et aussi, ce qui
20 n'est pas inutile non plus à un homme d'État, toutes les rotures.[17] Qu'il retrouve famille ou mémoire, et il redeviendra enfin notre égal . . . J'espère, moi, et j'ai de bonnes raisons de croire que ce moment n'est pas loin.

25 ÉVA.   Que veux-tu dire?

ZELTEN.   Ce court-circuit, qui a enlevé Siegfried à sa vie véritable, c'est peut-être un ouvrier bien inattendu qui va le réparer . . .

ÉVA.   Que sais-tu sur Siegfried? Prends garde,
30 Zelten . . .

MUCK, *entrant.*   Mademoiselle, c'est l'heure pour la visite.

---

[16] *une gare de triage,* a (military) sorting station.
[17] *toutes les rotures,* every possible plebeian origin.

Éva *monte sans dissimuler son inquiétude.*
ÉVA. Reconduis M. de Zelten.

SCÈNE III

ZELTEN, MUCK

MUCK. C'est toujours pour demain, Monsieur le Baron?

ZELTEN. Oui, Muck.   5

MUCK. A quelle heure?

ZELTEN. A la fin de l'après-midi. Signal: deux coups de canon. Écoute, Muck. On va sonner. Tu verras deux étrangers, deux Français. Tu sais reconnaître des Français en voyage . . .   10

MUCK. Naturellement, à leur jaquette.

ZELTEN, *lui glissant un billet dans la main.* Tu t'arrangeras pour qu'ils entrent. C'est d'eux que dépend la journée de demain . . . Cela t'ennuie de bien recevoir des Français?   15

MUCK. Pourquoi? Aux tranchées, entre les assauts, nous bavardions quelquefois, avec les Français. Il est dur de se taire quand on se tait depuis des mois. Nos officiers ne parlaient guère. Nos familles étaient loin . . . Nous n'avions qu'eux . . . Parfait, je les ca- 20 cherai.

ZELTEN. Garde-t'en bien. Qu'ils attendent dans cette salle. L'un de ces Français est une Française. Préviens-moi aussitôt. Dès que je les aurai vus, annonce à Siegfried qu'une institutrice canadienne de- 25 mande une audience.[18]

Sonnerie.

On sonne?

MUCK. Il faut que j'appelle les parents. M. Siegfried va descendre.   30

ZELTEN. A tout à l'heure.

[18] *demande une audience*, asks to be received.

SCÈNE IV

MUCK, LES PARENTS

MUCK *ouvre la porte et fait entrer* LES PARENTS. *Troupe
bigarrée et morne.*

MUCK.   Monsieur l'architecte municipal Schmidt!

M. SCHMIDT.   Présent.

MUCK.   Vous pouvez poser votre chapeau, Monsieur l'architecte municipal.

5   M. SCHMIDT.   J'aimerais mieux le garder . . .
C'est un chapeau d'avant la guerre . . . Je me suis
habillé un peu comme autrefois . . .

MUCK.   A votre aise . . . Madame la rentière[19]
Hoepfl!

10   MME HOEPFL.   Me voici.

MUCK.   Vous avez votre lettre de convocation?

MME HOEPFL.   Je vous l'ai montrée, avec la
photographie . . .

MUCK.   C'est exact. Celui qui a le bec de lièvre?
15 (*Se reprenant.*) Le soupçon de bec de lièvre . . . Monsieur le relieur Keller!

M. KELLER.   Présent . . . J'ai la vue faible, Monsieur l'huissier. J'ai pris la liberté d'amener Monsieur
Kratz, notre voisin et apothicaire, qui aimait beau-
20 coup Frantz.

M. KRATZ, *se présentant humblement.*   Spécialiste
Kratz.

M. KELLER.   M. Kratz le gâtait. On faisait pour
Frantz plus de bonbons que de remèdes dans cette
25 pharmacie. L'un d'eux est devenu une spécialité connue.

M. KRATZ, *s'inclinant.*   Le sucre de pomme Kratz.

---

[19] *rentière*, a woman who lives on unearned income.

J'ai apporté ce paquet pour M. Siegfried . . . En tout état de cause.[20] . . Je ne le remporterai pas.

MUCK. Madame et Monsieur Patchkoffer . . . (UN PAYSAN *et* UNE PAYSANNE *s'approchent*.) Je vous ai écrit, Madame Patchkoffer! Il me semblait que votre voyage n'avait pas beaucoup de raison. Vous disiez dans votre lettre que votre fils est petit et brun. Monsieur Siegfried est grand et blond.

M. PATCHKOFFER. Nous avons déjà vu des bruns à Berlin, à la clinique de rééducation.

M. KELLER. Mais la taille, Madame?

MME PATCHKOFFER. Nous avons vu tous les petits aussi, n'est-ce pas Patchkoffer?

MUCK. Bien, Bien.

MME PATCHKOFFER. S'il n'avait pas changé, il serait déjà retrouvé . . .

MUCK. Monsieur Meyer!

M. MEYER. C'est moi . . . Comment cela se passe-t-il, Monsieur l'huissier?

MUCK. Comment cela se passe? Rassurez-vous. Rapidement. Vous allez entrer dans cette baie. Monsieur Siegfried descendra par cet escalier. On allumera au-dessus de lui un lustre. Les myopes pourront l'approcher, les incrédules le toucher, et, au bout de cinq minutes, permettez-moi de vous le dire, vous repartirez lamentablement . . . Voilà du moins comment cela s'est passé jusqu'à ce jour, mais je vous souhaite meilleure chance.

MEYER. Merci . . . Vous dire que j'aie l'espoir de retrouver mon pauvre Ernest, si complaisant, mais toujours le dernier en classe, dans le premier homme d'État de notre pays, mon Ernest si bon, mais qui trouvait le moyen de se faire prendre en grippe[21] par

---

[20] *En tout état de cause.* Just in case.
[21] *se faire prendre en grippe*, get himself disliked.

tous ses professeurs, dans celui qui est devenu en quelques mois le favori de l'Allemagne; ce serait vraiment mentir . . . Frise-t-il,[22] Monsieur?

> *Sonnerie à la porte d'entrée.*

5 MUCK. Entrez, Mesdames et Messieurs.

> LES PARENTS *entrent dans la salle de gauche.*
> MUCK *va ouvrir, introduit* GENEVIÈVE *et*
> ROBINEAU, *les salue obséquieusement, et*
> *disparaît avec un sourire d'entente.*

SCÈNE V

GENEVIÈVE, ROBINEAU

10 GENEVIÈVE. Où sommes-nous enfin, Robineau?

ROBINEAU. Au kilomètre onze cent cinquante de Paris, Geneviève, devine.

GENEVIÈVE. Quel froid! Tout ce que je devine, c'est que ce n'est pas à Nice! Où sommes-nous?

15 ROBINEAU, *qui essuie son binocle, dos à la baie et près de la rampe.* Tu vois la ville entière de cette fenêtre . . . Regarde . . . Je vais tout t'expliquer. Que vois-tu?

GENEVIÈVE. Ce n'est pas Nice . . . Je vois à ma droite un burg avec des échauguettes, des bannières
20 et des ponts-levis.

ROBINEAU, *toujours tourné vers le public, parlant comme à lui-même, mais haut.* C'est le National Museum!

GENEVIÈVE. Je vois devant moi un temple grec, au milieu des cèdres, tout couvert de neige.

25 ROBINEAU. C'est l'Orpheum! . . .

GENEVIÈVE. A ma gauche enfin, un building de dix étages, percé de verrières en forme de licorne.

---

[22] *Frise-t-il?* Is his hair curly?

Robineau, *de plus en plus lyrique.* C'est le Panoptikum![23] . . .

Geneviève. Et enfin, en contre-bas,[24] un palais
florentin à fresques et arcades.

Robineau. Le palais de Maximilien! 5

Geneviève. Le Maximilianeum, sans doute?

Robineau. Tu l'as dit!

Geneviève, *se retournant.* Où sommes-nous, Robineau?

Robineau. Mais à Gotha, Geneviève, nous som- 10
mes à Gotha! La ville même où j'ai rencontré Zelten
voilà quinze ans, un jour de carnaval. Il était déguisé
en Zoulou, moi en Alcibiade. Aucun préjugé de
nationalité à la base de notre sympathie.[25]

Geneviève. Que cherchais-tu à Gotha? 15

Robineau. Que venaient faire les Français en Allemagne avant la guerre? De la philologie. Je faisais
partie de ce raid de douze sorbonnards[26] que la France
lâcha victorieusement, aussitôt après Agadir,[27] sur les
dialectes saxons. Je suis un des douze Français cités 20
dans toutes les histoires allemandes du moyen-âge.
Tu peux chercher dans leurs histoires des temps
modernes. Tu n'y trouveras pas le nom de douze de
nos généraux.

Geneviève, *qui s'est assise.* Et ici, chez qui som- 25
mes-nous?

Robineau. Je l'ignore. On vient, d'ailleurs!

> *Ce sont* les Parents *qui repassent. Triste-*
> *ment. Échange lamentable de salutations.*

Geneviève. J'ai peur, Robineau. 30

Robineau. Peur. De quoi?

---

[23] *Panoptikum,* panopticon (a place where everything can be seen,
a novelty museum).
[24] *en contre-bas,* downwards, on a lower level.
[25] *notre sympathie,* our liking for one another.
[26] *sorbonnards,* students at the Sorbonne (University of Paris).
[27] *Agadir,* in Morocco. The place figured in a diplomatic crisis between France and Germany in 1911.

GENEVIÈVE. D'être ici . . . D'avoir quitté hier soir, si brusquement, ma rue du Bac[28] et d'être ici.

ROBINEAU. Qu'as-tu à craindre? Zelten m'a fait remettre des passeports de Canadiens. Si tu sens sur
5 toi des regards soupçonneux, sors[29] une expression de Québec, appelle un orchestre une bande, un wagon-restaurant un char réfectoire. Je t'ai fait une liste de ces idiotismes. Tu as froid, tu trembles?

GENEVIÈVE. Une Canadienne ne tremble pas de
10 froid. C'est de peur, Robineau.

ROBINEAU. Ce n'est pas vrai, tu es le courage même.

GENEVIÈVE. Justement, c'est une peur de personne courageuse que j'éprouve. Je me suis reproché toute
15 la nuit, dans ce rapide, de t'avoir obéi.

ROBINEAU. Zelten m'adjure depuis plusieurs jours, par vingt télégrammes, de te rechercher, de t'amener de gré ou de force, aujourd'hui, dans cette maison. Il assure, à trois francs le mot, qu'il s'agit de ce qui
20 t'intéresse le plus au monde. Il affirme que le sort même des relations de la France et de l'Allemagne peut dépendre de ton voyage. C'est quelque chose, les relations de la France et de l'Allemagne pour qui étudie, comme moi, le *ch* aspiré dans les régions
25 rhénanes! . . . Qu'est-ce qui t'intéresse le plus au monde?

GENEVIÈVE. Au monde? Rien. Depuis la mort de Jacques, depuis sa disparition du monde? Rien. C'est d'ailleurs pour cela que je t'ai écouté.

30 ROBINEAU. Pourquoi as-tu peur, alors?

GENEVIÈVE. Parce que c'est la première fois de ma vie, je crois, que je reçois une nouvelle.

---

[28] *rue du Bac*, an important and well-known street in the heart of Paris (on the left bank).
[29] *sors*, utter.

ROBINEAU. Les malheurs ne t'ont pourtant pas manqué?

GENEVIÈVE. Mes malheurs jusqu'ici me sont du moins arrivés dans le silence. Je n'ai pas de parents: c'est seulement par le silence de toute mon enfance, à 5 force de silence, par des télégrammes ininterrompus de silence, que j'ai appris mon état d'orpheline . . . J'ai aimé Jacques Forestier? Dès le début de la guerre, il disparaît. Jamais depuis sept ans, je n'ai reçu un mot de lui, une indication de sa mort. Voilà la première 10 fois que le sort daigne s'occuper de moi et m'avertir. J'ai peur . . . D'ailleurs tu n'as pas l'air très à ton aise non plus, Robineau.

ROBINEAU, *qui paraît en effet très nerveux.* Je ne le suis pas. 15

GENEVIÈVE. Qu'y a-t-il?

ROBINEAU, *avec inquiétude.* Il y a que pour la première fois depuis la guerre, Geneviève, je vais retrouver un ami allemand, toucher de mes mains un ami allemand! Depuis sept ans, je n'ai plus vu l'amitié 20 sous ce visage. Je me demande ce qu'elle va être?

GENEVIÈVE. Tu l'aimais, ton Allemand?

ROBINEAU. Zelten n'est pas ce que tu appelles mon Allemand, à moins que ce ne soit au contraire le seul Allemand qui subsiste. Il a tous ces défauts sonores et 25 voyants dont on ornait chez nous les Allemands avant 1870, les cheveux blonds, l'intimité avec les chimères, les distances avec les réalités, l'emphase sincère, et dont il va bien falloir doter un autre peuple, s'ils s'entêtent à brûler nos villes et à se raser le crâne. Tu l'as 30 vu d'ailleurs, Zelten, à Montparnasse? Pour une sculptrice comme toi, c'était un beau modèle!

GENEVIÈVE. Beau modèle? Il avait une côte en moins, à en juger par sa démarche.[30]

---

[30] *à . . . démarche,* as far as one could tell from his gait.

ROBINEAU.   Il se l'était cassée en plongeant dans le Rhin à l'endroit où s'était suicidé Schumann.[31]

GENEVIÈVE.   Il avait une cheville plus grosse que l'autre.

5 ROBINEAU.   Il avait pris une entorse en sautant du rocher d'où s'était jeté Louis de Bavière.[32] . . Il voulait, m'expliquait-il, goûter la dernière minute de chacun des grands hommes de l'Allemagne. Si tu lui trouves le nez brisé ou l'omoplate en large, c'est 10 sûrement la faute de Wagner[33] ou de Frédéric Barberousse.[34]

GENEVIÈVE.   A moins que ce ne soit celle d'une balle française.

ROBINEAU.   N'insiste pas, Geneviève. N'alourdis 15 pas de plomb ces ombres qui vont flotter tout à l'heure autour de nous.

GENEVIÈVE.   Ces ombres? Quelles ombres?

ROBINEAU.   Nous avons le choix, de Vercingétorix[35] à Blücher,[36] pour ne parler que des ombres en 20 uniforme . . .

GENEVIÈVE.   Alors, Robineau. J'aime mieux vous laisser seuls pour cette première rencontre. Je suis lasse, et j'ai vu un divan dans l'antichambre. Appelle-moi si ma présence est nécessaire.

25 ROBINEAU.   Va-t'en! C'est lui!

MUCK *introduit* ZELTEN.

---

[31] *Schumann* (1810–1856), German composer. In 1854 he tried to commit suicide by jumping into the Rhine.

[32] *Louis de Bavière.* Presumably Ludwig II of Bavaria who was found drowned in the lake of Starnberg in 1886.

[33] *Wagner,* the famous German composer of the 19th century.

[34] *Frédéric Barberousse.* Frederick I, emperor of the Holy Roman Empire, 12th century. He was called Frederick Barberossa.

[35] *Vercingétorix,* a hero of the Gauls and adversary of Julius Caesar.

[36] *Blücher,* German general, whose unexpected arrival at the critical moment of the battle of Waterloo, brought about Napoleon's defeat.

SCÈNE VI

Zelten, Robineau

*Ils restent à distance un moment, se contemplant silencieuse-
ment à travers toute la scène.*

Zelten. Voilà!

Robineau. Voilà!

Zelten. C'est toi, Robineau, Hippolyte-Amable?

Robineau. Otto-Wilhelmus von Zelten-Buchen-
bach, c'est moi. 5

Zelten. C'est toi, brachicéphale[37] brun, surchargé
de lorgnons, de gilets de laine, terrible dans les assauts?

Robineau. Oui, crème de culture, beurre de
carnage,[38] fils d'Arminius,[39] c'est moi. 10

Zelten. J'ai l'impression que nous nous parlons de
très loin au téléphone, Robineau, qu'un rien suffirait
pour couper la communication . . . Tiens bien l'appareil! . . . Je te vois pourtant. Tu n'as pas changé.

Robineau. Ni toi . . . Qu'as-tu fait pourtant 15
depuis ces douze ans, Zelten? Toi qui aimais le printemps, la musique, la joie, la paix, qu'as-tu fait?

Zelten. La guerre! La guerre contre trente-cinq
nations. Le combat contre une seule . . . Et toi, le
porte-lunette, le démocrate paisible des Bibliothèques 20
royales et impériales, toi, mon ami le plus cher, depuis
douze ans, qu'as-tu fait?

Robineau. La guerre, contre toi . . .

Zelten. Heureusement nous sommes maladroits,
Robineau, nous nous sommes manqués. Tu me visais? 25

---

[37] *brachicéphale*, brachycephalous (having a short skull with excessive
breadth).

[38] *beurre de carnage*, glutton of carnage.

[39] *Arminius*, a German hero who defeated the legions of Varus in
9 A.D.

ROBINEAU. Plusieurs fois, dans les attaques, en pensant à toi, j'ai levé mon fusil et tiré vers le ciel.

ZELTEN. Tu l'as raté aussi! Il continue ses errements, du moins au-dessus de l'Allemagne. Mais je
5 pensais bien en effet que tu ne t'acharnais pas contre ton ancien ami. Toutes les fois qu'une balle me ratait, je me disais: c'est encore ce brave Robineau qui tire! Toutes les balles qui atteignaient, comme tes paroles d'ailleurs, des objets qui n'avaient rien à faire avec
10 elles, des bouteilles, des poires sur des arbres, je ne pouvais m'empêcher de penser que c'étaient les tiennes. Mon adjudant a été touché une fois à la fesse, tout le monde riait: j'ai pensé à toi . . .

Il se rapproche.

Affectant la conversation familière.

15
Bonjour, Robineau!

ROBINEAU. Bonjour, Zelten.

ZELTEN. Tu vas bien?

ROBINEAU. Pas mal, et toi?

Un silence.

20
ZELTEN. Que fais-tu maintenant?

ROBINEAU. Je termine ma thèse sur les dentales.

ZELTEN. Toujours philologue? La voix de la guerre ne t'a pas détourné de nos petits langages?

25 ROBINEAU. Mais toi, pourquoi m'as-tu appelé? Que veux-tu? Que fais-tu?

ZELTEN. Ce que je fais? Je continue. En Allemagne, l'on continue. Je fais la guerre . . .

ROBINEAU. La guerre?

30 ZELTEN. Pas la même, la guerre civile. Je combats contre les vrais ennemis de l'Allemagne. Les pays sont comme les fruits, les vers sont toujours à l'intérieur.

ROBINEAU, *très universitaire.* Tu fais de la propagande, des conférences?

35 ZELTEN. Non, je fais la révolution. Nous sommes

le 12 janvier 1921. Je fais la révolution du 13 ou du 14
janvier 1921. C'est même pour cette opération que je
t'ai appelé à l'aide; tu arrives *in extremis*,[40] mais tu
m'es indispensable.

ROBINEAU.   J'en doute! Ma présence a toujours 5
fait rater les événements historiques. L'histoire se
méfie de moi comme si, au lieu d'être agrégé[41] de
grammaire, j'étais agrégé d'histoire.

ZELTEN.   Reste seulement trois jours à Gotha.
D'ailleurs ce n'est pas toi seulement que je réclame, 10
c'est Geneviève, c'est surtout Geneviève. Elle est là?

ROBINEAU.   Oui. Elle repose. Je l'ai surprise au
milieu de la nuit. Elle dort.

ZELTEN.   Elle n'a pas maugréé d'être ainsi réveillée?
15

ROBINEAU.   C'est quelqu'un qui ne maugrée
jamais. Mais la grippe espagnole[42] sévit à Paris, et elle
est sculptrice. On l'avait réveillée deux nuits de suite
pour prendre le moulage[43] de mains ou de têtes
célèbres.
20

ZELTEN.   C'est pour une opération de ce genre
que je l'ai dérangée.

ROBINEAU.   Comment, il s'agit d'un mort?

ZELTEN.   De quelqu'un qui est à la fois mort et
vivant . . . Tu as entendu parler de notre Siegfried? 25

ROBINEAU.   Du Conseiller Siegfried? Certes, comme
tout le monde en Europe. Votre nouveau grand
homme? Celui qui veut doter l'Allemagne de sa
constitution modèle, de son âme précise, comme disent
ses partisans?
30

---

[40] *in extremis*, at the last moment.
[41] *agrégé.* The *agrégation* has no exact equivalent in this country. It is
not a degree, but a license permitting one to teach in the *lycées*. It is
awarded after very serious examinations.
[42] *grippe espagnole*, influenza.
[43] *prendre le moulage*, to make a cast.

ZELTEN. Et Forestier, tu connais Forestier?

ROBINEAU. L'écrivain français? L'ami disparu de
Geneviève? Je parlais de lui tout à l'heure avec elle
. . . Je ne connais que son œuvre. Œuvre admirable!
5 C'est lui qui prétendait redonner à notre langue, à
nos mœurs, leur mystère et leur sensibilité. Qu'il avait
raison! Chaque fois que je lis *Le Roman de la rose*[44] j'en
suis convaincu davantage . . . Introduire la poésie
en France, la raison en Allemagne, c'est à peu près
10 la même tâche.

ZELTEN. Et accomplie par le même homme.

ROBINEAU. Tu dis?

ZELTEN. Siegfried a été trouvé nu, sans mémoire,
sans langage, dans un amas de blessés. Je soupçonne
15 que Siegfried et Forestier sont le même homme.

ROBINEAU. Mon cher Zelten, les grands hommes
morts changent de planète, non de nation.

ZELTEN. Tu ne sais pas voir, mais tu sais lire. A
la place de Saint Thomas, tu aurais été convaincu non
20 par les mains de Jésus[45] mais par son autographe.
Après avoir lu les œuvres de Forestier, lis donc celles
de Siegfried! Ce sont les copies des premières. L'inspiration, le style, jusqu'aux expressions, en sont les
mêmes.

25 ROBINEAU. Le plagiat est la base de toutes les lit-
tératures, excepté de la première, qui d'ailleurs est
inconnue.

ZELTEN. Ah! ces philologues français, quels philologues allemands! J'espérais t'amadouer plus vite
30 par des arguments de ta science. En fait, ce n'est pas

[44] *Le Roman de la rose*, a work of the 13th century; in two parts by
Guillaume de Lorris and Jean de Meung. Robineau is doubtless re-
ferring to the first part.
[45] *Saint Thomas . . . Jésus.* An allusion to Thomas' doubt after the
resurrection. See the Bible, St. John, chap. xx.

la méthode des grands savants qui m'a conduit à la vérité.

ROBINEAU.   Je m'en doute. C'est la méthode plus courante, et non moins féconde, des dénonciations anonymes. 5

ZELTEN.   Tu devines tout! Un visiteur anonyme m'a prévenu que Siegfried avait été son voisin à la clinique et qu'il n'était pas Allemand. Son nom, il l'avait même lu sur une plaque d'identité trouvée par lui dans la civière: Jacques Forestier. Je sais: mon 10 drame débute par où finissent les mélodrames, par la croix de ma mère, mais tu vois d'ici ma joie!

ROBINEAU.   Je la vois! Changer un homme d'État que l'on hait en un écrivain que l'on aime, c'est une chance. 15

ZELTEN.   Se débarrasser sur une autre patrie d'un grand homme qui encombre la vôtre, c'est une chance plus grande encore. J'ai fait mon enquête. J'ai besoin qu'elle aboutisse aujourd'hui et nous allons en avoir le cœur net[46] dans une minute. 20

ROBINEAU.   Le cœur net, Zelten? Quel cœur? Pas le cœur de Geneviève, en tout cas? Que fais-tu?

ZELTEN *a sonné* MUCK *qui entre.*

ZELTEN.   Muck. Préviens le conseiller Siegfried que l'institutrice canadienne demande à lui parler. 25

MUCK *s'incline et monte.*

ZELTEN.   Voilà! Nous n'avons plus qu'à attendre. Siegfried adore les universitaires étrangers, surtout ceux du nouveau monde. Il les interroge avec passion sur les conseils académiques, sur le règlement des 30 prisons, sur l'éducation mixte. Attiré par ces appâts irrésistibles, il va descendre dans une minute pour voir Geneviève.

---

[46] *nous allons . . . net,* we shall find out, we are going to settle matters.

ROBINEAU.　Descendre? Pourquoi descendre?

ZELTEN.　Nous sommes dans sa maison. Il est là, au premier . . . Appelle Geneviève.

ROBINEAU.　Jamais de la vie. Il faut les préparer
5 . . . On tue les somnambules quand on leur crie leur nom, même dans une langue étrangère.

GENEVIÈVE *paraît*.

ZELTEN.　Ne l'appelle pas, la voilà. Le personnel du destin obéit sans sonnettes.

SCÈNE VII

GENEVIÈVE, ZELTEN, ROBINEAU

10　GENEVIÈVE.　Alors, Monsieur de Zelten, qu'y a-t-il?

ROBINEAU.　Rien, Geneviève. Nous te dirons cela demain.

GENEVIÈVE.　Qu'y a-t-il, Monsieur de Zelten?

15　ZELTEN.　Pouvons-nous vous parler de ce qui peut vous causer le plus de peine, le plus de tristesse?

GENEVIÈVE, *tournée vers Robineau*.　Ah!

ROBINEAU.　Oui!

GENEVIÈVE.　De Jacques?

20　ZELTEN. Oui, de Forestier . . . Pouvons-nous vous parler de lui? N'en souffrirez-vous pas?

GENEVIÈVE, *très simple, douce*.　Parlons de Forestier. On a retrouvé son corps? On veut que je le reconnaisse? Qu'ai-je dit, Monsieur de Zelten? Pourquoi ces
25 regards?

ZELTEN.　Je suis toujours sous le charme chaque fois que je vois une créature humaine arriver dans un événement grave avec la voix et les gestes qu'il faut.

GENEVIÈVE, *s'asseyant presque souriante entre* ZELTEN
30 *et* ROBINEAU *debout*.　Oui, je sais, on me l'a dit. J'ai

tout ce qu'il faut pour recevoir dignement la nouvelle
de la mort de mon fils, ou de ma mère, ou de la faillite
frauduleuse de mon père . . . Le malheur, le vrai
malheur, est que je n'ai jamais eu ni parents, ni enfants. La tragédie n'arrive pas à m'embaucher. Je 5
serais une Phèdre sans beau fils, sans mari et sans
scrupules, une Phèdre enjouée. Il ne reste plus grand'
chose pour la fatalité.

ZELTEN. Et Forestier?

GENEVIÈVE. Justement, Forestier . . . Nous nous 10
sommes aimés deux ans, de 1912 à 1914. On aurait pu
croire que j'allais avoir à porter le souci de ses cam-
pagnes, le chagrin de sa mort, hériter de sa gloire . . .
Mais vous pensez bien que j'ai été éloignée d'un destin
aussi précis: nous nous sommes brouillés un mois avant 15
la guerre. Par une légère, légère brouille, le destin m'a
épargné d'être brouillée avec la vie, d'être en deuil
. . . A la base de chaque deuil, il y a une chance que
je n'ai jamais eue.

ZELTEN. Pourquoi ne vous êtes-vous pas récon- 20
ciliée au début de la guerre?

GENEVIÈVE. Je comptais, il comptait sur les cinq
jours de permission . . . Comptons maintenant sur
les religions à vie future. D'ailleurs, j'ai toujours évité
les fonctions officielles . . . Je suis enfant naturelle 25
. . . J'aurais détesté être veuve.

ZELTEN. Il n'est pas mort. Il n'est que disparu!

GENEVIÈVE. Disparu et reparu. Tous ces os des
grands hommes engouffrés par la terre et qu'elle redis-
tribue en marbre aux quatre coins de leur patrie, ont 30
déjà reparu. Il a sa tête en granit sur une place de
Limoges, sa main droite en albâtre tenant un laurier à
Orléans.

ZELTEN. Il est disparu, il peut reparaître.

GENEVIÈVE.   Croyez bien que je me le dis quelquefois.

ZELTEN.   Vous avez des pressentiments?

GENEVIÈVE.   Au contraire. Rien. Jamais il ne vient
5 dans mes rêves. Jamais il ne m'obsède dans mes insomnies. Aucune de ces nouvelles que donnent les morts
ne m'est parvenue de lui . . .

> MUCK *repasse, s'incline devant* ZELTEN.
> *L'agitation de* ROBINEAU *s'accroît. Silence*
> 10 *angoissant pendant lequel on entend une porte*
> *s'ouvrir sur le palier d'en haut.*

ZELTEN.   Et s'il revenait, s'il descendait soudain de
là-haut, par cet escalier?

GENEVIÈVE, *souriant.*   Je suis brouillée avec lui.
> 15 *On entend la voix de* SIEGFRIED.

ZELTEN.   Écoutez!

GENEVIÈVE.   Quoi? Que voulez-vous dire? Mais,
c'est la voix de Jacques! . . .
> *En haut la voix se tait.*

20 C'était la voix de qui?

ZELTEN.   Du maître de la maison. Du Conseiller
Siegfried.

GENEVIÈVE, *allant vers l'escalier et criant.*
Jacques! . . .
> *Silence.*
25

GENEVIÈVE, *revenant.*   Expliquez-moi . . .

ROBINEAU.   Zelten croit avoir découvert que Siegfried, qu'on a trouvé jadis sans mémoire dans une gare
de blessés n'est autre que Forestier.
> 30 SIEGFRIED *ouvre la porte.*

GENEVIÈVE.   Qui descend là?

ZELTEN.   Lui. Siegfried.

GENEVIÈVE, *n'osant pas regarder, se parlant à soi-même.*
Ce n'est pas son pas! . . . Ou bien il porte un lourd
35 fardeau! . . . Si. C'est son pas quand il me portait

. . . Que porte-t-il donc de plus lourd que moi encore? C'est sa voix! C'est son ombre!

> SIEGFRIED *paraît au bas de l'escalier, accom-*
> *pagné par* ÉVA.

Ah! C'est lui!   5

> ZELTEN *disparaît joyeux.*

ROBINEAU.   Silence! Tu peux le tuer.

> *Elle recule au fond de la pièce.* SIEGFRIED
> *congédie* ÉVA *d'un signe amical.*

GENEVIÈVE.   Comme te voilà habillé, Jacques!   10

SCÈNE VIII

SIEGFRIED, GENEVIÈVE, ROBINEAU

SIEGFRIED *se dirige droit vers* GENEVIÈVE *qui s'est réfugiée*
au fond près de la baie. Il la salue à l'allemande, tapant
légèrement les talons.

SIEGFRIED, *se présentant.*   Geheimrat[47] Siegfried.
GENEVIÈVE *incline la tête.*
SIEGFRIED.   Je vous croyais une vieille, très vieille
dame. Je n'ose plus dire mon projet.
GENEVIÈVE *le regarde toujours.*   15
SIEGFRIED.   Je ne me trompe pas? . . . Vous
êtes cette dame canadienne française, qu'on vient de
m'annoncer?
GENEVIÈVE *hoche affirmativement la tête.*
SIEGFRIED.   Vous me comprenez bien? Je sais que 20
mon français n'est pas courant, n'est pas libre . . .
C'est à cause de lui que j'ose d'ailleurs vous parler.
J'aimerais prendre des leçons . . . Tous les soirs vers
six heures, je me donne une heure de repos . . . Me
rendriez-vous le service de venir à ce moment? Dès 25
demain?

---

[47] *Geheimrat,* Councillor of State.

ROBINEAU. Accepte.

GENEVIÈVE *incline la tête.*

SIEGFRIED. J'espère que ce n'est pas avec une dame muette que je vais prendre mes leçons?

5 ROBINEAU. Rassurez-vous, Monsieur. Mais Madame hésite . . .

SIEGFRIED. Madame est votre femme? Je m'excuse alors . . .

ROBINEAU. Oh! non, Madame est une amie, mais 10 elle n'a jamais donné de leçons. Elle se demande si elle en est capable. (*S'embrouillant:*) Le canadien français présente avec le français de notables différences. Un tramway, nous l'appelons un char, à Québec. Un pardessus, un linge.

15 SIEGFRIED, *qui est venu vers lui.* La neige, comment s'y appelle-t-elle?

ROBINEAU. La neige? Nous disons la neige . . . Pourquoi la neige?

SIEGFRIED. Et l'hiver?

20 ROBINEAU. L'hiver? . . . Comme l'été . . . Je veux dire: les saisons ont le même nom qu'en France.

SIEGFRIED. Alors cela me suffira. Je n'ai pas besoin de vocabulaire plus précis . . . Tant pis, si je prends l'accent de Québec. (*D'un geste, il invite* GENEVIÈVE *à* 25 *s'asseoir. Comme elle semble ne pas comprendre, il se retourne vers* ROBINEAU.) La vie devient une spécialité tellement exagérée que j'ai besoin pour m'en reposer de conversations larges, et sur de larges sujets. Avec ses grands fleuves, ses grandes saisons, c'est juste le 30 français canadien qu'il me faut . . . Et le silence, Mademoiselle, comment dites-vous cela au Canada?

GENEVIÈVE, *lentement, comme en rêve.* Et en allemand?

Il va vers GENEVIÈVE, *qui se dérobe.*

35 SIEGFRIED. Stille! Silentium!

GENEVIÈVE. Cela se dit silence.

SIEGFRIED. Comme les mots qui vous viennent d'un pays nouveau et ouvert sont eux-mêmes ouverts, purs!

ROBINEAU. Pardon. Ce sont là malgré tout des 5 mots français.

SIEGFRIED. Français, certes, mais dans votre bouche, ils ont fait un détour par l'inconnu. Jamais le mot neige n'a touché en France autant de neige qu'au Canada. Vous avez pris à la France un mot qui lui 10 servait à peine quelques jours par an et vous en avez fait la doublure de tout votre langage.

GENEVIÈVE. A demain. (*Très vite, comme* SIEGFRIED *est déjà près de la porte:*) Comme te voilà habillé Jacques!

SIEGFRIED. Vous me parlez? . . . Je comprends 15 d'ailleurs très mal, quand vous parlez aussi vite.

GENEVIÈVE. A quelle vitesse faudra-t-il vous parler demain?

SIEGFRIED. Essayons . . . Récitez-moi quelque tirade classique. Je vous dirai quand je cesserai de 20 comprendre. Réglons notre vitesse.

GENEVIÈVE, *après avoir réprimé un élan vers lui, d'abord lentement, puis très vite, à la fin presque défaillante.* Quand le printemps venait, quand les premiers tilleuls du boulevard Saint-Germain[48] ouvraient leurs feuilles, 25 nous descendions tous les deux vers cinq heures, au Café de Cluny. Tu commandais un Chambéry-Fraisette. A six heures, tu regagnais *l'Action Française*[49] où tu écrivais un compte-rendu royaliste de la Chambre, et j'allais te prendre à huit à la *Lanterne*[50] où tu terminais 30 le compte-rendu socialiste du Sénat. Voilà deux ans de notre vie, Jacques.

---

[48] *boulevard Saint-Germain*, an important thoroughfare on the Left Bank of the Seine.

[49] *Action Française*, a royalist newspaper.

[50] *La Lanterne*, a socialist newspaper.

SIEGFRIED.   Un peu vite. Je comprends les mots.
Pas le sens . . . La tirade est longue. C'est une tragédie, une comédie?
ROBINEAU.   Tous les genres se mêlent dans le
5 théâtre moderne.
SIEGFRIED.   A demain, Mademoiselle, je suis sûr
que nous trouverons notre langage, entre ce silence
unique et cette parole accélérée. Je me fais une joie
de cette séance . . .
10   *Il salue en joignant les talons.*
GENEVIÈVE, *contenue.*   Jacques!
ÉVA, *apparaissant au palier.*   Siegfried!
SIEGFRIED, *désignant d'un large geste* ÉVA *et s'excusant*
avec un sourire.   On m'appelle!
15   RIDEAU

ACTE DEUXIÈME

Salle de travail chez SIEGFRIED. *Ameublement dans ce*
style sécession[1] *qui a été remplacé depuis en Allemagne par le*
style américain. Large baie givrée. La neige tombe. Du
voisinage arrivent pendant tout l'acte les échos d'un piano sur
lequel s'exerce quelque virtuose allemande. Au lever du rideau,
LE GÉNÉRAL DE FONTGELOY, *en uniforme noir et blanc, est*
debout et semble attendre. Somnerie. ÉVA *paraît, guide* LE
GÉNÉRAL *dans un couloir, puis va ouvrir.*

SCÈNE I

GENEVIÈVE, ROBINEAU

ROBINEAU.   C'est pour la leçon, Mademoiselle.
ÉVA.   Je préviens Monsieur le Conseiller.
                                        Elle sort.

___
[1] *Ameublement . . . sécession,* heavy furniture in the style known as
"secession."

Silence. GENEVIÈVE *montre d'un geste la pièce à* ROBINEAU.

GENEVIÈVE. Je ne me représentais vraiment pas ainsi le temple de l'oubli.

ROBINEAU. C'était mieux, chez Forestier? 5

GENEVIÈVE. Exactement le contraire.

ROBINEAU, *un peu vexé, car toute cette atmosphère allemande au contraire l'enchante.* Qu'appelles-tu le contraire? Forestier n'avait pas de fauteuil, de bureau?

GENEVIÈVE. Le contraire! Les fauteuils étaient 10 juste le contraire de ces fauteuils, la table de cette table . . . la lumière était le contraire de cette lumière . . .

ROBINEAU. Ces meubles, ma petite, sont de Kohlenschwanzbader. 15

GENEVIÈVE. Je l'aurais parié . . .

ROBINEAU. Ces bustes, de Weselgrosschmiedvater.

GENEVIÈVE. Je n'en suis point surprise. Et l'électricité, de qui est-elle?

ROBINEAU. Qu'est-ce qui te surprend alors? 20

GENEVIÈVE. Jusqu'à mon entrée dans cette maison, voilà une minute, je ne parvenais pas à imaginer que Forestier fût vivant. Je suis venue avec le sentiment d'avoir à descendre dans quelque asile obscur, dans la pénombre, dans le bureau intermédiaire entre 25 celui que Forestier avait à Paris et celui qu'il aura aux Enfers . . . J'arrivais pour déplacer une momie . . . Je descendais dans un caveau royal . . . Voilà ce que je trouve.

ROBINEAU. Tu y trouves le confortable. 30

GENEVIÈVE. L'idée du confortable ne m'était pas venue quand je pensais à l'ombre de Forestier. J'ai eu tort en effet, depuis hier, de continuer à croire qu'il vivait sans chaises, sans pendule, sans encrier . . . Mon Dieu, on le fait écrire à l'encre rouge, il hait cela! 35

Et le cigare, il fume le cigare maintenant! Il déteste le cigare. Je suis sûre qu'ils l'ont obligé aux deux choses dont il a le plus horreur: se promener dans les rues tête nue et porter des bretelles . . . Courage, Robi-
5 neau! Nous allons avoir à troubler les habitudes de ce tombeau . . . Enlève le nécessaire de fumeur,[2] tout d'abord, mets-le où tu voudras.

ROBINEAU.   Tu déraisonnes, ces accessoires sont charmants!

10   GENEVIÈVE.   Et pratiques!

ROBINEAU.   Mais oui, pratiques. Regarde: tu prends l'allumette dans cet écureuil, tu la frottes sur le dos de Wotan, et tu allumes la cigarette prise à ce ventre de cygne. Les cendres, tu les jettes dans cette
15 Walkyrie et le mégot dans l'ours . . . Cette ronde d'animaux légendaires ou de héros que les Allemands aiment à mettre en branle[3] pour chacune de leurs fonctions les plus banales, c'est de la vie après tout. C'est comme cette frise de centauresses en cuivre pour-
20 suivies par des gnomes! Ils sont vivants.

GENEVIÈVE.   Oui, il va falloir les tuer.

ROBINEAU.   Assieds-toi, en tout cas.

GENEVIÈVE.   Non, rien de moi ne pactisera avec ces meubles. D'ailleurs la place est retenue. Il y a une
25 inscription sur ce coussin.

ROBINEAU.   C'est la mode en Allemagne de broder des proverbes. (*Il s'approche pour lire la devise:*) C'est le coussin qui parle!

> Un rêve dans la nuit,
> Un coussin dans le jour.

GENEVIÈVE.   Qu'est-ce qui lui demande quelque
30 chose? Et cette broderie sur le tapis du guéridon. Proverbe encore?

---

[2] *le nécessaire de fumeur,* smoker's stand with ash-tray, etc.

[3] *mettre en branle,* put into action.

Robineau *lit.* «Le Mensonge est le jockey du malheur.»

Geneviève. Tu crois qu'un honnête buffet, d'honnêtes tapis neufs iraient t'offrir d'eux-mêmes ces vieux résidus de la routine humaine? C'est une hypo- 5 crisie, ce ramage des tabourets, ce gazouillis des étagères;[4] ou alors qu'ils parlent vraiment, ces meubles, comme dans Hoffmann![5] Que le buffet chante des tyroliennes, que le coussin exprime son avis sur le derrière des gens! 10

Robineau. Assieds-toi d'abord, Geneviève.

Geneviève. C'est justement quand elle ne parle pas, qu'il me semble la comprendre, ton Allemagne. Cette ville à clochers et à pignons que tu m'as montrée cette, nuit, sur laquelle les seules inscriptions 15 étaient les taches de la lune, ce torrent gelé jusqu'au sol, muet par obligation, j'en comprends l'âge, la force, le langage. Que fais-tu là, Robineau? (Robineau *place certains objets dans les rayons de la bibliothèque.*)

Robineau. Des bombes à retardement. Deux livres 20 français que je viens de trouver chez un libraire. Il n'y avait pas grand choix. Là, je place un manuel pour la sélection des alevins et des truites. Là, le *Mérite des Femmes*, de Legouvé.[6] Je ne dis pas que l'être de Siegfried en sera aussitôt modifié, mais il les verra, les lira 25 . . . Et toi, que comptes-tu faire?

Geneviève. Je ne sais. Je comptais te demander conseil. C'est grave.

Robineau. C'est très grave . . . Tu pourrais commencer par les imparfaits du subjonctif? 30

Geneviève. Je ne parle pas de la leçon de français. Je parle de la révélation que j'ai à lui faire.

<hr>

[4] *ce ramage . . . étagères,* this prattling of stools, this warbling of whatnots.
[5] *Hoffmann* (1776–1822), writer of fantastic tales.
[6] *Legouvé* (1764–1812), a minor poet.

ROBINEAU. C'est bien ce que j'entendais . . .
Crois-moi, Geneviève, j'ai donné dix ans des leçons
et aux étrangers les plus variés. Or, quels qu'ils fussent,
Scandinaves, Brésiliens, et même si nos relations jus-
5 que-là n'avaient été que celles d'élèves à maître, il
suffisait que je leur expliquasse nos imparfaits du subjonctif pour que naquît entre nous une sorte de sympathie, de tendre gaieté . . . Une ou deux tendresses
parfaites, Geneviève, sont nées de ces imparfaits.

10 GENEVIÈVE. Ne plaisante pas, Robineau. En-
courage-moi, raisonne-moi. Rends-toi compte du
rôle que je joue. Je cache un poignard sous mon
corsage. En somme, que viens-je faire ici? Je viens tuer
Siegfried. Je viens poignarder le roi ennemi sous sa
15 tente. J'ai droit à cette confidente qu'on donne dans
les drames à Judith[7] et à Charlotte Corday.[8] J'ai besoin d'un ami qui me dise ce qu'on leur disait: que le
devoir est le devoir, que la vie est courte, toutes ces
vérités qui auraient été brodées, dans ce pays, sur les
20 coussins de Socrate ou de Danton[9] . . . Dis-les moi!

ROBINEAU. C'est un assassinat sans blessure et sans
cadavre.

GENEVIÈVE. Justement! Je vais faire une blessure
invisible, répandre un sang incolore. J'ai peur.

25 ROBINEAU. Ne brusque pas les choses. Le français
s'apprend en vingt leçons.

GENEVIÈVE. C'est plus terrible encore. Au lieu
d'assassiner Siegfried, tu me conseilles d'empoisonner
cet être sans défense . . . Que fais-tu là?

30 ROBINEAU. Je remplace ses cigarettes par du
caporal.[10]

---

[7] *Judith.* According to the Biblical story she cut off the head of
Holofernes while he slept.
[8] *Charlotte Corday* (1768–1793). She stabbed Marat in his bath.
[9] *Danton,* one of the great figures of the French Revolution.
[10] *caporal,* an inexpensive French cigarette.

GENEVIÈVE. Oui, tu m'as expliqué ton système, Robineau. Remplacer le peigne de Siegfried par un peigne de Paris, chaque meuble de cette salle par chacun de ses meubles, chaque mets de sa cuisine par un mets français, les champs de houblon par les vig- 5 nobles, chaque Allemand par un Français, et le dernier jour enfin Siegfried par Forestier?

ROBINEAU. C'est ma méthode!

GENEVIÈVE. Je me sens incapable de la suivre. Au contraire. Je n'ai pas eu le courage de passer[11] ceux de 10 mes bijoux qu'il connaissait ou qu'il avait choisis. Je n'ai pas pris le parfum qu'il aimait. La mode heureusement nous donne en ce moment des robes qui n'appartiennent à aucune époque trop précise. Jamais nos couturiers n'ont habillé, comme cet hiver, pour l'éter- 15 nité. Mes cheveux sont coupés depuis qu'il m'a vue. Je n'ai jamais été réduite comme aujourd'hui à un corps aussi peu personnel, à une âme aussi diffuse. Je sens trop que je n'ai de chance d'atteindre Forestier que par ce qu'il y a en moi de moins individuel, de plus 20 subtil. Je mobilise tout ce que j'ai d'idées générales, de sentiments sans âge. J'ai bien peur, cher Robineau, que nous parlions beaucoup moins des subjonctifs que de la vie, de la mort.

ROBINEAU. Mais tu lui diras qui il est? 25

GENEVIÈVE. Qui est-il maintenant? C'est à savoir. Oh! Robineau, regarde!

Elle montre un portrait encadré.

ROBINEAU. Ce portrait?

GENEVIÈVE. Ce portrait de femme! 30

ROBINEAU. Calme-toi. C'est un tableau . . .

GENEVIÈVE. Cher portrait! C'est la femme de Vermeer de Delft.[12] Ah! Robineau, regarde-la, remercie-la. Je reprends confiance à la voir!

---

[11] *passer*, put on.

[12] *Vermeer de Delft* (1632–1675), a Dutch painter.

ROBINEAU.   Elle te ressemble!

GENEVIÈVE.   Il avait déjà une photographie semblable dans son bureau de Paris. C'est sans doute le
seul objet commun à sa vie d'autrefois et à sa vie
5 d'aujourd'hui, mais du moins il existe! Rien n'est
perdu, Robineau, puisque cette petite Hollandaise a
trouvé le moyen de le rejoindre à travers tout ce vide
et toute cette opacité!

ROBINEAU.   Je te laisse. Tu as ta confidente.

10 GENEVIÈVE, *qui a décroché le tableau et l'examine.*   Le
cadre évidemment n'est pas le même. Celui de Forestier était une simple baguette.[13] Celui de Siegfried me
semble être de corne, d'ivoire et d'aluminium, avec
des angles en auréor![14] De quel cadre de haute classe
15 va-t-il falloir m'entourer moi-même pour parvenir
jusqu'à sa rétine . . . Tu pars? Une minute encore,
au travail. Prends ces coussins, qu'aucun meuble ne
parle pendant ma leçon! Emporte ces fleurs. C'est
aujourd'hui la moisson des fleurs artificielles. Que les
20 nains rattrapent les centauresses dans le tiroir. Là où
des Français passent, les ébats entre gnomes et dieux
sont interdits.

Elle éteint un lustre.

ROBINEAU.   Pourquoi tant d'ombre? On ne se
25 reconnaît pas dans l'ombre.

GENEVIÈVE.   Ah! que nous nous reconnaîtrions
vite, si nous n'étions tous deux qu'aveugles!

Elle pousse ROBINEAU *au dehors. Seule, elle
replace le portrait de Vermeer. Elle met*
30 *devant lui les roses de son corsage.*

GENEVIÈVE.   Et maintenant, ombre de Forestier,
reviens!

SIEGFRIED *entre brusquement par la droite.*

---

[13] *baguette.* Used here in the sense of a simple, plain frame.
[14] *angles en auréor,* imitation gold corners.

SCÈNE II

Geneviève, Siegfried

Siegfried. Bonjour, Madame.

Geneviève, *surprise, reculant.* Non, Mademoiselle.

Siegfried. Puis-je vous demander votre nom?

Geneviève. Prat . . . Mon nom de famille est Prat. 5

Siegfried. Votre prénom?

Geneviève. Geneviève.

Siegfried. Geneviève . . . Je le prononce bien?

Geneviève. Un peu lentement. Mais pour une première fois . . . 10

Siegfried. Je résume . . . Vous voulez bien que je résume de temps en temps notre conversation? C'est facile, cette fois. Le dialogue a été modèle. Je résume en le moins de mots possible: J'ai devant moi Mademoiselle Geneviève Prat? 15

Geneviève. Elle-même.

Elle s'assied.

Siegfried. Que faisiez-vous au Canada?

Geneviève. Au Canada? Nous avions . . . ce qu'on a là-bas . . . une ferme . . . 20

Siegfried. Où cela?

Geneviève. A la campagne . . . (*Il rit.*) . . . Près d'une ville . . .

Siegfried. Quelle ville?

Geneviève. Quelle ville? Vous savez, on se soucie 25 peu des noms propres au Canada. Le pays est grand, mais tout le monde est voisin. On appelait notre lac, le lac, la ville, la ville. Le fleuve (sûrement vous allez me questionner sur l'immense fleuve qui traverse le Canada), personne là-bas ne se rappelle son nom: 30 C'est le fleuve!

SIEGFRIED. La tâche des postes ne doit pas être facile . . .

GENEVIÈVE. On s'écrit peu. On se porte soi-même les lettres, en traîneau.

5 SIEGFRIED. Que faisiez-vous à la ferme?

GENEVIÈVE. Ce qu'on fait au Canada. On s'occupe surtout de neige chez nous.

SIEGFRIED. Je comprends. C'était une ferme de neige, et ce sont là vos vêtements de fermière?

10 GENEVIÈVE. Nous sommes riches. Nous faisions parfois de très bonnes années, par les grands froids.

SIEGFRIED, *soudain très sérieux.* Pourquoi plaisantez-vous ainsi?

GENEVIÈVE, *riant.* Pourquoi me forcez-vous à me 15 débattre dans un élément qui n'est pas le mien? Non, évidemment, je ne suis pas Canadienne. Qu'est-ce que cela fait pour notre leçon! Remplaçons seulement le positif par le négatif. Je ne suis pas Canadienne. Je n'ai pas tué de grizzly . . . etc. . . . Le profit pour 20 mon élève sera le même.

SIEGFRIED. Qui êtes-vous?

GENEVIÈVE. Compliquons l'exercice. Devinez: je ne tue pas de grizzly, mais je passe pour couper mes robes moi-même. Je ne fais pas de ski, mais ma cui-25 sine est renommée.

SIEGFRIED. Vous êtes Française? Pourquoi le cachez-vous?

GENEVIÈVE. Voilà bien des questions!

SIEGFRIED. Vous avez raison . . . C'est que je ne 30 suis guère autre chose qu'une machine à question. Tout ce qui passe d'étranger à ma portée, il n'est rien de moi qui ne s'y agrippe.[15] Je ne suis guère, âme et

---

[15] *Tout ce qui . . . agrippe.* All of my being clings to anything unfamiliar that comes within my reach.

corps, qu'une main de naufragé . . . On vous a dit
mon histoire?

GENEVIÈVE.   Quelle histoire?

SIEGFRIED.   Ils sont rares, les sujets sur lesquels je
puisse parler sans poser de questions: les contributions 5
directes allemandes depuis 1848, et le statut personnel
dans l'Empire Germanique depuis l'an 1000, voilà à
peu près les deux seuls domaines où je puisse répondre
au lieu d'interroger, et je n'ai pas l'impression qu'il
faille vous y inviter.   10

GENEVIÈVE.   Nous verrons, un dimanche! . . .
Alors, questionnez.

SIEGFRIED.   Je n'aurais pas dû vous demander qui
vous êtes! Je vous ai ainsi tout demandé. Un prénom
suivi de son nom, il me semble que c'est la réponse à 15
tout. Si jamais je retrouve les miens, je ne répondrai
jamais autre chose à ceux qui me questionneront.
Oui . . . et je suis un tel . . . Oui, c'est l'hiver,
mais je suis un tel . . . Qu'il doit être bon de dire:
Il neige, mais je suis Geneviève Prat . . .   20

GENEVIÈVE.   Je serais cruelle de vous contredire.
Mais je suis si peu de votre avis! Tous les êtres, je les
trouve condamnés à un si terrible anonymat. Leurs
nom, prénom, surnom, aussi bien que leurs grades et
titres, ce sont des étiquettes si factices, si passagères, 25
et qui les révèlent si peu, même à eux-mêmes! Je vais
vous sembler bien peu gaie, mais cette angoisse que
l'on éprouve devant le soldat inconnu, je l'éprouve, et
accrue encore, devant chaque humain, quel qu'il soit.

SIEGFRIED.   Moi seul peut-être je vous parais avoir 30
un nom en ce bas monde!

GENEVIÈVE.   N'exagérons rien.

SIEGFRIED.   Pardonnez-moi, ces plaintes. Dans tout
autre moment, j'aurais aimé vous cacher pendant

quelques jours les ténèbres où je vis. La plus grande caresse qui puisse me venir des hommes, c'est l'ignorance qu'ils auraient de mon sort. Je vous aurais dit que je descendais vraiment de Siegfried, que ma mar-
5 raine venait de prendre une entorse, que la tante de ma tante était de passage. Vous l'auriez cru, et nous aurions obtenu ce calme si nécessaire pour l'étude des verbes irréguliers.

GENEVIÈVE. Nous oublions en effet la leçon.
10 Questionnez-moi, Monsieur le Conseiller d'État, puisque vous aimez questionner. Faites-moi ces questions qu'on pose à la fois aux institutrices familières et aux passants inconnus: Qu'est-ce que l'art? ou: Qu'est-ce que la mort? Ce sont des exercices de vo-
15 cabulaire pratique excellents.

SIEGFRIED. Et la vie, qu'est-ce que c'est?

GENEVIÈVE. C'est la question pour princesses russes, celle-là. Mais je peux y répondre: Une aventure douteuse pour les vivants, rien que d'agréable pour les
20 morts.

SIEGFRIED. Et pour ceux qui sont à la fois morts et vivants?

GENEVIÈVE. Je me refuse à continuer ma leçon dans ce manuel de la désolation . . . Ouvrons le
25 livre plutôt au chapitre du coiffeur ou des cris d'animaux. Cela ne vous dit donc rien de savoir comment se dénomme en France le cri de la chouette?

SIEGFRIED. Si cela doit vous égayer particulièrement vous aussi, je veux bien. Tout en vous certes est
30 sourire, douceur, gaieté même. Mais au-dessous de tous ces exercices funèbres dont je vous donne la parade,[16] vous tendez poliment je ne sais quel filet de tristesse. Je m'y laisse rebondir.

---

[16] *dont je vous donne la parade*, which I am displaying to you.

GENEVIÈVE, *le regardant bien en face, très gravement.*
J'ai eu un fiancé tué à la guerre. Ma vie a cessé là où
la vôtre commençait.

SIEGFRIED.   Je vous plains . . . Mais je changerais
encore.

GENEVIÈVE.   Changeons.

SIEGFRIED.   Ne parlez pas ainsi . . . Si vous saviez
combien mes yeux et mon cœur sont ravis de sentir au-
dessus de vous, en couches profondes et distinctes, ce
fardeau d'années d'enfance, d'adolescence, de jeunesse
que vous m'avez apporté en entrant dans cette maison.
Cette corbeille de mots maternels, ce faix[17] des premières sonates entendues, des premiers opéras, des
premières entrevues avec la lune, les fleurs, l'océan,
la forêt, dont je vous vois couronnée, comme vous
auriez tort de la changer contre celle que l'avenir
vous prépare, et d'avoir à dire comme moi devant la
nuit et les étoiles cette phrase ridicule: nuit, étoiles, je
ne vous ai jamais vues pour la première fois . . .
(*Souriant.*) Vous devez les tutoyer d'ailleurs?

GENEVIÈVE.   Mais cette impression vierge, ne
pouvez-vous l'éprouver pour bien des sentiments, pour
l'ambition, le pouvoir, l'amour?

SIEGFRIED.   Non. Je ne puis m'empêcher de sentir
tout mon cœur plein de places gardées. Je ne me méprise pas assez pour croire que j'aie pu arriver à mon
âge sans avoir eu mon lot de désirs, d'admirations,
d'affections. Je n'ai point encore osé libérer ces stalles
réservées. J'attends encore.

GENEVIÈVE, *d'une voix émue.*   Vous n'attendrez plus
beaucoup.

SIEGFRIED.   Je me le dis quelquefois. Le destin est
plus acharné à résoudre les énigmes humaines que les

---

[17] *corbeille . . . faix,* basket . . . bunch (as of flowers).

hommes eux-mêmes. Il fait trouver dans des pommes des diamants célèbres égarés, reparaître après cent ans l'épave des bateaux dont l'univers a accepté la perte. C'est par inadvertance que Dieu permet des accrocs
5 dans son livre de comptes. Il est terriblement soigneux. Il fera un beau vacarme quand il s'apercevra qu'il y a deux dossiers pour le même Siegfried. Oui, je compte encore sur la bavardise incoercible des éléments . . . (*La regardant de loin, avec quelque tendresse.*) Vous, hu-
10 maine, vous vous taisez?

GENEVIÈVE, *très grave.*   Je prépare une phrase.

SIEGFRIED.   Vous avez raison. Revenons à votre leçon . . . Revenons à nous.

Il s'approche d'elle, se penche sur elle.
15   GENEVIÈVE.   Vous revenez de loin, mais très près.

SIEGFRIED.   Pardon si je m'approche de vous qui m'êtes inconnue, comme je le fais chaque jour vers mon image dans la glace . . . Quelle douceur j'éprouve à me mettre en face d'un mystère tellement
20 plus tendre et plus captivant que le mien! Quel repos d'avoir à me demander quelle est cette jeune femme, qui elle a aimé, à quoi elle ressemble!

GENEVIÈVE.   A qui . . . Relatif féminin . . .

SIEGFRIED.   Comme on devient vite devin quand
25 il s'agit des autres! Je vous vois enfant, jouant à la corde.[18] Je vous vois jeune fille, lisant auprès de votre lampe. Je vous vois au bord d'un étang, avec un reflet tranquille, d'une· rivière, avec un reflet agité . . . Chère Geneviève, tout n'a pas été gai dans votre vie.
30 Je vous vois jeune femme priant sur la tombe de votre fiancé . . .

GENEVIÈVE.   Non . . . Il a disparu . . .

SIEGFRIED.   Oh! pardon . . . C'était un officier . . .

_____
[18] *Jouant à la corde*, skipping rope.

GENEVIÈVE. Il l'était devenu pendant la guerre. C'est en officier qu'il disparut, vêtu de cet uniforme bleu clair que les ennemis ne devaient point voir et qui nous l'a rendu à nous aussi invisible . . . Il était écrivain . . . Il était de ceux qui prévoyaient la 5 guerre, qui auraient voulu y préparer la France.

Elle s'est levée.

SIEGFRIED. Il haïssait l'Allemagne?

GENEVIÈVE. Il eût aimé l'Allemagne pacifique. Il était sûr de sa défaite. Il se préparait à lui rendre un 10 jour son estime.

SIEGFRIED. Que disait-il d'elle? N'ayez pas peur. Je n'ai pas connu cette Allemagne-là. Je suis un enfant allemand de six ans.

GENEVIÈVE. Je ne fais pas de politique. 15

SIEGFRIED. Ne seriez-vous pas simple?[19]

GENEVIÈVE. Il disait, si je me souviens bien, que l'Allemagne est un grand pays, industrieux, ardent, un pays de grande résonnance poétique, où la chanteuse qui chante faux atteint souvent plus le cœur que la 20 chanteuse qui chante juste sous d'autres climats, mais un pays brutal, sanguinaire, dur aux faibles . . .

SIEGFRIED. Vous disait-il la jeunesse de cet empire bimillénaire, la vigueur de cet art surcultivé, la vie consciencieuse de cette masse qu'on dit partout hypo- 25 crite, les trouvailles dans l'âme et dans l'art de ce peuple sans goût?

GENEVIÈVE. Il disait, (oh! parfois du bien, il ado- rait les trois notes du chant des filles du Rhin, il aimait votre amour de l'Allemagne), il disait qu'il avait man- 30 qué à l'Allemagne, dans ce siècle dont elle était la favorite, d'être simple, de concevoir simplement sa vie. Au lieu de suivre les instincts et les conseils de son sol, de son passé, du fait d'une science pédante et de prin-

---

[19] *Ne seriez-vous pas simple?* Aren't you perhaps naïve?

ces mégalomanes, il disait qu'elle s'était forgée d'elle-
même un modèle géant et surhumain, et au lieu de
donner, comme elle l'avait fait maintes fois, une noú-
velle forme à la dignité humaine, qu'elle n'avait donné
5 cette fois de nouvelle forme qu'à l'orgueil et au malheur. Voilà ce que disait Jacques, et il accusait aussi
l'Allemagne d'accuser tout le monde.

SIEGFRIED. Vous disait-il que nous autres Allemands l'accusons de bien d'autres choses encore, et
10 que c'est presque toujours d'Allemagne qu'est partie
la vérité sur elle? Cette guerre épouvantable, vous en
a-t-il dévoilé les vraies causes? Vous l'a-t-il expliquée,
sous son aspect implacable, comme elle doit l'être,
comme une explosion dans un cœur surchauffé et pas-
15 sionné? Vous a-t-il dit cette démence amoureuse, ces
noces de l'Allemagne avec le globe, cet amour presque
physique de l'univers, qui poussait les Allemands à
aimer sa faune et sa flore plus que tout autre peuple,
à avoir les plus belles ménageries, les plus hardis ex-
20 plorateurs, les plus gros télescopes, à l'aimer jusque
dans ses minéraux et ses essences? Cette force qui
éparpillait les Allemands sur chaque continent, d'où
s'échappaient aussitôt le fumet des rôtis d'oie, mais
aussi la voix des symphonies, vous l'a-t-il expliquée
25 suffisamment comme une migration d'abeilles, de
fourmis, comme un exode nuptial, votre ami Jacques?

GENEVIÈVE. Jacques! Vous savez son nom?

SIEGFRIED. Vous venez de le dire . . . Parlez-
moi de Jacques . . . J'aimerais savoir son nom entier.
30 J'ai encore eu si peu de camarades étrangers! Laissez-moi en prendre un dans le passé, dans mon ancien
domaine. Son nom?

GENEVIÈVE, *bien en face.* Forestier.

SIEGFRIED. Fo ou Fa?

35 GENEVIÈVE. Fo. Comme les forêts.

SIEGFRIED.   Comment était-il?

GENEVIÈVE.   Grand, châtain, souriant. Ces trois mots vagues font de lui un portrait si précis que vous le reconnaîtriez entre mille.

SIEGFRIED.   Vous avez son portrait?   5

GENEVIÈVE, *après avoir hésité.*   Oui, je l'ai.

SIEGFRIED.   A votre hôtel?

GENEVIÈVE.   Non, là . . .

> *On a entendu sonner.* ÉVA *ouvre la porte brus-*
> *quement.*   10

ÉVA.   Le maréchal vous demande, Siegfried. Urgent.

> SIEGFRIED *s'excuse d'un sourire, salue et sort.*

SCÈNE III

GENEVIÈVE, FONTGELOY

GENEVIÈVE *reste une minute seule, désemparée, face au public.* LE GÉNÉRAL DE FONTGELOY *entre doucement par le fond. Le bruit des éperons fait retourner* GENEVIÈVE.

FONTGELOY.   Et moi, Geneviève Prat, vous me re-connaissez?   15

GENEVIÈVE *le regarde silencieusement.*

FONTGELOY.   Vous ne me trouvez pas un air de famille?

GENEVIÈVE *le regarde.*

FONTGELOY.   Grand, brun, Français, sans accent? 20 (*Il la saisit un peu brusquement par les mains.*) Alors qui suis-je?

GENEVIÈVE.   Un officier prussien.

FONTGELOY.   Erreur! Erreur! Un gentilhomme français.   25

GENEVIÈVE *le regarde.*

FONTGELOY.   Je suis un autre Forestier, ou un

autre Siegfried, à votre choix. Mais un Siegfried qui a
pu garder son nom et sa mémoire. Mémoire sûre.
Depuis deux siècles et demi, elle est intacte. (*Il fait
claquer ses talons.*) Jacques de Fontgeloy, dont l'ancêtre
5 fut le premier protestant chassé[20] de France par Louis
XIV et général de la brigade des hussards de la mort.[21]

GENEVIÈVE.   Des hussards de la mort? Cela existe
encore?

FONTGELOY.   Voilà leur général, et leur patronne
10n'est jamais loin.

GENEVIÈVE.   Que me veulent-ils, tous les deux,
aujourd'hui?

FONTGELOY.   Croyez, Mademoiselle, que vous
n'avez rien à craindre, ni de l'un, ni de l'autre. Je
15viens seulement vous prier de partir, sans attendre
le retour de Siegfried. Pas de discussion. Vous venez
trop tard pour le prendre à l'Allemagne. Autant vouloir en arracher les Fontgeloy.

GENEVIÈVE.   Mon pays est flatté de voir disputer
20avec cette intransigeance ce qui peut tomber de lui.

FONTGELOY.   Tomber? Les Fontgeloy ne sont pas
tombés. Ils ont été chassés, congédiés de leur service de
Français. Mon aïeul reçut l'ordre un beau matin de
quitter avant huit jours ses terres, ses honneurs, sa
25famille. Il n'attendit pas ce délai de laquais. Il partit
aussitôt, mais la frontière une fois franchie, il tua le
soir même deux gardes du roi en maraude,[22] ses compatriotes du matin.

GENEVIÈVE.   Je vois que ce n'est pas une crise
30d'amnésie qui a maintenu en Allemagne ses petits
neveux.

---

[20] *premier protestant chassé* . . . Doubtless as a result of the Revoca-
tion of the Edict of Nantes in 1685.
[21] *hussards de la mort*, Death's Head Hussars.
[22] *en maraude*, who were on a marauding expedition.

FONTGELOY. Vous l'avez dit. C'est la mémoire.
C'est le souvenir du despotisme, de l'inquisition, le
dégoût de votre bureaucratie esclave, et de tous ces
tyrans dont vous savez servilement les noms dans
l'ordre. 5

GENEVIÈVE. Oui, je les sais, Loubet, Fallières.[23]

FONTGELOY. J'abrège. Mon aïeul, planté à la
frontière, reçut chaque exilé français, le dirigea selon
ses qualités vers la ville prussienne qui manquait de
notaire, ou de bourgmestre, ou d'arpenteur, et fortifia 10
la Prusse à ses points faibles. Il restait une place vide.
Celui à qui elle revient est trouvé. Il ne partira plus.
Je suis chargé par le conseil de mon association de vous
le dire. Il restera, ou il mourra . . .

GENEVIÈVE. A nouveau?[24] 15

FONTGELOY. Par malheur, ni l'Allemagne, ni la
France n'en sont plus, depuis dix ans, à un homme
près. Il mourra du coup que portera cette révélation à
une tête encore malade. Il mourra de la main d'un
exalté, de la sienne peut-être. Il mourra, et c'est la 20
mort la plus irrémédiable, moralement, déchu soudain
de sa force et de sa vie nouvelles. Et maintenant,
Mademoiselle, suivez-moi, si vous voulez éviter quelque malheur à Siegfried. J'ai ordre de vous expulser,
ainsi que votre ami le philologue, que mes hommes 25
gardent déjà, et qui se plaint, pour les amadouer, en
haut saxon du XIIIᵉ siècle.

GENEVIÈVE *s'assied*. Ils sont nombreux, comme
vous, en Allemagne?

FONTGELOY. Vous n'êtes pas allemande pour 30
aimer les statistiques? Le 1ᵉʳ août 1914, rien que dans
l'armée prussienne, descendants d'exilés ou d'émigrés

---

[23] *Loubet, Fallières*, presidents of the Third Republic, and hardly
tyrans.
[24] *A nouveau?* All over again?

français, nous étions quatorze généraux, trente-deux colonels, et trois cents officiers. Je parle des gentils-hommes. Il y a aussi dans l'intendance un certain nombre de Dupont.

5 GENEVIÈVE. Je ne soupçonnais pas aux guerres franco-allemandes cet intérêt de guerres civiles.

FONTGELOY. Guerre civile! Depuis Louis XIV, nous ne sommes plus allés en France qu'en service commandé. Je ne désespère pas de cantonner un jour
10 dans le manoir de Fontgeloy qui subsiste, paraît-il, aux environs de Tours.

GENEVIÈVE. Il subsiste . . . Sur la route de Chenonceaux . . .

FONTGELOY. Épargnez-vous sa description.

15 GENEVIÈVE. Tout y est rose, aristoloche, et jasmin. Vous y manquez.

FONTGELOY. Aristoloche?[25] Quel est ce mot?

GENEVIÈVE. Un mot secret auquel se reconnaissent les Français du xxe siècle.

20 FONTGELOY. Pourquoi me regardez-vous ainsi?

GENEVIÈVE. Vous allez sans doute me trouver originale. J'essaye de vous voir tout nu.

FONTGELOY. Tout nu?

GENEVIÈVE. Oui. Laissons une minute vos histoires
25 d'exilés et d'émigrés. Cela n'intéresse plus que vous. Je suis sculpteur, Monsieur de Fontgeloy. C'est le corps humain qui est mon modèle et ma bible, et sous votre casaque, en effet, je reconnais ce corps que nous autres statuaires donnons à Racine et à Marivaux[26] . . .
30 Ma race, ma race de politesse a bien été taillée sur ce mannequin d'énergie, d'audace, et, si vous me permettez de parler durement pour la première fois de ma

---

[25] *aristoloches*, aristolochias.
[26] *Racine . . . Marivaux*, French dramatists of the 17th and 18th centuries.

vie, de dureté . . . Votre front, vos dents de loup sont
bien français. Votre rudesse même est bien française
. . . Allons, il ne faut pas s'obstiner à croire que la
patrie a toujours été douceur et velours . . . Mais
je n'en ai que plus d'estime pour les deux siècles que 5
vous n'avez pas connus. Ils ont vêtu la France . . .
(*Un coup de téléphone. Un coup de canon.*)

Fontgeloy, *réfléchissant tout haut.* Au canon
d'abord.

> *Il va à la fenêtre. Rien. Il se dirige vers le* 10
> *téléphone.*

Fontgeloy. La censure? Quelle censure? L'avancement au choix? Quel avancement au choix? La
guerre? Quelle guerre?

> *Nouveau coup de canon. Pendant que* Font- 15
> geloy *repose le récepteur entrent* le Gé-
> néral von Waldorf *et le* Général
> Ledinger. *Grands manteaux.*

SCÈNE IV

Geneviève, Fontgeloy, Général Waldorf
(*Infanterie*) et Ledinger (*Artillerie*)

Waldorf. Pas la guerre, la Révolution, Font-
geloy!   20

Fontgeloy. Les communistes?

Waldorf. Non: Zelten.

Fontgeloy. Vous plaisantez!

Waldorf. Zelten vient de prendre d'assaut la
Résidence et le pouvoir.   25

Ledinger. Le pouvoir? Façon de parler. Je me
demande où trouver un pouvoir en ce moment dans
notre pays.

Waldorf. Épargnez-nous les mots d'esprit, Ledinger! Il a en tout cas le pouvoir de nous mettre en 30

prison, et nous sommes sur la liste. J'ai en bas une auto
sûre. Siegfried téléphone à Berlin, dès qu'il aura
terminé, nous partons pour Cobourg où cantonne ma
brigade et nous attaquons cette nuit même.

5 FONTGELOY. Mais quelles troupes peut bien avoir
Zelten?

LEDINGER. Les troupes qu'on a dans les révolutions dites libérales. Les gendarmeries, les sergents de
ville, les pompiers, tous ceux qui sont chargés de
10 l'ordre, avec un fort encadrement cette fois de cocaïnomanes et de cubistes.[27]

WALDORF. Je vous en prie, Ledinger. Tous ceux
qui, comme vous, ont été nourris dans certain état-
major, ont vraiment une tendance insupportable à
15 tourner en farce les événements graves!

LEDINGER. Mais pardon, Waldorf, il n'est pas en
ce moment question d'état-major!

WALDORF. Il est toujours question d'état-major.

LEDINGER. Je n'arrive pas à vous suivre.

20 WALDORF. Cela vous arrive trop souvent dans
l'artillerie, même avec des fantassins comme moi. Ce
que je veux vous dire, Ledinger, c'est que nous n'en
serions pas là, si notre armée avait eu, au moment
décisif, un autre chef d'état-major que celui qui vous
25 a laissé ses mots d'esprit en héritage.[28]

LEDINGER. Il était incapable, peut-être?

WALDORF. Non. Il a gagné sur le terrain des ba-
tailles que tout autre aurait perdues même sur la
carte. Et inversement, d'ailleurs.

30 LEDINGER. Il était lâche?

WALDORF. La bravoure personnifiée. Je l'ai vu

[27] *avec . . . cubistes,* with a strong force of cocaine addicts and
cubists.
[28] *c'est que . . . héritage.* We should not be in our present plight,
if our army had possessed, at the critical moment, some other chief
of staff than the one who bequeathed you his witticisms.

refuser de se faire battre par Schlieffen lui-même aux
manœuvres de Silésie.[29]

LEDINGER.   Quel vice avait-il donc, pour encourir
votre disgrâce?

WALDORF.   Son vice: il avait une mauvaise défini- 5
tion de la guerre! La guerre n'est pas seulement une
affaire de stratégie, de munitions, d'audace. C'est,
avant tout, une affaire de définition. Sa formule est
une formule chimique, qui d'avance, la voue au succès
ou la condamne.   10

LEDINGER.   C'est bien mon avis, Waldorf, et la
définition de mon maître a fait ses preuves. C'est elle
qui a sauvé Frédéric des Russes, et Louise de Napoléon. Je la prononce au garde à vous: La Guerre, c'est
la Nation . . .   15

WALDORF.   Voilà la formule qui a perdu la guerre!
. . . Et qu'entendez-vous par nation? Sans doute,
pêle-mêle, les grenadiers de Potsdam et les caricatu-
ristes des journaux socialistes, les hussards de la mort et
les entrepreneurs de cinéma, nos princes et nos juifs? 20

LEDINGER.   J'entends ce qui, dans une nation,
pense, travaille et sent.

WALDORF.   Pourquoi ne poussez-vous pas votre
formule à son point extrême et ne dites-vous pas: La
Guerre c'est la Société des Nations? . . . Elle serait à 25
peine plus ridicule. Votre définition? C'est la compro-
mission du Grand État-Major avec les classes subal-
ternes du pays; ce qu'elle proclame? c'est un droit
démocratique à la guerre; c'est le suffrage universel
de la guerre pour chaque Allemand. Grâce à cette 30
flatterie, vous avez réussi à appeler la nation entière
à la direction d'une entreprise qui devait rester dans
nos mains, à l'en rendre solidaire; vous avez fait une

---

[29] *Schlieffen*, a famous German strategist, 19th century. *Silésie*, Silesia
(in eastern Germany).

guerre par actions,[30] par soixante millions d'actions, mais vous avez perdu son contrôle. C'est le danger des assemblées générales.[31] Quels succès pourtant ne vous avait pas préparés la formule de mon maître et de mon
5 école! . . . Vous la connaissez, vous l'avez lue en épigraphe de tous nos manuels secrets; il suffit de la prononcer pour que chacun de nous, en tout temps, soldat, civil, ressente son honneur et sa perpétuelle utilité: La Guerre, c'est la Paix . . .

10 FONTGELOY.　Vous vous trompez, Waldorf. Certes j'apprécie tout ce que votre maître a fait de grand, bien qu'il ait cru devoir accorder les sous-pieds de hussards au Train des équipages.[32] J'apprécie aussi ce que votre définition contient de sain et de reposant; l'idée
15 de différencier l'état de paix et l'état de guerre, croyez-moi, n'a jamais effleuré aucun état-major. Mais je ne connais qu'un mot qui soit égal à ce mot: la guerre, et qui puisse lui servir de contre-poids dans une définition. Un seul qui soit digne et capable de présenter ce
20 géant, de lui assurer sa publicité, et c'est celui, Waldorf, que contient notre définition, cette formule qui n'a déçu ni nos grands électeurs, ni Bismarck,[33] et qui est pour le combattant en même temps qu'un précepte moral, un conseil pratique de toutes les heures et de
25 toutes les circonstances: La Guerre est la Guerre!

Garde à vous.

WALDORF.　Erreur! Erreur! C'est une répétition. C'est comme si vous disiez que le Général de Fontgeloy est le Général de Fontgeloy.

30 FONTGELOY.　Exactement! Et dans cette définition

---

[30] *actions*, stocks, shares.
[31] *assemblées générales*, stockholders' meetings.
[32] *accorder . . . équipages*, permit supply units to wear Hussar trouser straps.
[33] *Bismarck*, German chancellor in the second part of the 19th century.

que vous voulez bien donner de moi, il n'y a pas de
répétition, vous le savez vous-même, puisque dans
votre bouche cela veut dire: Cet homme intelligent—
puisqu'il est général—est un homme stupide—puisqu'il n'est pas du vrai état-major.   5

UN DOMESTIQUE, *entrant.* Le Conseiller Siegfried
attend vos Excellences, en bas, dans l'antichambre.

FONTGELOY, *durement à* GENEVIÈVE. Le silence est
le silence, Mademoiselle.

GENEVIÈVE. Et la mort la mort, sans doute?   10

FONTGELOY. Exactement.

Ils sortent.

SCÈNE V

GENEVIÈVE, SIEGFRIED

Pendant toute la scène, GENEVIÈVE *très angoissée regarde
involontairement vers le fond, où* FONTGELOY *apparaît de
temps à autre.*

SIEGFRIED *ouvre la porte, costume de voyage. Il
entre doucement.*

GENEVIÈVE. Vous avez oublié quelque chose?   15

SIEGFRIED. N'est-ce pas que j'ai l'air d'avoir
oublié à dessein quelque chose, comme ceux qui laissent leur parapluie pour pouvoir revenir?

GENEVIÈVE. Il neige. Je ne connais pas d'objet
contre la neige.   20

SIEGFRIED. Votre prédiction était vraie. La révolution éclate. Mon avenir a rompu d'un coup ses digues,
et je m'éloigne pour la première fois enfin du passé
. . . Ne m'en veuillez pas d'avoir oublié à dessein ici,
pour vous revoir, mon courage, ma confiance, ma vo- 25
lonté.

GENEVIÈVE. Oublier trois parapluies! Vous faites bien les choses!

SIEGFRIED *s'est mis en face d'elle et la contemple.* Je vous revois!

5 GENEVIÈVE. Ai-je tant changé depuis un quart d'heure?

SIEGFRIED. Je vous revois! Tout ce que je n'avais pas vu tout à l'heure sur vous, ce que je n'avais vu sur personne, ces lèvres tristes qui en souriant tendent à 10 en mourir la tristesse, ce front un peu penché qui lutte contre la lumière ainsi qu'un bélier contre un bélier, je le revois! . . . Parlez-moi . . .

Le canon gronde.

GENEVIÈVE. De plus grandes voix vous appellent.

15 SIEGFRIED. Cela ne m'a pas l'air d'un appel. Un homme agité trouve si naturel d'entendre le canon comme écho à son cœur![34] (*Il la regarde et essaye de lui prendre les mains.*) . . . Douces mains, que touchez-vous pour être si douces?

20 GENEVIÈVE, *se dégageant.* De la terre, de la boue: je suis sculptrice.

SIEGFRIED. Il neige. Le destin croit s'excuser, depuis quelque temps, en enveloppant de neige les révolutions. Moscou, Pest, Munich, toujours neige.[35] 25 C'est dans la neige que Pilate se lave maintenant les mains. Chaque Saxon marche aujourd'hui aussi silencieusement que la mort. Il faut que la couche soit bien épaisse pour que je n'entende point d'ici les éperons de mes trois généraux.

30 GENEVIÈVE. Ils vous attendent . . . Adieu.

---

[34] The first edition contained at this point a number of lines which Giraudoux apparently omitted in this edition.

[35] *Moscou . . . Munich, toujours neige.* The idea is simply that these revolutions or uprisings have occurred at seasons of the year when snow falls. Pest stands for Budapest.

SIEGFRIED, *se rapprochant.* . . . Pourquoi ne puis-je vous répondre?

GENEVIÈVE. Ai-je posé une question?

SIEGFRIED. Tout de vous questionne,[36] à part votre bouche et vos paroles. Dans cette timide et insaisissable 5 ponctuation que sont les pauvres humains autour d'incompréhensibles phrases, Éva déjà me plaisait. Elle est un point d'exclamation, elle donne un sens généreux ou emphatique aux meubles, aux paysages près desquels on la voit. Vous, votre calme, votre 10 simplicité sont question. Votre robe est question. Je voudrais vous voir dormir . . . Quelle question pressante doit être votre sommeil! . . . On ne pourrait répondre dignement à cette instance de votre être que par un aveu, un secret et je n'en ai pas. 15

GENEVIÈVE. Adieu.

SIEGFRIED. Peut-être cependant en ai-je un? Le plus léger secret certes qu'ait porté créature au monde.

GENEVIÈVE. Ne me le dites pas.

SIEGFRIED. Même cette défense est une question 20 chez vous . . . Voici donc mon secret, puisque vous l'exigez. Ce n'est rien . . . Mais c'est de moi la seule parcelle que mes amis, et Éva, et le président du Reich, et chacun des soixante millions d'Allemands, puissent encore ignorer . . . Ce n'est rien . . . 25 C'est un mot . . .

GENEVIÈVE. Adieu.

SIEGFRIED. Oui, je reste . . . C'est le seul mot, parmi tous ceux de mon langage d'aujourd'hui, qui me semble venir de mon passé. Quand je l'entends, et 30 vous allez voir s'il est insignifiant et même ridicule, alors que tous les autres, les plus beaux, les plus sensibles n'atteignent que l'être battant neuf[37] que je suis

---

[36] *Tout . . . questionne.* All of your person asks questions.
[37] *l'être battant neuf,* the brand-new being.

aujourd'hui, ce mot atteint en moi un cœur et des sens inconnus. Mon ancien cœur sans doute. L'aveugle qu'on met face au soleil doit éprouver cette angoisse, ce soulagement . . .

5   Geneviève.   Un nom propre?

Siegfried.   Ce n'est même pas un nom commun. C'est un simple adjectif. Le démon de mon ancienne vie n'a pu lancer qu'un adjectif jusqu'à ma vie nouvelle. C'est le type de l'épithète banale, commune, 10 presque vulgaire, mais il est ma famille, mon passé, il est ce qu'il y avait en moi d'insoluble. C'est le mot qui m'accompagnera dans ma mort. Mon seul bagage . . .

Geneviève.   Il faut que je parte.

15   Siegfried, *tourné vers le public, les yeux à demi fermés.* Des gens, de petites gens le disent parfois le soir, sans s'en douter, dans la rue. Pour moi ils jonglent avec les flammes. La plupart des écrivains l'évitent, mais Gœthe par bonheur—on voit bien que c'est lui le chef— 20 l'emploie à tout propos. Les critiques le lui reprochent, regrettent ces trous banals dans son œuvre. Moi, quand ce mot revient, il me semble voir la chair de Mignon à travers ses hardes, la chair d'Hélène sous sa pourpre. C'est le mot, oh, trop léger pour moi . . . 25 Mon Dieu qu'il est banal, vous allez rire . . . , c'est le mot: «ravissant.» (*Il répète, les yeux fermés:*) «ravissant.»

Geneviève.   Je ris.

Siegfried, *se retourne vers elle.*   Voilà ce que j'ai voulu vous dire, Geneviève. C'est peut-être un secret 30 entier que d'avoir eu le courage de vous dire ce millième de secret. Adieu. (*Il l'embrasse.*) Il a un féminin ce mot, Geneviève, je le découvre: Main ravissante . . .

Geneviève.   Partez.

35   Siegfried.   Merci. Adieu!

RIDEAU

ACTE TROISIÈME

Même décor qu'au premier acte.

SCÈNE I[1]

Muck, L'Huissier, *puis* Zelten

Muck, *dictant au téléphone d'après des feuillets qu'il tient à la main, très important.* La vérité est que depuis un siècle, l'Allemagne a souvent méconnu ses qualités profondes et surestimé ses impulsions journalières . . .

L'Huissier. Ils arrivent en foule . . .   5

Muck. De là son rôle toujours immense dans la civilisation et ses mésaventures dans l'histoire . . .

L'Huissier. La maison va être pleine avant que M. Siegfried soit revenu du Parlement.

Muck. De là vient qu'elle a pu considérer comme 10 des hommages à ses actes éphémères l'estime et la déférence accordées à sa vie nationale instinctive . . . (*Changeant de ton.*) Cela vous suffit? C'était le seul passage du discours de M. Siegfried qui vous manquât? Très bien . . . Toujours à la disposition de l'agence 15 Wolf[2]. . . (*A* L'Huissier.) Je suis à toi . . . M. Siegfried sera là dans cinq minutes . . . Qui as-tu encore à loger?

L'Huissier. Les présidents des chorales[3] qui vont défiler tout à l'heure en chantant.   20

Muck. Ils sont nombreux?

L'Huissier. Quarante.

Muck. Mets-les dans le grand salon. Et encore?

---

[1] *Scène I.* This scene and the following one have replaced two scenes and part of the third which existed in the earliest version of the play. Giraudoux was obviously dissatisfied with some aspects of that version and rewrote them.

[2] *agence Wolf,* a news' agency.

[3] *chorales,* choral societies.

L'Huissier.   Les défenseurs de la Constitution de Weimar.[4]

Muck.   Combien sont-ils?

L'Huissier.   Sept . . . ce n'est qu'une délégation.

5   Muck.   Dans le petit bureau.

Zelten, *surgissant.*   Et moi, Muck, où me met-on?

Muck.   Vous ici, Monsieur le Baron?

Zelten.   Où veux-tu que j'aille? Il n'y a guère qu'ici qu'on ne me cherche pas. Tu étais à la séance?

10   Muck.   J'y étais.

Zelten.   Le Parlement me prie de quitter l'État pour quelque temps, paraît-il?

Muck.   C'est exact.

Zelten.   C'est Siegfried qui a proposé cette me-
15 sure?

Muck.   Non, mais il l'a appuyée.

Zelten.   Et personne n'a protesté?

Muck.   Votre absence avait mis tout le monde contre vous. Vos partisans ont cru que vous les aban-
20 donniez.

Zelten.   J'étais prisonnier dans ma chambre, Muck, et surveillé par deux soldats. Je n'ai pu m'échapper que voilà deux minutes et il était trop tard pour la séance. Mais elle va continuer ici, je t'en réponds.

25   Muck.   Ici? Vous n'allez pas rester ici? C'est par là que M. Siegfried doit passer. Vous entendez ces acclamations! Il arrive.

Zelten.   Et comment était-il, Siegfried, après son triomphe? Calme et modeste, comme il sied à une âme
30 aussi grande?

Muck.   Fatigué et heureux. Pour la première fois, je l'ai senti heureux. Pour la première fois, dans le feu

---

[4] *Weimar.* The German Republic, called the Weimar Republic, lasted from 1919 to 1933.

de l'action, je l'ai vu confondre, comme on dit, le manteau de l'avenir et le manteau du passé.

ZELTEN.   Les erreurs de vestiaire sont rarement de quelque profit. Heureux! Très bien! Je reste ici, Muck. Je vais examiner ce que peut bien donner le bonheur sur ce visage.

MUCK.   Vous m'effrayez. Vous n'avez pas d'armes, je pense? Que voulez-vous lui faire?

ZELTEN.   Ce qu'on faisait autrefois à tout imposteur. Le moyen âge avait quelques excellentes recettes. L'écorcher vif. Tu as le téléphone, en bas?

MUCK.   Oui, dans mon office.

ZELTEN.   Téléphone à Mademoiselle Geneviève Prat, de la part de Siegfried, qu'elle vienne immédiatement pour la leçon.

MUCK.   La leçon! jamais M. Siegfried ne prendra une leçon dans un moment pareil!

ZELTEN.   Excellent exercice pour lui, au contraire. Cela ne peut que lui faire du bien de passer ses pensées bouillonnantes dans une langue toute fraîche, pour les tiédir un peu . . . Va, hâte-toi.

MUCK, *remontant.*   C'est lui, Monsieur le Baron. Son Excellence monte.

ZELTEN.   Très bien! que Son Excellence Siegfried daigne monter!

SCÈNE II

ZELTEN, SIEGFRIED, *accompagné de* ÉVA, FONTGELOY *et* WALDORF

SIEGFRIED.   Vous êtes en retard, Zelten.

ZELTEN.   C'est une opinion. Je suis sûr que votre entourage en ce moment me trouve au contraire en avance.

Siegfried.   Que cherchez-vous ici? Ignorez-vous que vous devez quitter Gotha avant demain?

Zelten.   Je l'aurai quitté, et pas seul. On me fera bien l'honneur, d'ailleurs, de m'adresser une sig-
5 nification⁵ officielle.

Siegfried.   Vous l'avez. Je vous la donne.

Zelten.   Vous me la donnez? Puis-je savoir à quel titre vous vous croyez qualifié pour me la donner?

Siegfried.   Au titre le plus simple. Au titre d'al-
10 lemand . . .

Zelten.   Ce n'est pas un titre simple, c'est un titre considérable. Ne le possède pas qui veut. N'est-ce pas, Éva?

Siegfried.   Mademoiselle Éva n'a rien à voir entre
15 nous.

Zelten.   C'est ce qui vous trompe, elle a beaucoup à voir.

Siegfried.   Je vous interdis le moindre mot contre elle.

20 Zelten.   Contre elle? Je n'ai rien à dire contre elle. Je l'admire au contraire d'avoir sacrifié sa jeunesse, et sa conscience, à ce qu'elle croit l'Allemagne.

Siegfried.   Cela va. Vous pouvez partir.

Zelten.   Oh! pas du tout! Je tiens à partir en
25 beauté.⁶ C'est mon jour d'abdication aujourd'hui. Cette cérémonie m'a toujours paru dans l'histoire in- finiment plus émouvante que les sacres. Je tiens à éprouver tout ce qu'une abdication comporte d'hu- miliation et de grandeur.

30 Siegfried.   Gardez vos effets pour ces tavernes de Paris où vous avez pris de notre pays cette idée lamen- table et bouffonne.

Zelten.   Vous m'accorderez tout à l'heure que je

---

⁵ *une signification*, a notice, a summons.
⁶ *partir en beauté*, to make a splendid·exit.

méritais un départ un peu plus solennel . . . Oui,
Siegfried, dans une heure, j'aurai quitté Gotha, mais
vous auriez tort de croire que c'est vous qui m'en chassez, ou l'Allemagne. Je persiste à croire que les vrais
Allemands ont encore l'amour des petites royautés 5
et des grandes passions. J'avais préparé sur ce point de
beaux manifestes dont j'espérais recouvrir vos affiches
sur les centimes additionnels et la création des préfectures,[7] mais ma dernière arme me fait défaut aussi:
la colle. Ce qui m'expulse de ma patrie, ce qui a pro- 10
voqué la résistance de l'empire et l'aide qu'il vous a
donnée, ce n'est pas votre esprit de décision, ni vos
ordres, tout géniaux qu'ils soient: ce sont deux télégrammes adressés à Berlin et que mon poste a inter-
ceptés. Les voici. Rendez-moi le service de lire le pre- 15
mier, Waldorf.

WALDORF, *après avoir interrogé du regard* SIEGFRIED.
Morgan Rockefeller à Président Reich. Si Zelten se
maintient Gotha, annulons contrat phosphate artificiel.
20
ZELTEN.   Voici le second. Il vient de Londres.

WALDORF.   Pour M. Stinnes.[8] Si Zelten reste pouvoir, provoquons hausse mark.

ZELTEN.   Et c'est tout . . . Voilà les deux me-
naces qui correspondent aux excommunications de 25
jadis et qui ont dressé contre moi le centre et les catholiques.[9] Le phosphate artificiel, voilà notre Canossa.[10] . . Je n'ai pas intercepté de radios ainsi
conçus: Si Zelten est président, musiciens allemands

---

[7] *sur . . . préfectures,* about additional fractions of taxation and
about the setting up of prefectures.

[8] *Stinnes,* a great industrial magnate of this period.

[9] *qui . . . catholiques,* which have drawn up the Center and the
Catholics against me. The Center, a political group.

[10] *notre Canossa,* i.e., our humiliation. At the château of Canossa (in
Italy) the German emperor Henry IV humiliated himself before Pope
Gregory VII (1077).

annulent symphonies Beethoven . . . Si Zelten est
régent, philosophes allemands incapables désormais
définir impératif catégorique.[11] . . Si Zelten est roi,
lycéennes allemandes refusent cueillir myrtilles au
5 chant merle[12] . . . Mais je n'insiste pas. J'ai fait le
dernier effort pour empêcher l'Allemagne de devenir
une société anonyme,[13] j'ai échoué: que notre Rhin
une minute agité se calme donc sous l'huile minérale
. . . Et maintenant, Siegfried, à nous deux. Éloignez
10 ces généraux.

SIEGFRIED.   Non. Ce sont mes témoins.

ZELTEN.   En effet. Avec leurs écharpes, ils ont l'air
de venir faire un constat. Ils viennent me prendre en
flagrant délit[14] d'adultère avec l'Allemagne. Oui, j'ai
15 couché avec elle, Siegfried. Je suis encore plein de son
parfum, de toute cette odeur de poussière, de rose et
de sang qu'elle répand dès qu'on touche au plus petit
de ses trônes, j'ai eu tout ce qu'elle offre à ses amants,
le drame, le pouvoir sur les âmes. Vous, vous n'aurez
20 jamais d'elle que des jubilations de comice agricole,[15]
des délires de mutualités,[16] ce qu'elle offre à ses domestiques . . . Éloignez ces militaires. J'ai à vous parler
seul à seul.

SIEGFRIED.   Je n'ai ni l'humeur ni le droit d'avoir
25 un aparté[17] avec vous.

ZELTEN.   Qu'ils restent donc! Tant pis pour vous.
D'ailleurs, c'est dans la règle. Toutes les fois que la
fatalité se prépare à crever sur un point de la terre, elle

---

[11] *impératif catégorique*, allusion to Kant's philosophy. His concept of
the categorical imperative is famous.
[12] *chant merle = chant du merle.* These sentences imitate the telegraphic
style.
[13] *une société anonyme*, a joint-stock company.
[14] *en flagrant délit*, in the very act of. From the Latin *in flagrante
delictu.*
[15] *comice agricole*, county fair.
[16] *mutualités*, mutual benefit societies.
[17] *aparté*, confidential talk, side conversation (as in the old-fashioned
comedies).

l'encombre d'uniformes. C'est sa façon d'être con-
gestionnée. Lorsqu'Œdipe eut à apprendre qu'il avait
pour femme sa mère et qu'il avait tué son père, il tint
à rassembler aussi autour de lui tout ce que sa capitale
comptait d'officiers supérieurs.   5

WALDORF. Nous sommes des officiers généraux,
Zelten !

LEDINGER. Dois-je faire cesser cette comédie,
Excellence ?

ZELTEN. Regardez le visage d'Éva, Ledinger, et 10
vous verrez que nous ne sommes pas dans la comédie.
Cette pâleur des lèvres, cette minuscule ride transver-
sale sur le front de l'héroïne, ces mains qui se pressent
sans amitié comme deux mains étrangères, c'est à cela
que se reconnaît la tragédie. C'est même le moment 15
où les machinistes font silence, où le souffleur souffle
plus bas, et où les spectateurs qui ont naturellement
tout deviné avant Œdipe, avant Othello, frémissent à
l'idée d'apprendre ce qu'ils savent de toute éternité . . . Je parle des spectateurs non militaires, car 20
vous n'avez rien deviné, n'est-ce pas, Waldorf ?

WALDORF. Muck ! Muck !

SIEGFRIED, *s'avançant.* Non. Qu'il parle !

ZELTEN, *se tournant vers* SIEGFRIED. Lui a deviné ! . . .   25

ÉVA. Ne l'écoute pas, Siegfried. Il ment !

ZELTEN. Lui a deviné ! Lui sent qu'il s'agit de lui-
même. Les deux corbeaux qui voltigèrent au-dessus
de la tête de Siegfried, du vrai,[18] ils passent en ce moment au-dessus de sa réplique . . .   30

SIEGFRIED, *près de* ZELTEN, *voix contenue et rapide.*
Épargnez-nous les métaphores. Parlez.

ZELTEN. Excusez-moi. Les Allemands aiment les
métaphores. Je les éviterai désormais avec vous.

SIEGFRIED. Il s'agit de moi, Siegfried ?   35

---

[18] *du vrai,* of the real Siegfried.

ZELTEN.   Pas de Siegfried, de vous.

SIEGFRIED.   De mon passé?

ZELTEN.   De votre passé.

SIEGFRIED.   Quel mensonge la haine va-t-elle vous
5 dicter?

ZELTEN.   Je ne vous hais pas. Nous autres politi-
ciens n'allons pas gaspiller notre haine sur d'autres
que des compatriotes.

SIEGFRIED.   Vous avez découvert mon nom de
10 famille?

ZELTEN.   Pas votre nom, pas votre famille . . .
Les spirituelles insinuations que je prodigue depuis
une minute ont dû vous mettre sur la voie. J'ai découvert ce que je soupçonnais depuis longtemps. J'ai
15 découvert que celui qui juge avec son cerveau, qui
parle avec son esprit, qui calcule avec sa raison, que
celui-là n'est pas Allemand!

SIEGFRIED.   Je ne crois pas un mot de ce que vous
me dites, Zelten.

20 ZELTEN.   Cela ne m'étonne point. Je suis dans un
mauvais jour. Les Allemands eux-mêmes débordent de
sens critique avec moi[19] aujourd'hui.

SIEGFRIED.   Va-t-il falloir vous contraindre à
parler?

25 ZELTEN.   A parler? Mais, j'ai parlé; et même je ne
dirai pas un mot de plus. Je tiens à repasser vivant la
frontière. D'ailleurs j'ai épuisé mes effets. C'est à Éva
qu'il revient de continuer cette scène.

ÉVA.   Je vous méprise, Zelten.

30 ZELTEN.   Vous êtes plus forte que moi si vous
n'êtes pas méprisée vous-même dans quelques minutes.

ÉVA.   Je ne sais rien de ce dont il parle, Siegfried.

ZELTEN.   Éva sait tout, Siegfried. Sur votre arrivée

---

[19] *avec moi*, in company with me.

à sa clinique, sur l'accent particulier de vos plaintes, sur la plaque d'armée étrangère que vous portiez au bras, elle pourra vous donner les détails. Je n'ai jamais vendu la vérité qu'en gros.

LEDINGER. Il suffit. Partez!   5

ZELTEN, *se retournant de la porte.* Ah! Siegfried. Il est fâcheux que vous n'aimiez pas les métaphores, ni les apologues. Je vous dirai celui du renard qui s'est glissé dans l'assemblée des oiseaux et qui se trouve tout à coup seul à découvert, quand les oiseaux s'élèvent. 10 Les ailes s'entr'ouvrent déjà, Siegfried. Les plumes se soulèvent. L'oiseau Gœthe, l'oiseau Wagner, l'oiseau Bismarck dressent déjà le cou. Un geste d'Éva, et ils partent!

LEDINGER. Partez!   15

ZELTEN. Et voilà, pour l'oiseau Zelten!

                        Il sort.

SIEGFRIED, *impassible.* Messieurs, la farce est finie. Que chacun regagne son poste. Je reste ici. Vous viendrez me tenir au courant et me consulter, s'il y a 20 lieu.

LEDINGER. Justement, Excellence . . . Que doivent jouer les musiques de nos régiments en entrant dans la ville?

SIEGFRIED. Singulière question . . . Notre hy- 25 mne! . . . l'hymne allemand! . . .

SCÈNE III

SIEGFRIED, ÉVA

SIEGFRIED *va vers* ÉVA, *lui prend les mains, la regarde longuement, durement.*

SIEGFRIED. Suis-je Allemand, Éva?

ÉVA. Que dis-tu? Allemand?

Siegfried.   Suis-je Allemand, Éva?

Éva.   Je puis te répondre, et du fond de mon âme: oui, Siegfried, tu es un grand Allemand!

Siegfried.   Il est des mots qui ne souffrent pas
5 d'épithète. Va dire à un mort qu'il est un grand mort
. . . Suis-je Allemand, Éva?

Acclamations au dehors. Fanfares.

Éva.   Tous ceux-là t'ont répondu!

Siegfried.   A ton tour, maintenant. Étais-je Al-
10 lemand quand tu t'es penchée sur moi, et m'as sauvé?

Éva.   Tu m'as demandé de l'eau en allemand.

Siegfried.   Chaque soldat qui allait à l'assaut savait le nom de l'eau dans toutes les langues enne-mies . . . Avais-je un accent pour demander cette
15 eau? Le pays, la province des blessés, tu les reconnais-sais, m'as-tu dit, à leurs plaintes. Je n'ai pas fait que demander de l'eau, je me suis plaint!

Éva.   Tu étais le courage même. (Siegfried *se dirige vers la porte.*) Que fais-tu, Siegfried?

20 Siegfried.   J'appelle. J'appelle la foule et me dénonce.

Éva.   Siegfried!

Siegfried, *revenant vers elle.*   Je réponds à ce nom pour la dernière fois . . .

25 Éva.   Quand tu étais sans mémoire, sans connais-sance, sans passé—oui, tu as raison, je peux te dire cela aujourd'hui, ton sort, la victoire l'a fixé pour toujours, —quand tu n'avais d'autre langage, d'autres gestes que ceux d'un pauvre animal blessé, tu n'étais peut-
30 être pas Allemand.

Siegfried.   Qu'étais-je?

Éva.   Ni le médecin chef, ni moi ne l'avons su.

Siegfried.   Tu le jures?

Éva.   Je le jure.

35   Le Sergent *entre.*

Le Sergent.   Mademoiselle Geneviève Prat.

Siegfried.   Va-t'en.

Éva *sort par l'escalier qu'elle gravit lentement.*

SCÈNE IV

Geneviève, Siegfried

Geneviève.   C'est Zelten que je viens de croiser, entre ces militaires?   5

Siegfried.   Oui, c'est Zelten.

Geneviève.   On le fusille?

Siegfried.   Rassurez-vous, on le mène au train qui le débarquera dans son vrai royaume.

Geneviève.   Son vrai royaume?   10

Siegfried.   Oui. Au carrefour du boulevard Montmartre et du boulevard Montparnasse.

Geneviève.   C'est bien impossible . . .

Siegfried.   N'en doutez pas . . .

Geneviève.   Je parlais de ces deux boulevards 15 . . . Ils sont parallèles, Monsieur le Conseiller, l'un tout au nord, l'autre tout au sud, et il est peu probable qu'ils forment jamais un carrefour . . . (*Elle s'avance.*) Il faudra que vous veniez un jour à Paris voir quelles rues s'y croisent et s'y décroisent. Pour- 20 quoi m'avez-vous appelée? Pour la leçon?

Siegfried.   La leçon?

Geneviève.   Vous paraissez fatigué . . . Asseyez-vous! . . . Asseyons-nous sur ce banc posé là en face de Gotha comme un banc du Touring . . . Quel 25 ravissant hôtel de ville! Il est de 1574 n'est-ce pas? Comme il paraît plus vieux que le beffroi, qui est de 1575!

Siegfried.   Quelle science!

Geneviève.   Science de fraîche date. C'est depuis 30 hier, depuis que je vous ai vu, que j'ai désiré con-

naître ce pays, son histoire, sa vie, cette ville . . .
J'avais pensé, en échange de mes leçons de français,
vous demander des leçons d'allemand, d'Allemagne?
J'ai l'intention de rester ici, d'étudier, avec un de vos
5 sculpteurs, d'avoir une petite fille allemande pour
modèle, de vous voir souvent, si vous aimez mes visites
. . . Dans quelques mois, si je peux, de vous parler
votre langue . . . Un étranger apprend vite l'allemand?
10   SIEGFRIED.   J'ai mis six mois[20]. . .

> GENEVIÈVE *surprise le regarde. La musique*
> *dans la cour joue l'hymne allemand.*

GENEVIÈVE.   Que joue-t-on là?
SIEGFRIED.   C'est l'hymne allemand.
15   GENEVIÈVE.   On ne se lève pas?
SIEGFRIED.   On se lève . . . Excepté si l'on est à
bout de souffle, vaincu par la vie, ou étranger.

> GENEVIÈVE *se lève.*

Vous vous levez? Vous êtes à ce point victorieuse de
20 la vie?
GENEVIÈVE.   Je salue de confiance l'hymne du pays
de la musique . . . Car je compte aussi faire de la
musique ici, devenir comme chacun de vous musicien,
musicienne . . . Cela s'apprend?
25   SIEGFRIED.   J'ai dû bénéficier d'un forfait général.[21]
Pour cela aussi, j'ai mis six mois . . .

> *Un silence.*

GENEVIÈVE.   Comme le français devient un langage mystérieux, quand un Allemand le parle! Qu'
30 avez-vous? Je vous ai vu passer tout à l'heure au milieu
de la foule. On admirait votre santé, votre force.
SIEGFRIED.   Le nom de Siegfried ne porte décidé-

---

[20] *J'ai mis six mois.* It took me six months.
[21] *J'ai dû bénéficier d'un forfait général.* I must have profited by a
general contract.

ment pas chance, en ce pays, Geneviève. Ce corps plein de santé et de force, c'est celui d'un Allemand qui meurt.

Geneviève, *effrayée.* Qui meurt!

Siegfried. Éva vient de me l'avouer. On m'a 5 trompé. Je ne suis pas Allemand.

Geneviève *se lève.*

Pourquoi vous levez-vous? On ne joue aucun hymne? Au fait, le silence, c'est mon chant national . . . (*Un long silence.*) Quel hymne interminable! 10

Geneviève. Vous souffrez!

Siegfried. C'est un genre de mort qui ne va pas sans souffrance . . . A ceux qui ont une famille, une maison, une mémoire, peut-être est-il possible de re-tirer sans trop de peine leur pays . . . Mais ma 15 famille, ma maison, ma mémoire, c'était l'Allemagne. Derrière moi, pour me séparer du néant, mes in-firmiers n'avaient pu glisser qu'elle, mais ils l'avaient glissée tout entière! Son histoire était ma seule jeunesse. Ses gloires, ses défaites, mes seuls souvenirs. 20 Cela me donnait un passé étincelant, dont je pouvais croire éclairée cette larve informe et opaque qu'était mon enfance . . . Tout cela s'éteint.

Geneviève. Mon cher ami!

Siegfried. Tout cela s'éteint . . . Je n'ai pas 25 peur de la nuit . . . J'ai peur de cet être obscur, qui monte en moi, qui prend ma forme, qui noie aussitôt d'ombre tout ce qui tente de s'agiter encore dans ma pensée . . . Je n'ose pas penser.

Geneviève. Ne restez pas ainsi. Regardez-moi. 30 Levez la tête.

Siegfried. Je n'ose pas remuer. Au premier mou-vement, tout cet édifice que je porte encore en moi s'en ira en poussière . . . Lever la tête? Pour que je voie, sur ces murs, tous ces héros et tous ces paysages de- 35

venir soudain pour moi étrangers et ennemis! Songez, Geneviève, à ce que doit ressentir un enfant de
sept ans quand les grands hommes, les villes, les fleuves
de sa petite histoire lui tournent soudain le dos. Re-
5 gardez-les. Ils me renient.

GENEVIÈVE. Ce n'est pas vrai.

SIEGFRIED. Je ne suis plus Allemand. Comme
c'est simple! Il suffit de tout changer. Mes jours de
victoire ne sont plus Sedan, Sadowa.[22] Mon drapeau
10 n'a plus de raies horizontales. L'Orient et l'Occident
vont permuter sans doute autour de moi . . . Ce que
je croyais les exemples de la loyauté suprême, de l'honneur, va peut-être devenir pour moi la trahison, la
brutalité . . .

15 GENEVIÈVE. La moitié des êtres humains peut
changer sans souffrance de nom et de nation, la moitié
au moins: toutes les femmes . . .

SIEGFRIED. Ce bruit autour de mes oreilles, ce
papillotement, ce n'est rien! ce n'est que soixante mil-
20 lions d'êtres, et leurs millions d'aïeux, et leurs millions
de descendants, qui s'envolent de moi, comme l'a dit
tout à l'heure Zelten. Il suffit que je pense à l'un de ces
grands hommes que j'ai tant chéris pour qu'il parte en
effet de moi à tire d'aile.[23] Ah! Geneviève! Je ne vous
25 dirai pas les deux qui viennent en cette seconde de
m'abandonner.

GENEVIÈVE. S'ils sont vraiment grands, vous les
verrez de votre nouvelle patrie.

SIEGFRIED. Ma nouvelle patrie! Ah! pourquoi
30 Éva ne s'est-elle pas penchée plus près encore sur le
blessé, sur le pauvre poisson à sec que j'étais. Pourquoi
ne m'a-t-elle pas fait répéter ce mot: de l'eau? Pourquoi ne m'a-t-elle pas obligé à le dire, à le redire,

---

[22] *Sedan, Sadowa*, German victories, 19th century.
[23] *à tire d'aile*, at full speed.

même en m'imposant une soif plus cruelle encore,
jusqu'à ce qu'elle ait su quel accent le colorait, et si je
pensais, en le disant, à une mer bleue ou à des torrents,
ou à un lac, même à des marécages! A quelle soif
éternelle Éva m'a condamné en se hâtant ainsi! Je la 5
hais.

Geneviève. Elle a cru bien faire. Vous étiez si
haut à ses yeux. Elle vous a donné ce qu'elle croyait la
plus belle patrie . . . Elle n'avait pas le choix . . .

Siegfried. Je l'ai maintenant . . . Ah! ne partez 10
pas, Geneviève. Ma seule consolation en cette minute
est de ne pas être avec un des amis de cette seconde
existence qu'il va falloir abandonner, d'être avec vous.

Geneviève. D'être avec une inconnue?

Siegfried. Si vous voulez. Tout ce que les autres 15
mettent dans le mot ami, dans le mot parenté, il me
faut bien le mettre dans le mot inconnu. Tout ce que je
connais vacille, s'effondre, mais il y a dans votre présence, dans votre visage, quelque chose qui ne se
dérobe pas.
20
Geneviève. Et vous ne voyez rien dans ce visage
inconnu?

Siegfried. J'y vois une pâleur, un hâle, qui doivent être une grande pitié.

Geneviève. Beaucoup de hâles en effet le recou- 25
vrent, et dont chacun aurait son nom, si je voulais vous
les nommer. Et sous ces hâles, ce que vous voyez, c'est
encore l'inconnu, sans doute?

Siegfried. Que voulez-vous dire, Geneviève?

Geneviève. Vous ne devinez donc pas? Pourquoi 30
Zelten m'a appelée ici, pourquoi depuis hier, depuis
que je vous ai revu, mon cœur à chaque minute
s'élance et se brise, vous ne le devinez donc pas?

Siegfried. Que vous m'avez revu?

Geneviève. Ah! le destin a tort de confier ses 35

secrets à une femme. Je ne puis plus me taire. Advienne que pourra.[24] Ah! ne m'en veuille pas si je sais si peu, moi, ménager mes effets, si je vais te dire à la file les trois phrases qui me brûlent les lèvres depuis que je 5 t'ai vu, et que la peur de ta mort seule a retenues . . .
Il y a peut-être pour elles un ordre à trouver, une gradation, qui les rendrait naturelles, inoffensives, mais lequel? Les voilà, je les dis à la fois: tu es Français, tu es mon fiancé, Jacques, c'est toi.

10   ÉVA, *qui est entrée sur les derniers mots de* GENEVIÈVE, *s'est approchée.*

SCÈNE V

GENEVIÈVE, ÉVA, SIEGFRIED

ÉVA.   Siegfried!

SIEGFRIED *tourne la tête vers elle.*

ÉVA.   C'est moi, Siegfried.

15   SIEGFRIED, *geste de lassitude.*

ÉVA.   Si c'est un crime d'avoir partagé avec toi ma patrie, pardon, Siegfried.

SIEGFRIED, *geste vague.*

ÉVA.   Si c'est un crime d'avoir recueilli un enfant 20 abandonné, qui frissonnait à la porte de l'Allemagne, de l'avoir vêtu de sa douceur, nourri de sa force, pardon.

SIEGFRIED.   Cela va . . . Laisse-moi.

ÉVA.   Tous les droits te donnaient à nous, Sieg-25 fried, l'adoption, l'amitié, la tendresse . . . Deux semaines, j'ai veillé sur toi nuit et jour avant que tu reprennes connaissance . . . Tu ne venais pas d'un autre pays, tu venais du néant . . .

SIEGFRIED.   Ce pays a des charmes.

30   ÉVA.   Si j'avais su que le sort dût te rendre une

---

[24] *Advienne que pourra.* Let what will happen.

patrie, je ne t'aurais pas donné la mienne . . . C'est
hier seulement que j'ai appris la vérité, aujourd'hui
seulement que je t'ai menti. J'ai eu tort. J'aurais dû
tout te révéler moi-même, car cette révélation ne peut
plus rien changer.   5

SIEGFRIED.   Cela va bien, Éva. Adieu.

ÉVA.   Pourquoi adieu? Tu restes avec nous, je
pense?

SIEGFRIED.   Avec vous?

ÉVA.   Tu ne nous quittes pas? Tu ne nous aban- 10
donnes pas?

SIEGFRIED.   Qui, vous?

ÉVA.   Nous tous, Waldorf, Ledinger, les milliers de
jeunes gens qui t'ont escorté tout à l'heure jusqu'ici,
tous ceux qui croient en toi: l'Allemagne.   15

SIEGFRIED.   Laisse-moi, Éva.

ÉVA.   Je n'ai pas l'habitude de te laisser lorsque te
frappe une blessure.

SIEGFRIED.   Où veux-tu en venir?[25]

ÉVA.   A ton vrai cœur, à ta conscience. Écoute- 20
moi. J'ai eu sur toi tout un jour d'avance pour me
reconnaître dans ce brouillard. Tu verras demain
comme tout sera clair en toi. Ton devoir est ici. Depuis
sept ans, pas un souvenir qui soit monté de ton passé,
pas un signe fait par lui, pas une parcelle de ton corps 25
qui ne soit neuve, pas un penchant qui t'ait mené vers
ce que tu avais quitté. Toutes les prescriptions sont
mortes . . . Que dites-vous, Mademoiselle?

GENEVIÈVE.   Moi, je me tais.

ÉVA.   Vous n'en donnez pas l'impression. Votre 30
silence domine nos voix.

GENEVIÈVE.   Chacun se sert de son langage.

ÉVA.   Je vous en supplie. Daignez me regarder.

---

[25] *Où . . . venir?* What are you driving at?

Nous luttons, toutes deux. Cessez de fixer ainsi vos yeux devant vous, sans rien voir.

Geneviève. Chacun ses gestes.

Éva. Pourquoi ce mépris d'une femme qui com-
5 bat pour son pays alors que vous ne combattez que pour vous? Pourquoi vous taisez-vous?

Geneviève. C'est que contre les adversaires que j'ai eus à combattre jusqu'ici, la seule arme était le silence.

10 Éva. C'est que chacune de vos paroles, en cette minute, serait petitesse, égoïsme . . .

Geneviève. Je pensais, aussi, que tout ce que nous pourrions dire, des voix plus hautes le disent à notre ami . . . Mais après tout, peut-être avez-vous raison
15 . . . Voir ce duel livré en dehors de lui, non dans un déchirement de son être, mais entre deux femmes étrangères, c'est peut-être le seul soulagement que nous puissions lui apporter . . . Je puis même vous tendre la main pour qu'il ne se croie pas déchiré par
20 des puissances irréconciliables.

Éva. Je n'irai pas jusque-là. De quel droit êtes-vous ici? Qui vous a appelée à ce pays où vous n'avez que faire?

Geneviève. Un Allemand.

25 Éva. Zelten?

Geneviève. Zelten.

Éva. Zelten est un traître à l'Allemagne. Tu le vois, Siegfried. Ce complot n'avait pas pour but de réparer une erreur du passé mais de t'enlever au pays
30 dont tu es l'espoir, et qui t'a donné ce qu'il n'a pas donné toujours à ses rois, le pouvoir et l'estime.

Siegfried. Tout ce que je me refuse maintenant à moi-même . . . Je vous en prie, laissez-moi, toutes deux . . .

35 Éva. Non, Siegfried.

GENEVIÈVE. Pourquoi, Jacques?

SIEGFRIED. Vous n'auriez pas l'une et l'autre, pour m'appeler, un nom intermédiaire entre Siegfried et Jacques?

ÉVA. Il n'est pas d'intermédiaire entre le devoir et 5 les liens dont cette femme est le symbole.

GENEVIÈVE. Symbole? Une Française suit trop la mode pour être jamais un symbole, pour être plus qu'un corps vibrant, souffrant, vêtu de la dernière robe. D'ailleurs vous vous trompez. Si Jacques avait à 10 choisir entre le devoir et l'amour, il eût choisi depuis longtemps. Il est si facile, comme dans les tragédies, d'enlever au mot devoir les parcelles d'amour qu'il contient, au mot amour les parcelles de devoir dont il déborde, et de faire une pesée décisive mais fausse. 15 Mais Jacques doit choisir entre une vie magnifique qui n'est pas à lui, et un néant qui est le sien. Chacun hésiterait . . .

ÉVA. Il a à choisir entre une patrie dont il est la raison, dont les drapeaux portent son chiffre, qu'il 20 peut contribuer à sauver d'un désarroi mortel, et un pays où son nom n'est plus gravé que sur un marbre, où il est inutile, où son retour ne servira, et pour un jour, qu'aux journaux du matin, où personne, du paysan au chef, ne l'attend . . . N'est-ce pas vrai? 25

GENEVIÈVE. C'est vrai.

ÉVA. Il n'a plus de famille, n'est-ce pas?

GENEVIÈVE. Non.

ÉVA. Il n'avait pas de fils, pas de neveux?

GENEVIÈVE. Non. 30

ÉVA. Il était pauvre? Il n'avait pas de maison à la campagne, pas un pouce du sol français n'était le sien?

GENEVIÈVE. Non.

ÉVA. Où est ton devoir, Siegfried? Soixante mil- 35

lions d'hommes ici t'attendent. Là-bas, n'est-ce pas, personne?

GENEVIÈVE.   Personne.

ÉVA.   Viens, Siegfried . . .

5 GENEVIÈVE.   Si. Quelqu'un l'attend cependant . . . Quelqu'un? c'est beaucoup dire . . . Mais un être vivant l'attend. Un minimum de conscience, un minimum de raisonnement.

ÉVA.   Qui?

10 GENEVIÈVE.   Un chien.

ÉVA.   Un chien?

GENEVIÈVE.   Son chien. En effet, je n'y pensais pas. J'étais ingrate! Ton chien t'attend, Jacques. Tous les autres en effet ont renoncé à toi, tes amis, tes maîtres, 15 tes élèves. Moi-même, je me croyais autorisée à ce re- noncement, parce que j'avais renoncé à ma propre vie. La disparition d'un homme à la guerre, c'est une apothéose, une ascension, c'est une mort sans cadavre qui dispense des enterrements, des plaintes, et même 20 des regrets, car le disparu semble s'être fondu plus vite qu'un squelette dans son sol, dans son air natal, et s'être aussitôt amalgamé à eux . . . Lui n'a pas renoncé. Il t'attend.

ÉVA.   C'est ridicule . . .

25 GENEVIÈVE.   Il est plus ridicule que vous ne pou- vez même le croire: c'est un caniche. Il est blanc, et comme tous les chiens blancs en France, il a nom Black. Mais, Jacques, Black t'attend. Entre tes vête- ments et ce qui reste encore de parfum autour de tes 30 vieux flacons, il t'attend.[26] Je le promène tous les jours. Il te cherche. Parfois dans la terre, c'est vrai, en creu- sant. Mais le plus souvent dans l'air, à la hauteur où l'on trouve les visages des autres hommes. Lui ne croit

---

[26] *Entre . . . attend.* Between your old clothes and such of your old possessions as retain a bit of their odor, he is waiting for you.

pas que tu t'es réintégré secrètement et par atomes à la
nation . . . Il t'attend tout entier.

ÉVA.   Cessez de plaisanter.

GENEVIÈVE.   Oui, je sais. Vous voudriez que je
parle de la France. Vous estimez infamant que je me 5
serve comme appât, pour attirer Siegfried, d'un caniche vivant?

ÉVA.   Nous sommes dans une grande heure, vous
la rabaissez.

GENEVIÈVE.   Pourquoi un pauvre chien sans 10
origine, sans race, me paraît-il aujourd'hui seul qualifié pour personnifier la France, je m'en excuse. Mais
je n'ai pas l'habitude de ces luttes, je ne vois pas autre
chose à dire à Jacques. La grandeur de l'Allemagne, la
grandeur de la France, c'est évidemment un beau 15
sujet d'antithèses et de contrastes. Que les deux seules
nations qui ne soient pas seulement des entreprises de
commerce et de beauté, mais qui aient une notion dif-
férente du bien et du mal, se décident, à défaut de
guerre, à entretenir en un seul homme une lutte 20
minuscule, un corps-à-corps figuré,[27] c'est évidemment un beau drame. Mais celui-là, Jacques, c'est le
drame de demain.

ÉVA.   Peut-on savoir quel est celui d'aujourd'hui?

GENEVIÈVE.   Le drame, Jacques, est aujourd'hui 25
entre cette foule qui t'acclame, et ce chien, si tu veux,
et cette vie sourde qui espère. Je n'ai pas dit la vérité
en disant que lui seul t'attendait . . . Ta lampe
t'attend, les initiales de ton papier à lettres t'attendent, et les arbres de ton boulevard, et ton breuvage, et 30
les costumes démodés que je préservais, je ne sais pourquoi, des mites, dans lesquels enfin tu seras à l'aise.
Ce vêtement invisible que tisse sur un être la façon de
manger, de marcher, de saluer, cet accord divin de

---

[27] *un corps-à-corps figuré*, a metaphorical hand-to-hand conflict.

saveurs, de couleurs, de parfums obtenu par nos sens
d'enfant; c'est là la vraie patrie, c'est là ce que tu ré-
clames . . . Je l'ai vu depuis que je suis ici. Je comprends ton perpétuel malaise. Il y a entre les moi-
5 neaux, les guêpes, les fleurs de ce pays et ceux du tien
une différence de nature imperceptible, mais inaccep-
table pour toi. C'est seulement quand tu retrouveras
tes animaux, tes insectes, tes plantes, ces odeurs qui
diffèrent pour la même fleur dans chaque pays, que tu
10pourras vivre heureux, même avec ta mémoire à vide,
car c'est eux qui en sont la trame. Tout t'attend en
somme en France, excepté les hommes. Ici, à part les
hommes, rien ne te connaît, rien ne te devine.

ÉVA.   Tu peux remettre tes complets démodés,
15Siegfried, tu ne te débarrasseras pas plus qu'un arbre
des sept cercles que tes sept années allemandes ont
passés autour de toi. Celui que le vieil hiver allemand a
gelé sept fois, celui qu'a tiédi sept fois le plus jeune et
le plus vibrant printemps d'Europe, crois-moi, il est
20pour toujours insensible aux sentiments et aux climats
tempérés. Tes habitudes, tu ne les as plus avec les
terrasses de café, mais avec nos hêtres géants, nos cités
combles, avec ce paroxysme des paysages et des passions qui seul donne à l'âme sa plénitude. Je t'en sup-
25plie, ne va pas changer ce cœur sans borne que nous
t'avons donné contre cette machine de précision, ce
réveille-matin qui réveille avant chaque émotion,
contre[28] un cœur de Français!

Musique et acclamations.

30   ÉVA.   Choisis, Siegfried. Ne laisse pas exercer sur
toi ce chantage d'un passé que tu ne connais plus et
où l'on puisera toutes les armes pour t'atteindre,
toutes les flatteries et toutes les dénonciations. Ce
n'est pas un chien que cette femme a placé en appât

---

[28] *contre,* for.

dans la France. C'est toi-même, toi-même en inconnu, ignoré, perdu pour toujours. Ne te sacrifie pas à ton ombre.

GENEVIÈVE. Choisis, Jacques. Vous l'avez vu, j'étais disposée à tout cacher encore, à attendre une oc- 5 casion moins brutale, à attendre des mois. Le sort ne l'a pas voulu. J'attends l'arrêt.

On acclame au dehors. On illumine . . .

ÉVA. Prends garde, Siegfried! Nos amis attendent mon retour. Ils vont venir. Ils vont essayer de te con- 10 traindre, cède à l'amitié. Vois. Écoute. On illumine en ton honneur. On t'acclame. Entends la voix de ce peuple qui t'appelle . . . Entre cette lumière et cette obscurité, que choisis-tu?

SIEGFRIED. Que peut bien choisir un aveugle! 15

RIDEAU

ACTE QUATRIÈME

Gare-frontière, divisée en deux parties par une planche à bagages et un portillon. Gare allemande luxueuse et propre comme une banque. Gare française typique, avec un poële et un guichet de prison.[1] Il fait encore nuit. LE DOUANIER FRANÇAIS *lit un journal.*

SCÈNE I

LE DOUANIER FRANÇAIS, ROBINEAU

ROBINEAU. Il y a du nouveau en France, monsieur le Douanier?

PIETRI. Aujourd'hui, oui . . . Le chef de gare de Bastia est promu à la première classe sur place.[2]

---

[1] *guichet de prison,* prison-like ticket office window.
[2] *sur place,* without transfer.

ROBINEAU.   Je parlais de Paris.

PIETRI.   Non. Pas de nomination à Paris . . . Il
n'a que cinquante-cinq ans. Ce sera un bel exemple de
retraite hors classe.[3]

5 ROBINEAU.   Peut-on savoir le nom de ce héros?

PIETRI.   Pietri, comme moi, mais il a plus de
chance. A seize ans, à la gare de Cannes, il aide une
vieille dame à traverser la voie. C'est la mère de Gambetta.[4] Depuis, il passe au choix.[5] Moi, j'ai eu la
10 déveine de trouver deux toises de dentelles dans la
valise d'une présidente du Sénat.

Il continue à lire.

ROBINEAU.   Monsieur le douanier, pourquoi tous
les douaniers en France sont-ils Corses? . . .

15 PIETRI.   Il n'y a encore que les Corses pour comprendre que la France est une île.

ROBINEAU.   Ça a aussi le grand avantage de par-
fumer à l'ail toute la frontière française . . . C'est
du hareng que vous grillez là?

20 PIETRI.   Non, c'est mon café au lait . . . Si vous
voulez me faire plaisir, cher Monsieur, ne vous
balancez donc pas comme cela sur la ligne idéale.

ROBINEAU.   Sur la ligne idéale?

PIETRI.   Expression technique des douanes. Ça
25 désigne la frontière . . . Vous la voyez bien, cette
ligne en jaune qui coupe la salle et se perd dans le
buffet et les lavatory, c'est la ligne idéale.

ROBINEAU, *s'éloignant.*   C'est dangereux?

PIETRI.   Je vois que vous ne le faites pas exprès,
30 mais toute la journée une bande de maniaques, sans
en avoir l'air, passent leur pied sous le portillon, ou se
mettent à cheval sur la ligne. Un médecin de Berlin

---

[3] *hors classe,* unclassified.
[4] *Gambetta* (1838–1882), French statesman.
[5] *Depuis, il passe au choix.* Since then he has been promoted readily
(without having to wait for seniority).

vient parfois les examiner. Il appelle cela des sadiques.
Je ne vois vraiment pas le plaisir que le sadisme peut
procurer. J'ai été douanier du port de Nice et je vous
assure que je ne m'amusais pas à tremper mes pieds
dans la mer.   5

ROBINEAU. Peut-être n'aimez-vous pas les voyages
sur l'eau.

PIETRI. Sur la terre non plus . . . Tel que vous
me voyez, je ne suis jamais allé en Allemagne . . .
Entrez, puisque vous avez vos papiers, chauffez-vous. 10

ROBINEAU *entre et s'assied près du poêle.* Il ne s'est pas
éteint de la nuit, votre poêle!

PIETRI. Éteint! Ce n'est pas du charbon d'ici. Les
douanes ont les bonnes adresses. Elles le font venir du
Midi. C'est du vrai Carmaux.[6]   15

ROBINEAU. Vous ne préférez pas le chauffage
central, comme ils l'ont mis à côté?

PIETRI. Est-ce que vous le préférez, vous? Est-ce
que vous vous chauffez les mains à leur calorifère? Et
tous les animaux de la gare allemande, le chien du   20
chef, la cigogne du buffet; il ne s'écoule pas d'heure
où je n'aie à leur faire repasser à coup de pied dans le
derrière la ligne idéale[7] . . .

ROBINEAU. Cela fait deux chauffages dans la
même salle. Cela doit intriguer les voyageurs.   25

PIETRI. Les voyageurs sauront que l'Allemagne a
le chauffage central et la France le chauffage individuel. Ça m'étonne qu'ils n'aient pas encore installé,
à côté, le fumage central pour les fumeurs. Je sais que
le réseau intrigue avec l'union des droites[8] et l'ad-   30

---

[6] *Carmaux*, coal from a town of that name in southwestern France.
[7] *il . . . idéale*, there isn't an hour of the day when I don't have to
kick them across the ideal line.
[8] *le réseau . . . droites*, the company is plotting with the parties of the
right.

ministration allemande pour me mettre des radiateurs.
Ce jour-là, je cesse d'être douanier.

Robineau.   Ce serait dommage. Ça doit être intéressant d'être douanier.

5   Pietri.   C'est jusqu'ici le seul moyen connu de
devenir brigadier[9] des douanes . . . Vous êtes dans
l'instruction?

Robineau.   Ça se voit?

Pietri.   Ça se sent. On sent que chez vous la con-
10 trebande est à l'intérieur. Comment avez-vous vos
retraites dans l'instruction?

Robineau.   Nos retraites?

Pietri.   On multiplie le chiffre des années de
service civil par 7 et on retranche le chiffre des an-
15 nées de douane multiplié par 2, comme chez nous?

Robineau.   Non. Dans l'université on multiplie les
années de service militaire par 12 et on divise par le
commun diviseur des années de service civil et de l'âge
total.

20   Pietri.   C'est plus logique . . . Vous prenez le
train de 8 heures.

Robineau.   Je ne sais encore. Je surveille le train
de Gotha. J'attends quelqu'un.

Pietri.   C'est pour patienter que vous avez perdu
25 votre temps à me faire la conversation?

Robineau.   Je n'ai pas perdu mon temps. Vous ne
pouvez savoir quelle force cela m'a redonné d'entendre parler à nouveau de retraite hors classe, de manille,[10] de plat à l'ail. C'est une bouffée d'oxigène pour
30 un organisme français.

Pietri.   Nous n'avons pas parlé de manille.

Robineau.   Si, si. C'était compris dans l'ensemble.
En tout cas, cela m'a donné soif et faim d'entendre
parler d'apéritif.

---

[9] *brigadier*, a higher rank.
[10] *manille*, a card game.

PIETRI. Nous n'avons pas parlé d'apéritif.

ROBINEAU. C'est curieux. J'ai l'impression que nous n'avons parlé que de cela . . . Oui, pour la première fois depuis trois jours, j'ai faim. Faim d'omelette au lard et de poulet rôti. 5

PIETRI, *bougon.* Le buffet allemand est ouvert. Ils ont une spécialité de boulettes de mie de pain au cummin.

LE DOUANIER ALLEMAND *entre et époussète hâtivement une banquette de cuir.* 10

PIETRI. Guten tag, Schumann.

SCHUMANN. Bonchour, Pietri.

PIETRI. Je croyais qu'il était convenu que chacun époussèterait en partant de la ligne idéale vers l'extérieur . . . Tu pourrais garder ta poussière pour 15 ton pays.

SCHUMANN. Excuse.

PIETRI. Quels sont ces deux hommes en manteau qui font les cent pas[11] sur ton quai? . . . Je t'avertis que je les fouille . . . A cause du mois de janvier, 20 tous tes voyageurs m'introduisent des jouets. J'ai pincé, hier encore, sur ta bonne sœur, deux mécanos complets.[12] Je suis sûr qu'ils sont pleins de toupies à vapeur, ces deux individus.

SCHUMANN. Aucune chance . . . Ce sont les deux 25 généraux qui ont pris un train spécial pour arriver avant le train de Gotha . . . Ils attendent quelqu'un . . .

ROBINEAU *voit* LES DEUX GÉNÉRAUX *passer et va rapidement vers le buffet allemand où* 30 *il entre.*

PIETRI. Vous pourriez fermer votre portillon. (*Il éternue.*) Les gens ne se rendent pas compte du courant

---

[11] *qui . . . pas,* who are walking up and down.
[12] *J'ai pincé . . . complets.* I took only yesterday two complete meccano sets from one of your nuns.

d'air que c'est pour un douanier, un portillon de frontière ouvert! . . .

LEDINGER, WALDORF

LES DEUX GÉNÉRAUX *entrent, introduits par* SCHUMANN.

WALDORF.   Il passera ici?

SCHUMANN.   Tous les voyageurs qui vont en
5 France passent ici, Excellence . . . Son train entre
en gare. Vos Excellences ont des ordres?

WALDORF.   Nous repartons pour Gotha par le
premier rapide. Vous retiendrez nos places.

SCHUMANN.   Entendu, Excellence. Deux places?

10   WALDORF.   Non. Trois.

SCHUMANN *sort.*

LEDINGER.   Il est parti déguisé, Waldorf?

WALDORF.   Non. Il a pris un vêtement noir. Son
propre deuil. Cela doit faire assez triste sur la neige.

15   LEDINGER.   Cette femme est avec lui?

WALDORF.   Ils ne se sont pas revus. Elle a disparu
quelques heures avant lui. Il est parti seul, sans
bagages.

LEDINGER.   Il avait déchiré des papiers, m'a-t-on
20 dit?

WALDORF.   Rien d'important. Sa carte d'entrée
gratuite dans les musées allemands, ses permis de
demi-place pour l'opéra et pour le canotage sur les lacs
bavarois. Il y a pas mal de belles choses dans la vie
25 pour lesquelles il va payer maintenant plein tarif.

LEDINGER.   Il n'a laissé aucune lettre?

WALDORF.   Deux. L'une pour le receveur des im-
pôts; il payait ce qu'il devait à la date d'hier. L'autre

pour la ville, il lègue ce qu'il possède à des œuvres.[13]
Un vrai mort, quoi, Ledinger!

LEDINGER, *qui observait par le vitrage.* Voilà le mort!

Ils se lèvent, face à la porte.

SCÈNE III

SIEGFRIED, WALDORF, LEDINGER

SIEGFRIED *entre, aperçoit* LES GÉNÉRAUX, *s'arrête.*

WALDORF. Bonjour, Excellence. 5

SIEGFRIED. Bonjour, Waldorf . . . C'est pour me
dire adieu que vous êtes venu jusqu'ici?

WALDORF. Non, Excellence.

SIEGFRIED. C'est pour me replacer là où l'Allemagne m'a trouvé jadis, dans mon berceau allemand, 10
dans une garc?

WALDORF. Non, Excellence.

SIEGFRIED. C'est pour me retenir, pour me ra-
mener avec vous?

WALDORF. Oui. 15

LEDINGER, *avançant un peu.* Nous venons vous sup-
plier, mon cher Siegfried, de revenir sur votre décision.

SIEGFRIED. J'ai eu à décider de quelque chose?

WALDORF. Du choix de votre patrie. 20

SIEGFRIED. Cette décision avait été prise le jour où
je suis né.

LEDINGER. Vous avez eu deux naissances, Siegfried . . .

SIEGFRIED. Il en est des naissances comme des 25
morts.[14] La première est la bonne.

---

[13] *œuvres*, charities, good works.
[14] *Il . . . morts.* It's the same way with births as with deaths.

LEDINGER.   Le temps presse, Siegfried. Nous nous parlons entre deux trains.

SIEGFRIED.   Justement . . . (LEDINGER *s'approche avec élan de* SIEGFRIED.) Qu'avez-vous, mon cher Le-
5 dinger?

LEDINGER.   Revenez avec nous, mon ami. Vous souffrez. Vous avez maigri. Revenez.

SIEGFRIED.   Oui, j'ai maigri, Ledinger. Mais, autant que de la grandeur de la perte, c'est de la
10 grandeur du cadeau que j'ai souffert ces nuits dernières. Un convalescent, comme moi, aurait plutôt besoin en effet d'une patrie minuscule. Celui qu'on ampute subitement de l'Allemagne et sur lequel on charge la France, il faudrait que les lois de l'équilibre
15 fussent vraiment bouleversées pour qu'il n'en éprouvât aucun trouble.[15] Je vous dirai que j'ai songé, avant-hier, à disparaître, à chercher un asile dans un troisième pays, dans un pays que j'aurais choisi autant que possible sans voisins, sans ennemis, sans inaugura-
20 tions de monuments aux morts, sans morts. Un pays sans guerre passée, sans guerre future . . . Mais plus je le cherchais sur la carte, plus les liens au contraire qui m'attachent aux nations qui souffrent et pâtissent se resserraient, et plus je voyais clairement ma mission.
25 WALDORF.   Je la connais cette mission. C'est la mission des hommes d'État, des créateurs d'État. Elle se résume en un seul mot: servir.

SIEGFRIED.   Belle devise!

WALDORF.   C'est la devise de tous ceux qui aiment
30 commander. On ne commande bien qu'à l'Allemagne.

LEDINGER.   S'il s'agit pour vous de servir, ô notre ami, revenez avec nous. On ne sert bien que l'Allemagne. C'est le seul pays du monde où les fonctions

[15] *pour que . . . trouble,* for him not to be upset, for him to remain unshaken.

d'obéissance, de respect, de discipline aient encore la
fougue de leur jeunesse. La moindre indication donne
à notre patrie des puissances neuves et cette virginité
cruelle qui justifie déchaînements et sacrifices. Toute
nourriture d'État profite à l'Allemagne comme la phos- 5
phatine à un enfant géant. Que le serviteur de l'État
chez nous dise un seul mot, et nos fleuves, au lieu de
courir vers le Nord, deviennent de bienfaisants ca-
naux, traversent de biais[16] l'Allemagne, et soixante
millions de visages se tournent vers l'Orient ou vers 10
l'Occident, et de nouvelles nations de l'honneur et du
déshonneur surgissent. Abandonner le service de
l'Allemagne pour celui d'un autre peuple, c'est,
quand vous êtes laboureur, renoncer à la terre où les
plantes poussent en un jour pour celle où elles ne fleu-15
rissent que tous les cent ans. Si vous aimez les fruits,
ne renoncez pas à elle, et surtout pour servir la
France.

SIEGFRIED.   Il est difficile de servir la France?

LEDINGER.   Pour celui qui aime modeler l'âme 20
d'un pays, pétrir son avenir, impossible.

SIEGFRIED.   Pourquoi, Ledinger?

LEDINGER.   La France possède cette particularité
d'avoir un destin si net que seuls des esprits chi-
mériques peuvent s'imaginer la conduire, et des esprits 25
hypocrites le laisser croire à son peuple. C'est le seul
pays du monde dont l'avenir semble toujours stricte-
ment égal à son passé. Le sens de ses institutions, de
ses fleuves, de sa race est depuis si longtemps trouvé
que les commandements de la patrie ne sont plus 30
donnés aux Français par les voix de leurs chefs, mais
par des voix intérieures, comme de vrais commandements. Qu'iriez-vous faire dans ce pays qui ne comporte plus que des améliorations de détail à son chauf-

---

[16] *de biais*, diagonally.

fage central ou à ses lois d'hygiène? Ses artisans servent la France, ses écrivains, ses ingénieurs, ses py-
rograveurs. Ses miniaturistes la servent, car on ne
peut plus la servir qu'en l'ornant, fût-ce sur un centi-
5 mètre carré. Mais cette succession annuelle ou men-
suelle de gouvernements, presque rituelle, vous prouve
que ses meilleurs hommes d'État aiment borner leur
ambition à faire, alternativement, les extras d'un
pilote invisible et silencieux.

10   SIEGFRIED. Je ne pensais pas à de si hauts devoirs en
prononçant le mot mission. Je pensais seulement que la
seule unité de cette existence hachée a été de ne jamais
me dérober, ni aux appels qui viennent de l'ombre ni
à ceux qui viennent de la lumière. De quel droit me
15 déroberais-je à cette parenté nouvelle? En quoi pouvez-vous souffrir, si je vais, bien silencieusement, je
vous assure, d'une main anonyme et aveugle, reconnaître le visage de mon passé? Si mon oreille est soudain curieuse d'apprendre quel est le bruit des trains
20 sous les ponts, le cri des enfants, le silence nocturne de
mon ancien pays? Ce voyage que les descendants
d'émigrants s'imposent, après des siècles, entre l'Amé-
rique et leur village natal, pourquoi, à dix années
d'écart,[17] n'aurais-je pas le droit de l'entreprendre?
25 Je ne vous abandonne pas. Je ne vous fuis pas. Dans
cette Europe que le gel recouvre d'un uniforme, je
veux savoir quel était le gel et la neige de mon enfance.
La ville est calme pour longtemps. Un autre peut
remplir mon office. Je pars.

30   WALDORF. C'est votre dernier mot, Excellence?
     SIEGFRIED. C'est mon dernier mot d'Excellence.

                                        Un silence.

     WALDORF. Soit, Siegfried . . . Il faut bien que
nous nous inclinions. Mais en revanche je crois que

---

[17] *à dix années d'écart,* after a lapse of ten years.

nous devons exiger de vous un sacrifice . . . Puis-je parler?

SIEGFRIED *fait un geste affirmatif.*

WALDORF.   Vous voilà adossé à une autre frontière. Mais les Allemands vous croient encore au centre de l'Allemagne. Nos postes sont combles de lettres qui vous cherchent. Chaque cœur allemand contient votre nom comme son noyau. Nous pensons qu'il serait criminel de détruire votre propre tâche en disant à ce peuple, qui vous a donné sa foi, que vous n'existez plus pour lui, que vous l'avez abandonné.

SIEGFRIED.   Je comprends. Vous préférez lui dire que je n'existe plus?

WALDORF.   Ne serait-il pas plus utile et plus beau que vous disparaissiez pour le peuple allemand comme vous lui êtes né? Craignez de changer en stupeur, peut-être en un scandale néfaste aux deux pays, l'amour que nous tous avons pour vous. Il suffirait que nous attestions, Ledinger et moi, vous avoir vu blessé l'autre nuit auprès du quartier incendié, et tomber dans les flammes.

SIEGFRIED.   C'est votre avis, Ledinger?

LEDINGER.   Oui, Excellence.

SIEGFRIED.   Cela ne surprendra personne? Le remède n'est pas pire que le mal?

LEDINGER.   Certes non! A aucun événement les hommes ne sont plus préparés qu'à la mort de leurs grands hommes. Que le camarade avec lequel ils mangèrent la veille du saucisson ait pu quitter la vie, cela dépasse leur imagination. Mais la mort de leur grand savant, de leur grand général est pour ceux qui l'aiment une preuve de son caractère divin et insaisissable, et pour les envieux une flatterie.

SIEGFRIED.   Je déteste flatter. Siegfried vivra.

LEDINGER.   Croyez Waldorf, Excellence, il a rai-

son. Je pencherais seulement pour un autre genre de mort qui ne lie pas trop étroitement votre nom à la politique. La gloire de Siegfried doit être au-dessus des partis. Je pencherais pour une mort accidentelle,
5 une chute dans la rivière, ou plutôt dans l'un de ces lacs si transparents et où pourtant rien ne se retrouve.

SIEGFRIED. Vous êtes généreux, mes amis. Vous m'offrez une mort glorieuse. J'ai le choix. Je peux mourir à la façon des phénix, dans le feu, dans le feu
10 d'un bazar de luxe. Je peux mourir à la façon de nos héros romantiques, dans ces étangs d'ailleurs gelés où Ledinger me pousse de ses sympathiques mains . . . Une mort, avec prime, avec une prime rarement réservée aux morts, la vie . . . Je n'accepte pas. Un
15 monument en pied à Munich pour Siegfried, une colonne brisée à Paris pour Forestier. Je serais trop inutile entre ces deux cadavres.

LEDINGER. Vous préféreriez vivre entre deux ombres?
20 SIEGFRIED. Je vivrai, simplement. Siegfried et Forestier vivront côte à côte. Je tâcherai de porter, honorablement, les deux noms et les deux sorts que m'a donnés le hasard. Une vie humaine n'est pas un ver. Il ne suffit pas de la trancher en deux pour que
25 chaque part devienne une parfaite existence. Il n'est pas de souffrances si contraires, d'expériences si ennemies qu'elles ne puissent se fondre un jour en une seule vie, car le cœur de l'homme est encore le plus puissant creuset. Peut-être, avant longtemps, cette
30 mémoire échappée, ces patries trouvées et perdues, cette inconscience et cette conscience dont je souffre et jouis également, formeront un tissu logique et une existence simple. Il serait excessif que dans une âme humaine, où cohabitent les vices et les vertus des plus
35 contraires, seul le mot «allemand» et le mot «français»

se refusent à composer.[18] Je me refuse, moi à creuser
des tranchées à l'intérieur de moi-même. Je ne rentre-
rai pas en France comme le dernier prisonnier relâché
des prisons allemandes, mais comme le premier béné-
ficiaire d'une science nouvelle, ou d'un cœur nouveau 5
. . . Adieu. Votre train siffle. Siegfried et Forestier
vous disent adieu.

WALDORF. Adieu, Siegfried. Bonne chance. Mais
il nous est dur de voir celui qui voulait ruiner l'Allemagne et celui qui l'a sauvée prendre le même train, 10
à un jour d'intervalle et gagner le même refuge.

SIEGFRIED. Je suis le moins à plaindre, Waldorf,
ma terre d'exil est ma patrie.

LEDINGER. Adieu, Siegfried. Bonne chance. Songez à ce masque que portent tous les Français, qui les 15
préserve de respirer les gaz délétères de l'Europe, mais
qui obstrue souvent et leur respiration et leur vie.

SIEGFRIED. Je serai le Français au visage nu. Cela
fera pendant à l'Allemand sans mémoire.

LES GÉNÉRAUX *s'inclinent et sortent.* 20

SCÈNE IV

SIEGFRIED, ROBINEAU

ROBINEAU *entre par la gare allemande.*

ROBINEAU. Monsieur Forestier.

SIEGFRIED *sursaute.*

SIEGFRIED. Excusez-moi. C'est la première fois
que je m'entends appeler, par ce nom.

ROBINEAU. Vous me reconnaissez? 25

SIEGFRIED. Votre français canadien va me nuire
tout à l'heure dans ce train, Monsieur Robineau . . .
Que faites-vous dans cette gare, seul comme moi?

---

[18] *composer,* to adjust themselves.

ROBINEAU. Je ne suis pas seul.

Silence.

Elle est là, dans la salle d'attente . . . Jamais le
mot attente n'a eu son sens aussi plein . . . Quand
5 j'aperçois son visage à travers la vitre, au-dessous de
l'inscription, j'en ai le cœur serré . . . C'est notre
avantage, à nous philologues, de voir quand les mots
sont gonflés de leur beauté natale. Auprès de Geneviève, c'est le cas pour le mot attente, en ce moment,
10 et pour deux autres mots d'ailleurs.

SIEGFRIED. Lesquels?

ROBINEAU. Le mot dévouement, d'abord, et puis
un autre mot que je prononce assez mal.

SIEGFRIED. Quel mot?

15 ROBINEAU. Je vous envoie Geneviève, Forestier.

Il sort.

SCÈNE V

SIEGFRIED, PIETRI, *puis* GENEVIÈVE

Resté seul, SIEGFRIED *avance machinalement vers le côté
français, et traverse sans s'en rendre compte le portillon.*
LE DOUANIER *installé derrière le guichet l'interpelle.*

PIETRI. Eh, là-bas!

SIEGFRIED. Vous m'appelez?

PIETRI. Qu'est-ce que vous faites là?

20 SIEGFRIED. Comment, là?

PIETRI. Qu'est-ce que vous faites en France?

SIEGFRIED. Ah! en France . . .

PIETRI. Vous voyez bien la ligne jaune sous le
portillon, c'est la frontière.

25 SIEGFRIED. Je l'ai passée?

PIETRI. Oui . . . Repassez-là!

SIEGFRIED. J'entre en France justement. J'ai mes papiers.

PIETRI. On entre en France à 7 h. 34, et il est 7 h. 16.

> *Avant de sortir par le portillon,* SIEGFRIED *fait* 5
> *une caresse à la chaleur du poêle.*

PIETRI, *adouci.* C'est pour vous chauffer ou pour entrer en France que vous étiez venu dans ma salle?

SIEGFRIED. Pourquoi?

PIETRI. Vous pouvez vous chauffer par-dessus la 10 planche; ça m'est égal que vos mains soient en France.

SIEGFRIED. Merci.

> SIEGFRIED *se chauffe les mains, accoudé à la*
> *planche, l'œil attiré par le paysage d'en face*
> *que l'aube éclaire.*   15

SIEGFRIED. C'est la première ville française qu'on voit là?

PIETRI. Oui, c'est le village.

SIEGFRIED. Il est grand?

PIETRI. Comme tous les villages. 831 habitants. 20

SIEGFRIED. Comment s'appelle-t-il?

PIETRI. Comme tous les villages. Blancmesnil-sur-Audinet.

SIEGFRIED. La belle église! La jolie maison blanche! 25

> GENEVIÈVE *est sortie du buffet allemand. Elle*
> *est dos au village. Elle n'essaye pas de le*
> *voir.*

GENEVIÈVE. C'est la mairie.

> SIEGFRIED *se retourne, et la regarde, étonné.* 30

PIETRI. Vous connaissez le village, Mademoiselle?

GENEVIÈVE. Et à mi-flanc de la colline, ce chalet de briques entre des ifs, avec marquise et vérandah, c'est le château.

PIETRI. Vous êtes d'ici? 35

Geneviève. Et au bout de l'allée des tilleuls, c'est la statue. La statue de Louis XV ou de Louis XIV.

Pietri. Erreur. De Louis Blanc.[19]

Geneviève. Et cet échafaudage dans le coin du
5 champ de foire, c'est sur lui que les pompiers font l'exercice, le premier dimanche du mois. Leur clairon sonne faux.

Pietri. Vous connaissez Blancmesnil mieux que moi, Mademoiselle.

10 Geneviève. Non. Je ne connais pas Blancmesnil. Je ne l'ai jamais vu . . . Je connais ma race. (*Sonnerie.*) C'est le train?

Le Douanier. Non, c'est l'appel pour les gros bagages . . . Suivez-moi.

15 Geneviève. Nous n'avons pas de gros bagages.

Le Douanier. Vous les avez envoyés d'avance?

Geneviève. Oui, sept ans d'avance.

Pietri. Sept ans? Alors ça ne regarde plus la douane. Ça regarde la consigne.

20 *Il sort.*

SCÈNE VI

Siegfried, Geneviève

Siegfried. Que faites-vous dans cette gare, Geneviève?

Geneviève. Je cherche quelqu'un, Jacques.

Siegfried. Celui que vous cherchez n'est pas ici.

25 Geneviève. Ne croyez pas cela. Il est là quand j'y suis . . . Vous paraissez surpris de me trouver aujourd'hui si peu lugubre, presque gaie . . . C'est que cet être que vous dites invisible, muet, je le vois, je l'entends . . .

30 Siegfried. Pourquoi m'avoir suivi?

[19] *Louis Blanc*, French socialist of the middle of the 19th century.

GENEVIÈVE. Depuis avant-hier je vous suis, Jacques. J'avais pris une chambre en face de votre chambre. Je vous ai vu de ma fenêtre toute la nuit. Vous n'avez guère dormi.

SIEGFRIED. Jacques a dormi. Siegfried a veillé. 5

GENEVIÈVE. Vous êtes resté au balcon jusqu'à l'aube. C'était imprudent par ce froid. Je n'ai pas osé vous faire signe de rentrer. J'ai pensé que vous vous entreteniez avec quelqu'un d'invisible, avec quelque chose muette, avec la nuit allemande, peut-être? 10

SIEGFRIED. Je me croyais seul avec elle.

GENEVIÈVE. Eh bien, non, j'ai tout vu. Quand la neige est tombée, vous êtes resté la. Vous étiez tout blanc. Vous étendiez vers elle votre main, votre main couverte d'elle. Regarder la nuit, caresser la neige, 15 c'est une étrange façon de dire adieu à l'Allemagne.

SIEGFRIED. C'est pourtant l'adieu qui m'a le plus coûté. C'est de cette neige, qui recouvre des continents, de ces étoiles, indivises pour l'Europe, de ce torrent, à voix aussi latine que germaine que me 20 venaient les suprêmes appels de ce pays. Sur toute cette étendue, où les morts et les vivants étaient pareillement couchés et dont seules les statues trouaient le linceul, il régnait une allure des vents, une ronde des reflets, une conscience nocturne dont je ne pouvais me 25 détacher. Les grands hommes d'un pays, son histoire, ses mœurs, c'est presque un langage commun aux peuples, tandis que l'angle d'incidence sur lui des rayons de la lune, c'est un bien que nul ne peut lui ravir. Si bien que lorsque la nuit a pâli, hier matin, 30 c'était mon passé qui pâlissait, il me semblait que j'avais pris mon vrai congé et que j'étais prêt.

GENEVIÈVE. Vous me soulagez, Jacques. Je craignais tellement dans votre cœur une confrontation plus terrible! Je voyais lutter en vous chaque gloire de votre 35

patrie passagère et de votre patrie retrouvée. Je m'étais
juré le silence. Passer des armes en sous-main[20] à un
duelliste, fût-il Bayard[21] ou Napoléon, m'eût répugné.
Mais s'il s'agit pour elles d'un duel entre aubes et
5 crépuscules, d'un concours entre torrents et lunes,
je suis déliée de tout scrupule.

SIEGFRIED.   Pourquoi m'avoir suivi?

GENEVIÈVE.   Pourquoi m'avoir fuie, Jacques? Vous
ne pensiez pas que je pourrais vous laisser rentrer en
10 France sans vous rendre tout ce que j'ai de vous, toute
cette consigne[22] de souvenirs, d'habitudes que j'ai
gardée fidèlement, et vous laisser aller en aveugle dans
votre nouvelle vie. Siegfried est sauf. Occupons-nous
un peu de Forestier. C'est lui qu'il faut refaire mainte-
15 nant. Confiez-vous à moi. Je sais tout de vous. Jacques
était très bavard.

SIEGFRIED.   Vous entreprenez une tâche bien
longue.

GENEVIÈVE.   Bien longue? Nous avons dix minutes.
20 C'est plus qu'il n'en faut pour que je vous rende, au
seuil de votre existence neuve, toutes vos vertus ori-
ginelles.

SIEGFRIED.   Et les défauts?

GENEVIÈVE.   Ceux-là reviendront sans moi. Il
25 suffira que vous viviez avec quelqu'un que vous
aimiez . . . Non, je ne veux pas que si un douanier
français vous arrête, un douanier curieux qui vous
demande si vous êtes courageux, si vous êtes prodigue,
quels sont vos plats préférés, vous ne puissiez lui ré-
30 pondre. Cet air gauche que vous avez, celui d'un
cavalier sur une monture dont il ne connaît pas les
manies, il doit disparaître dès aujourd'hui. Appro-

---

[20] *en sous-main*, underhandedly.
[21] *Bayard*, a famous French soldier of the 16th century.
[22] *consigne*, deposit.

chez, Jacques. Je vais vous délier de tous ces secrets que vous ne compreniez pas. (*Elle s'assied sur le banc et l'attire.*) Approchez. Rien de Jacques n'a changé. Chacun de vos cils a miraculeusement tenu au bord de vos paupières. Vos lèvres avaient déjà de mon temps, 5 avant de goûter à tous les maux, ce pli doux et amer, donné d'ailleurs par les plaisirs. Tout ce que tu crois sur toi la trace du malheur, c'est peut-être à la joie que tu le dois. Cette cicatrice que tu portes au front, ce n'est pas la marque de la guerre, mais d'une chute de 10 bicyclette dans une partie de campagne.[23] Jusqu'à tes gestes sont aussi plus anciens que tu ne crois. Si tes mains s'élèvent parfois à ton cou, c'est que tu portais autrefois une régate et tu tirais à chaque instant sur elle. Et ne crois pas que ton clignement de l'œil vienne 15 de tes souffrances, de tes doutes: tu l'avais pris, à porter un monocle, malgré mes avis. J'ai acheté une cravate hier, avant de quitter Gotha. Tu vas la mettre.

SIEGFRIED. Le douanier nous regarde.

GENEVIÈVE. Tu étais hardi, courageux, mais tu 20 as toujours eu peur des douaniers qui regardent, des voisins qui écoutent. Ce n'est pas l'Allemagne qui t'a rendu aussi prudent et méfiant. Quand tu me conduisais en canot sur la Marne et que nous divaguions sans fin, il suffisait du chapeau d'un pêcheur pour te 25 faire ramer en silence.

SIEGFRIED. Ramer? Je sais ramer?

GENEVIÈVE. Tu sais ramer, tu sais nager, tu plonges. Je t'ai vu plonger une minute entière! Tu ne revenais pas. Quel siècle d'attente! Tu vois, je te rends 30 déjà un élément. Toutes les rivières que nous allons rencontrer en chemin, tu auras déjà avec elles ton assurance d'autrefois. C'est avec toi que j'ai vu la mer pour la première fois. L'as-tu revue?

[23] *partie de campagne*, excursion to the country.

SIEGFRIED. Non.

GENEVIÈVE. Et les montagnes! Tu ne saurais t'imaginer comme tu gravis facilement les montagnes. A chaque rocher, tu me déchargeais d'un fardeau,
5 d'un vêtement. Tu arrives à leur sommet avec des sacs à main, des ombrelles, et moi presque nue.

Un silence.

SIEGFRIED. Où vous ai-je recontrée?

GENEVIÈVE. Au coin d'une rue, près d'un fleuve.

10 SIEGFRIED. Il pleuvait sans doute? Je vous ai offert un parapluie, Geneviève, comme on fait à Paris?

GENEVIÈVE. Il faisait beau. Il faisait un soleil incomparable. Tu as pensé peut-être que j'avais besoin d'être protégée contre ce ciel inhumain, ces rayons,
15 cette beauté. Je t'ai acceptě pour compagnon. Nous allions le long de la Seine. A chaque minute de cette journée, je t'ai découvert comme tu te découvres toi-même aujourd'hui. Je savais, le soir, quels sont tes musiciens, tes vins, tes auteurs, qui tu avais aimé déjà.
20 Je te dirai cela aussi, si tu le désires. Le lendemain, nous avons fait une autre promenade, presque la même, mais dans ton automobile. Je me préparais à faire cette promenade toute ma vie, à une vitesse chaque jour décuplée.

25 SIEGFRIED. Mon automobile? Je sais conduire?

GENEVIÈVE. Tu sais conduire. Tu sais danser. Que ne sais-tu pas? Tu sais être heureux.

Un silence.

SIEGFRIED. Je vous aimais?

30 GENEVIÈVE. Toi seul l'as su. Je comptais sur ton retour pour lè savoir moi-même.

Un silence.

SIEGFRIED. Nous étions seulement fiancés, Geneviève?

35 GENEVIÈVE. Non, amànts. (*Un silence.*) Tu sais être

cruel. Tu sais tromper. Tu sais mentir. Tu sais combler
une âme d'un mot. Tu sais d'un mot éteindre une
journée d'espoir. Pas de dons trop particuliers pour un
homme, tu vois. Tu sais, même avec ta mémoire,
oublier . . . Tu sais trahir. 5

Il va vers elle.

SIEGFRIED.   Je sais te prendre ainsi?

GENEVIÈVE.   Le douanier nous écoute. C'est cela,
tire ta régate . . .

SIEGFRIED.   Je sais te serrer dans mes bras? 10

GENEVIÈVE.   Ah! Jacques. Dans le pays de l'amour
ou de l'amitié, cet élan que tu sens au fond de toi vers
l'avenir, c'est là le vrai passé. Viens vers cette patrie,
sans condition et sans scrupule.

SIEGFRIED.   Je savais te plaire, te parler? 15

GENEVIÈVE.   Tu me parlais de mon passé à moi.
Tu en étais jaloux. Tu ne me croyais pas. J'étais le
Forestier d'alors.

Un silence.

SIEGFRIED, *qui tient toujours* GENEVIÈVE.   Qui es-tu, 20
Geneviève?

GENEVIÈVE.   Tu dis, Jacques?

SIEGFRIED.   Qui es-tu . . . Pourquoi souris-tu?

GENEVIÈVE.   Je souris?

SIEGFRIED.   Pourquoi ces larmes? 25

GENEVIÈVE.   Parce que Jacques reviendra. J'en
suis sûre maintenant. Qui je suis? Ton démon a donc
enfin lâché sa propre piste pour celle d'une autre . . .
Tu es sauvé . . . Un passé? Ah! Jacques, n'en cherche plus pour nous deux. N'en avons-nous pas un 30
nouveau? Il n'a que trois jours, mais heureux ceux qui
ont un passé tout neuf. Ce passé de trois jours a déjà
fait disparaître pour moi celui de dix années. C'est
dans lui que chacune de mes pensées va chercher
maintenant sa joie ou sa tristesse . . . Te souviens-tu, 35

dans la pension, quand tu es arrivé vers moi, claquant les talons pour te présenter? Tu mets du fer, pour qu'ils claquent ainsi, ou les Allemands ont-ils d'eux-mêmes ce son d'acier? Comme cela est loin, mais comme je le
5 vois! Tu avais tiré de ta pochette un beau mouchoir saumon et vert pour plaire à cette Canadienne. Veux-tu prétendre que tu as oublié tout cela?

SIEGFRIED. Non. Je me souviens.

GENEVIÈVE. Te souviens-tu de notre leçon, de ta
10 méchanceté à propos de la neige, de ta cruelle ironie à propos de ma robe de fermière?

SIEGFRIED. Je me souviens. Tu avais mis un chapeau gris perle avec un ruban gris souris, pour plaire à cet Allemand.

15 GENEVIÈVE. Lui plaisais-je?

SIEGFRIED. Te souviens-tu de mon retour subit avant l'émeute, de nos adieux, de ce parapluie que je revenais chercher contre l'inquiétude, le désespoir? Comme il a plu, Geneviève!

20 GENEVIÈVE. Quel grand feu de bois nous allumerons, ce soir, pour nous sécher! (*Sonnerie*).

SIEGFRIED. Voici le train. Passons . . . Passe la première, Geneviève.

GENEVIÈVE. Pas encore . . .

25 SIEGFRIED. Mais c'est le signal allemand pour fermer les portières.

GENEVIÈVE. C'est le signal français pour accrocher le cheval blanc à la plaque tournante . . . J'ai à te dire un mot.

30 SIEGFRIED. Tu le diras là-bas . . .

GENEVIÈVE. Non. C'est de ce côté-ci de la ligne idéale que je dois te le dire . . . Te souviens-tu, toi qui te souviens de tout, que jamais je ne t'ai appelé par ton nom allemand?

35 SIEGFRIED. Mon nom allemand?

GENEVIÈVE. Oui. Je me suis juré de ne jamais le prononcer. Un supplice ne l'arracherait pas de ma bouche . . .

SIEGFRIED. Tu avais tort. C'est un beau nom. Alors? 5

GENEVIÈVE. Alors? Approche . . . Laisse ce portillon . . .

SIEGFRIED. Me voilà . . .

GENEVIÈVE. Tu m'entends, Jacques?

SIEGFRIED. Jacques t'entend. 10

GENEVIÈVE. Siegfried! . . .

SIEGFRIED. Pourquoi Siegfried?

GENEVIÈVE. Siegfried, je t'aime!

RIDEAU

APPENDICE

(A la reprise, la variante suivante a été apportée au cours du deuxième acte.)

ACTE DEUXIÈME

SCÈNE IV

Fontgeloy, Éva, Geneviève

Éva.   La guerre? Il ne s'agit pas de guerre, Fontgeloy. Une simple manifestation, mais qui peut être grave.

Fontgeloy.   Les communistes?

Éva.   Non. Zelten.

Geneviève.   Zelten!

Éva.   Vous connaissez en effet Zelten, Madame.

Fontgeloy.   Madame, bien qu'étrangère, a eu le privilège de rencontrer hier ici, dans la même heure, les deux faces de l'Allemagne, Zelten, et Siegfried.

Éva.   L'une est brave, Madame. L'autre est un masque.

Fontgeloy.   C'est ce que j'ai tenté d'expliquer à Madame. Je crois qu'elle sera finalement de notre avis. Mais quel danger présentent ces démonstrations de cocaïnomanes et de cubistes?

Éva.   A quatre heures commence au Parlement le débat sur notre lien avec l'Empire. Zelten a entouré le bâtiment de ses partisans, comblé la salle de ses amis, et je sais par Muck qu'il va provoquer Siegfried à une discussion qui doit se terminer, a-t-il dit lui-même, par un magnifique coup de théâtre. Ce coup de théâtre, je crois que tous trois ici nous le devinons.

Fontgeloy.   Empêchons Siegfried de donner dans le piège.

Éva. Quel piège? Voilà deux jours aurais-je vu moi-même un piège dans cette affaire? Sans les rencontres de Zelten et de Robineau aurions-nous soupçonné la vérité? Siegfried se réjouit d'être enfin face à Zelten qui toujours s'était dérobé. Jamais je ne l'ai vu aussi confiant et aussi joyeux. Il a relu les notes de ce discours sur l'Allemagne et l'Allemand, préparé avec tant de passion, et maintenant il doit être parti.

Fontgeloy. Retenons-le, à tout prix. J'expliquais à Mademoiselle Prat les dangers d'une révélation même la plus douce, même la plus secrète; fièvre chaude d'un cerveau encore trop sensible, suicide, acte criminel aussi d'un camarade déçu. Que sera-ce, si la révélation est publique. Ne peut-on du moins prévenir Zelten, par la force, s'il le faut?

Éva. Savez-vous où il est?

Fontgeloy. Je sais où il doit être jusqu'à 3 heures. Mais il est 3 heures moins dix. J'ai en bas une auto et deux hommes. Je pars.

Éva. Je pars avec vous. Je possède sur la vie de Zelten quelques secrets qui peuvent aussi me permettre de le convaincre . . . Vous nous excusez, Madame?

Geneviève. Je vous excuse.

Éva. Vous nous approuvez aussi peut-être?

Geneviève. Peut-être . . .

Éva. Il se peut que Zelten nous échappe. Si de votre côté vous avez quelque moyen personnel de le joindre, de le persuader de se taire, ou de remettre ses paroles à un avenir plus calme, j'ai l'impression que vous sauverez d'un grand malheur un pays, et peut-être un homme . . . Mais hâtez-vous . . .

Anouilh

* *

ONE of the distinguished playwrights to emerge during the last fifteen years is Jean Anouilh. Born in 1910 at Bordeaux, educated in Paris at the *collège* Chaptal and at the law school of the University, he made his dramatic début in 1932 with a grim tale of murder entitled *L'Hermine*. This was followed by *Mandarine* (1933), *La Sauvage* (1934), and *Y avait un prisonnier* (1935). Of these four early plays, two, *Mandarine* and *Y avait un prisonnier*, were apparently considered by the author as mere *coups d'essai* and were not published. Since then he has produced half a score of plays which he divides into two categories: «*pièces noires*» and «*pièces roses.*» The former include, in addition to *L'Hermine*, *Jézabel* (written the same year as *L'Hermine*, but unproduced), and *La Sauvage*, *Eurydice* (both in 1941), *Antigone* (1942), *Romeo et Jeannette* (1945), and *Médée* (1946); the latter, *Le Bal des voleurs* (1932), *Le Rendez-vous de Senlis* (1937) and *Léocadia* (1939). To these must be added a comedy, *L'Invitation au château*, successfully performed in Paris during the season of 1947–1948 and a tragicomedy, *Ardèle*, one of the hits of 1948–1949.

In his serious plays Anouilh emphasizes certain important themes such as the antagonism that may exist between an individual and his *milieu;* the frustration of love by the accidents or complications of life; the threat offered to present happiness by past experience; the demoralizing effect of poverty and wealth on human character and the capacity of a few to remain uncorrupted by either; the conflict between conscience and authority, between principle and expediency. These themes are not new but Anouilh presents them with considerable originality in vigorously conceived characters for whom we may feel admiration, scorn, or even hate, but never indifference.

In *Antigone*, his most successful and celebrated play, Anouilh (as in *Eurydice* and *Médée*) has turned back to ancient Greece for his theme. In so doing he has followed in others' footsteps for the Greek legends have been extraordinarily popular in France during the last three decades. Cocteau, Giraudoux, and the existentialist Sartre have all utilized them. Like these authors Anouilh was undoubtedly attracted to the Greek myths by their obvious symbolic significance. In Antigone Sophocles created a symbol of devotion to conscience and to principle and set her in conflict with Creon who represented not only the power of the state, but also human pride and arrogance. Already in the Greek original, Antigone refuses to let Creon, an ephemeral sovereign, dictate to her conscience and deter her from what she believes to be her duty:

> "Nor did I deem thine edicts of such force
> That they, a mortal's bidding, should o'erride
> Unwritten laws, eternal in the heavens."

Anouilh has taken this theme and in many ways brought it up to date. It was of particular poignancy in Paris when the play was first produced in February 1944. To the French audience of that year Antigone may well have symbolized the spirit of democratic freedom in conflict with the German invader, although in the view of some critics her decision is more a nihilistic rejection of life itself than an affirmation of a positive faith. In any case the play has more than momentary and passing interest. It raises a question which will always be with us. As an American critic puts it: "By what gods do we live and how much will we sacrifice for them?"

Antigone was produced in New York City (1946) by Miss Katharine Cornell (who played the title rôle) in an adaptation by Lewis Galantière. Both this English version and the French original are performed in modern dress.

ANTIGONE

PAR

Jean Anouilh

✳ ✳

Antigone *a été créée le 4 février 1944 au théâtre de l'Atelier, dans une mise en scène d'Andrè Barsacq.*

PERSONNAGES

ANTIGONE[1]	CRÉON
ISMÈNE[2]	HÉMON
LA NOURRICE	LE CHŒUR
	LE GARDE
	LE MESSAGER
	LES GARDES

---

[1] *Antigone*, the daughter of Œdipus and Jocasta. According to the old Greek myth, Œdipus, on learning the truth about his tragic marriage, tore out his eyes, and allowed himself to be driven into exile from his kingdom of Thebes, accompanied only by his daughter Antigone who remained with him till his death. Meanwhile Œdipus' sons, Eteocles and Polynices, agreed to reign in alternate years. Eteocles was the first to be king, but at the end of the year he refused to give up his throne to his brother. Polynices then fled to Argos where he raised an army and led it against Thebes. In the ensuing war the brothers died, each by the other's hand. Créon, brother of Jocasta and uncle of Antigone, then assumed the throne. He ordered that the body of Eteocles should be interred with appropriate honors, but that the corpse of Polynices should remain unburied. Sophocles and Anouilh both based their tragedies on this story.

[2] *Ismène*, the sister of Antigone.

Un décor neutre. Trois portes semblables. Au lever du rideau,
tous les Personnages *sont en scène. Ils bavardent, tricotent,*
jouent aux cartes. Le Prologue[3] *se détache et s'avance.*

Le Prologue.   Voilà. Ces personnages vont vous
jouer l'histoire d'Antigone. Antigone, c'est la petite
maigre qui est assise là-bas, et qui ne dit rien. Elle regarde droit devant elle. Elle pense. Elle pense qu'elle
5 va être Antigone tout à l'heure, qu'elle va surgir soudain de la maigre jeune fille noiraude et renfermée que
personne ne prenait au sérieux dans la famille et se
dresser seule en face du monde, seule en face de Créon,
son oncle, qui est le roi. Elle pense qu'elle va mourir,
10 qu'elle est jeune et qu'elle aussi, elle aurait bien aimé
vivre. Mais il n'y a rien à faire. Elle s'appelle Antigone
et il va falloir qu'elle joue son rôle jusqu'au bout . . .
Et, depuis que ce rideau s'est levé, elle sent qu'elle
s'éloigne à une vitesse vertigineuse de sa sœur Ismène,
15 qui bavarde et rit avec un jeune homme, de nous tous,
qui sommes là bien tranquilles à la regarder, de nous
qui n'avons pas à mourir ce soir.
    Le jeune homme avec qui parle la blonde, la belle,
l'heureuse Ismène, c'est Hémon, le fils de Créon. Il
20 est le fiancé d'Antigone. Tout le portait vers Ismène:
son goût de la danse et des jeux, son goût du bonheur
et de la réussite, sa sensualité aussi, car Ismène est bien
plus belle qu'Antigone, et puis un soir, un soir de bal
où il n'avait dansé qu'avec Ismène, un soir où Ismène
25 avait été éblouissante dans sa nouvelle robe, il a été
trouver. Antigone qui rêvait dans un coin, comme en
ce moment, ses bras entourant ses genoux, et il lui a

---

[3] *Le Prologue.* Invented by Thespis (6th century B.C.), the founder of
Attic tragedy. See A. E. Haigh, *The Tragic Drama of the Greeks*, pp.
31, 350–352.

demandé d'être sa femme. Personne n'a jamais compris pourquoi. Antigone a levé sans étonnement ses
yeux graves sur lui et elle lui a dit «oui» avec un petit
sourire triste . . . L'orchestre attaquait une nouvelle
danse, Ismène riait aux éclats, là-bas, au milieu des 5
autres garçons, et voilà, maintenant, lui, il allait être
le mari d'Antigone. Il ne savait pas qu'il ne devait jamais exister de mari d'Antigone sur cette terre et que
ce titre princier lui donnait seulement le droit de
mourir.
10

Cet homme robuste, aux cheveux blancs, qui médite
là, près de son page, c'est Créon. C'est le roi. Il a des
rides, il est fatigué. Il joue au jeu difficile de conduire
les hommes. Avant, du temps d'Œdipe, quand il
n'était que le premier personnage de la cour, il aimait 15
la musique, les belles reliures, les longues flâneries
chez les petits antiquaires de Thèbes. Mais Œdipe et
ses fils sont morts. Il a laissé ses livres, ses objets, il a
retroussé ses manches et il a pris leur place.

Quelquefois, le soir, il est fatigué, et il se demande 20
s'il n'est pas vain de conduire les hommes. Si cela n'est
pas un office sordide qu'on doit laisser à d'autres, plus
frustes . . . Et puis, au matin, des problèmes précis
se posent, qu'il faut résoudre, et il se lève, tranquille,
comme un ouvrier au seuil de sa journée.
25

La vieille dame qui tricote, à côté de la nourrice qui
a élevé les deux petites, c'est Eurydice, la femme de
Créon. Elle tricotera pendant toute la tragédie jusqu'à
ce que son tour vienne de se lever et de mourir. Elle
est bonne, digne, aimante. Elle ne lui est d'aucun se- 30
cours. Créon est seul. Seul avec son petit page qui est
trop petit et qui ne peut rien non plus pour lui.

Ce garçon pâle, là-bas, au fond, qui rêve adossé au
mur, solitaire, c'est le Messager. C'est lui qui viendra

annoncer la mort d'Hémon tout à l'heure. C'est pour
cela qu'il n'a pas envie de bavarder ni de se mêler aux
autres. Il sait déjà . . .

　　Enfin les trois hommes rougeauds qui jouent aux
5 cartes, leur chapeau sur la nuque, ce sont les gardes.
Ce ne sont pas de mauvais bougres, ils ont des femmes,
des enfants, et des petits ennuis comme tout le monde,
mais ils vous empoigneront les accusés[4] le plus tranquillement du monde tout à l'heure. Ils sentent l'ail,
10 le cuir et le vin rouge et ils sont dépourvus de toute
imagination. Ce sont les auxiliaires toujours innocents
et toujours satisfaits d'eux-mêmes, de la justice. Pour le
moment, jusqu'à ce qu'un nouveau chef de Thèbes
dûment mandaté leur ordonne de l'arrêter à son tour,
15 ce sont les auxiliaires de la justice de Créon.

　　Et maintenant que vous les connaissez tous, ils vont
pouvoir vous jouer leur histoire. Elle commence au
moment où les deux fils d'Œdipe, Étéocle et Polynice,
qui devaient régner sur Thèbes un an chacun à tour
20 de rôle, se sont battus et entre-tués sous les murs de la
ville, Étéocle l'aîné, au terme de la première année de
pouvoir ayant refusé de céder la place à son frère.
Sept grands princes étrangers que Polynice avait gagnés à sa cause ont été défaits devant les sept portes de
25 Thèbes. Maintenant la ville est sauvée, les deux frères
ennemis sont morts et Créon, le roi, a ordonné qu'à
Étéocle, le bon frère, il serait fait d'imposantes funérailles, mais que Polynice, le vaurien, le révolté,[5]
le voyou, serait laissé sans pleurs et sans sépulture, la
30 proie des corbeaux et des chacals. Quiconque osera

---

　　[4] *ils vous empoigneront les accusés*, they will collar the accused, as you
will see. *Vous* is an example of the ethical dative, a survival of a Latin
construction.
　　[5] *le révolté*. Polynices is condemned for having attacked his native
city. To be left exposed without proper burial was a fate viewed with
special horror by the Greeks.

lui rendre les devoirs funèbres sera impitoyablement
puni de mort.

> *Pendant que* Le Prologue *parlait* les Per-
> sonnages *sont sortis un à un.* Le Prolo-
> gue *disparaît aussi.* 5
> *L'éclairage s'est modifié sur la scène. C'est
> maintenant une aube grise et livide dans une
> maison qui dort.*
> Antigone *entr'ouvre la porte et rentre de
> l'extérieur sur la pointe de ses pieds nus, ses* 10
> *souliers à la main. Elle reste un instant im-
> mobile à écouter.*
> La Nourrice *surgit.*

La Nourrice.   D'où viens-tu?

Antigone.   De me promener, nourrice. C'était 15
beau. Tout était gris. Maintenant, tu ne peux pas
savoir, tout est déjà rose, jaune, vert. C'est devenu une
carte postale. Il faut te lever plus tôt, nourrice, si tu
veux voir un monde sans couleurs.

> *Elle va passer* 20

La Nourrice.   Je me lève quand il fait encore noir,
je vais à ta chambre pour voir si tu ne t'es pas découverte en dormant et je ne te trouve plus dans ton
lit!

Antigone.   Le jardin dormait encore. Je l'ai sur- 25
pris, nourrice. Je l'ai vu sans qu'il s'en doute. C'est
beau un jardin qui ne pense pas encore aux hommes.

La Nourrice.   Tu es sortie. J'ai été à la porte du
fond, tu l'avais laissée entre-bâillée.

Antigone.   Dans les champs c'était tout mouillé et 30
cela attendait. Tout attendait. Je faisais un bruit
énorme toute seule sur la route et j'étais gênée parce
que je savais bien que ce n'était pas moi qu'on attendait. Alors j'ai enlevé mes sandales et je me suis glissée
dans la campagne sans qu'elle s'en aperçoive . . .   35

LA NOURRICE.   Il va falloir te laver les pieds avant de te remettre au lit.

ANTIGONE.   Je ne me recoucherai pas ce matin.

LA NOURRICE.   A quatre heures! Il n'était pas
5 quatre heures! Je me lève pour voir si elle n'était pas découverte. Je trouve son lit froid et personne dedans.

ANTIGONE.   Tu crois que si on se levait comme cela tous les matins, ce serait tous les matins, aussi beau, nourrice, d'être la première fille dehors?

10   LA NOURRICE.   La nuit! C'était la nuit? Et tu veux me faire croire que tu as été te promener, menteuse! D'où viens-tu?

ANTIGONE *a un étrange sourire.*   C'est vrai, c'était encore la nuit. Et il n'y avait que moi dans toute la
15 campagne à penser que c'était le matin. C'est merveilleux, nourrice. J'ai cru au jour la première aujourd'hui.[6]

LA NOURRICE.   Fais la folle![7] Fais la folle! Je la connais, la chanson. J'ai été fille avant toi. Et pas com-
20 mode non plus, mais dure tête comme toi, non. D'où viens-tu, mauvaise?

ANTIGONE, *soudain grave.*   Non. Pas mauvaise.

LA NOURRICE.   Tu avais un rendezvous, hein? Dis non, peut-être.

25   ANTIGONE, *doucement.*   Oui. J'avais un rendez-vous.

LA NOURRICE.   Tu as un amoureux?

ANTIGONE, *étrangement, après un silence.*   Oui, nourrice, oui, le pauvre. J'ai un amoureux.

LA NOURRICE *éclate.*   Ah! c'est du joli! c'est du
30 propré![8] Toi, la fille d'un roi! Donnez-vous du mal; donnez-vous du mal pour les élever! Elles sont toutes

---

[6] *J'ai cru . . . aujourd'hui.* I was the first to believe today in its existence.

[7] *Fais la folle!* Pretend to be mad! Play the part of a mad girl!

[8] *c'est du propre!* that's a fine thing!

les mêmes. Tu n'étais pourtant pas comme les autres, toi, à t'attifer toujours devant la glace, à te mettre du rouge aux lèvres, à chercher à ce qu'on te remarque. Combien de fois je me suis dit: «Mon Dieu, cette petite, elle n'est pas assez coquette! Toujours avec la même robe et mal peignée. Les garçons ne verront qu'Ismène avec ses bouclettes et ses rubans et ils me la laisseront sur les bras.» Hé bien, tu vois, tu étais comme ta sœur, et pire encore, hypocrite! Qui est-ce? Un voyou, hein, peut-être? Un garçon que tu ne peux pas dire à ta famille: «Voilà, c'est lui que j'aime, je veux l'épouser.» C'est ça, hein, c'est ça? Réponds donc, fanfaronne!

ANTIGONE *a encore un sourire imperceptible.* Oui, nourrice.

LA NOURRICE. Et elle dit oui! Miséricorde! Je l'ai eue toute gamine; j'ai promis à sa pauvre mère que j'en ferais une honnête[9] fille, et voilà! Mais ça ne va pas se passer comme ça, ma petite. Je ne suis que ta nourrice et tu me traites comme une vieille bête, bon! mais ton oncle, ton oncle Créon saura. Je te le promets!

ANTIGONE, *soudain un peu lasse.* Oui, nourrice, mon oncle Créon saura. Laisse-moi maintenant.

LA NOURRICE. Et tu verras ce qu'il dira quand il apprendra que tu te lèves la nuit. Et Hémon? Et ton fiancé? Car elle est fiancée! Elle est fiancée et à quatre heures du matin elle quitte son lit pour aller courir avec un autre. Et ça[10] vous répond qu'on la laisse, ça voudrait qu'on ne dise rien. Tu sais ce que je devrais faire? Te battre comme lorsque tu étais petite.

---

[9] *honnête,* virtuous.
[10] *ça.* Contemptuous in meaning. Translate: A girl like that *or* such a creature.

ANTIGONE.   Nounou,[11] tu ne devrais pas trop crier.
Tu ne devrais pas être trop méchante ce matin.

LA NOURRICE.   Pas crier! Je ne dois pas crier par-
dessus le marché![12] Moi qui avais promis à ta mère
5 . . . Qu'est-ce qu'elle me dirait si elle était là?
«Vieille bête, oui, vieille bête, qui n'as pas su me la
garder pure, ma petite. Toujours à crier, à faire le
chien de garde, à leur tourner autour avec des lainages pour qu'elles ne prennent pas froid ou des laits de
10 poules[13] pour les rendre fortes; mais à quatre heures
du matin tu dors, vieille bête, tu dors, toi qui ne peux
pas fermer l'œil, et tu les laisses filer, marmotte,[14] et
quand tu arrives le lit est froid!» Voilà ce qu'elle me
dira ta mère, là-haut quand j'y monterai, et moi
15 j'aurai honte, honte à en mourir si je n'étais pas déjà
morte, et je ne pourrai que baisser la tête et répondre:
«Madame Jocaste, c'est vrai.»

ANTIGONE.   Non, nourrice. Ne pleure plus. Tu
pourras regarder maman bien en face, quand tu iras
20 la retrouver. Et elle te dira: «Bonjour, nounou, merci
pour la petite Antigone. Tu as bien pris soin d'elle.»
Elle sait pourquoi je suis sortie ce matin.

LA NOURRICE.   Tu n'as pas d'amoureux?

ANTIGONE.   Non, nounou.

25 LA NOURRICE.   Tu te moques de moi, alors? Tu
vois, je suis trop vieille. Tu étais ma préférée, malgré
ton sale[15] caractère. Ta sœur était plus douce, mais je
croyais que c'était toi qui m'aimais. Si tu m'aimais tu
m'aurais dit la vérité. Pourquoi ton lit était-il froid
30 quand je suis venue te border?

ANTIGONE.   Ne pleure plus, s'il te plaît, nounou.

---

[11] *Nounou*, a child's expression for "nurse." *Cf.*, *nanny* in England.
[12] *par-dessus le marché*, to boot, on top of everything.
[13] *laits de poule*, eggnogs (non-alcoholic).
[14] *marmotte*, idiot.
[15] *sale*, difficult.

(*Elle l'embrasse*). Allons, ma vieille bonne pomme rouge.[16] Tu sais quand je te frottais pour que tu brilles? Ma vieille pomme toute ridée. Ne laisse pas couler tes larmes dans toutes les petites rigoles, pour des bêtises comme cela—pour rien. Je suis pure, je n'ai pas d'au- 5 tre amoureux qu'Hémon, mon fiancé, je te le jure. Je peux même te jurer, si tu veux, que je n'aurai jamais d'autre amoureux . . . Garde tes larmes, garde tes larmes; tu en auras peut-être besoin encore, nounou. Quand tu pleures comme cela, je redeviens petite 10 . . . Et il ne faut pas que je sois petite ce matin.

Entre ISMÈNE.

ISMÈNE.   Tu es déjà levée? Je viens de ta chambre.

ANTIGONE.   Oui, je suis déjà levée.

LA NOURRICE.   Toutes les deux alors! . . . Toutes 15 les deux vous allez devenir folles et vous lever avant les servantes? Vous croyez que c'est bon d'être debout le matin à jeun, que c'est convenable pour des prin- cesses? Vous n'êtes seulement pas couvertes. Vous allez voir que vous allez encore me prendre mal.[17] 20

ANTIGONE.   Laisse-nous, nourrice. Il ne fait pas froid, je t'assure; c'est déjà l'été. Va nous faire du café. (*Elle s'est assise soudain fatiguée*) Je voudrais bien un peu de café,[18] s'il te plaît, nounou. Cela me ferait du bien.

LA NOURRICE.   Ma colombe! La tête lui tourne 25 d'être sans rien et je suis là comme une idiote au lieu de lui donner quelque chose de chaud.

Elle sort vite.

ISMÈNE.   Tu es malade?

ANTIGONE.   Ce n'est rien. Un peu de fatigue. (*Elle* 30 *sourit*) C'est parce que je me suis levée tôt.

---

[16] *ma . . . rouge*, my good old red apple (an affectionate expression).
[17] *me prendre mal*, to get sick on me.
[18] *de café*, one of Anouilh's deliberate anachronisms in this play. There are others.

ISMÈNE. Moi non plus je n'ai pas dormi.

ANTIGONE *sourit encore.* Il faut que tu dormes. Tu serais moins belle demain.

ISMÈNE. Ne te moque pas.

5 ANTIGONE. Je ne me moque pas. Cela me rassure ce matin, que tu sois belle. Quand j'étais petite, j'étais si malheureuse, tu te souviens? Je te barbouillais de terre, je te mettais des vers dans le cou. Une fois je t'ai attachée à un arbre et je t'ai coupé tes cheveux, tes

10 beaux cheveux . . . (*Elle caresse les cheveux d'*ISMÈNE) Comme cela doit être facile de ne pas penser de bêtises avec toutes ces belles mèches lisses et bien ordonnées autour de la tête!

ISMÈNE, *soudain.* Pourquoi parles-tu d'autre chose?

15 ANTIGONE, *doucement, sans cesser de lui caresser les cheveux.* Je ne parle pas d'autre chose . . .

ISMÈNE. Tu sais, j'ai bien pensé, Antigone.

ANTIGONE. Oui.

ISMÈNE. J'ai bien pensé toute la nuit. Tu es folle.

20 ANTIGONE. Oui.

ISMÈNE. Nous ne pouvons pas.

ANTIGONE, *après un silence, de sa petite voix.* Pourquoi?

ISMÈNE. Il nous ferait mourir.

25 ANTIGONE. Bien sûr. A chacun son rôle. Lui, il doit nous faire mourir, et nous, nous devons aller enterrer notre frère. C'est comme cela que ç'a été distribué. Qu'est-ce que tu veux que nous y fassions?

ISMÈNE. Je ne veux pas mourir.

30 ANTIGONE, *doucement.* Moi aussi j'aurais bien voulu ne pas mourir.

ISMÈNE. Écoute, j'ai bien réfléchi toute la nuit. Je suis l'aînée. Je réfléchis plus que toi. Toi, c'est ce qui te passe par la tête tout de suite, et tant pis si c'est

35 une bêtise. Moi, je suis plus pondérée. Je réfléchis.

ANTIGONE. Il y a des fois où il ne faut pas trop réfléchir.

ISMÈNE. Si, Antigone. D'abord c'est horrible, bien sûr, et j'ai pitié moi aussi de mon frère, mais je comprends un peu notre oncle. 5

ANTIGONE. Moi je ne veux pas comprendre un peu.

ISMÈNE. Il est le roi, il faut qu'il donne l'exemple.

ANTIGONE. Moi, je ne suis pas le roi. Il ne faut pas que je donne l'exemple, moi . . . Ce qui lui passe 10 par la tête, la petite Antigone, la sale bête, l'entêtée, la mauvaise, et puis on la met dans un coin ou dans un trou. Et c'est bien fait pour elle. Elle n'avait qu'à ne pas désobéir!

ISMÈNE. Allez! Allez! . . . Tes sourcils joints, ton 15 regard droit devant toi et te voilà lancée sans écouter personne. Écoute-moi. J'ai raison plus souvent que toi.

ANTIGONE. Je ne veux pas avoir raison.

ISMÈNE. Essaie de comprendre au moins!

ANTIGONE. Comprendre . . . Vous n'avez que 20 ce mot-là dans la bouche, tous, depuis que je suis toute petite. Il fallait comprendre qu'on ne peut pas toucher à l'eau, à la belle eau fuyante et froide parce que cela mouille les dalles, à la terre parce que cela tache les robes. Il fallait comprendre qu'on ne doit pas manger 25 tout à la fois, donner tout ce qu'on a dans ses poches au mendiant qu'on rencontre, courir, courir dans le vent jusqu'à ce qu'on tombe par terre et boire quand on a chaud et se baigner quand il est trop tôt ou trop tard, mais pas juste quand on en a envie! Comprendre. 30 Toujours comprendre. Moi, je ne veux pas comprendre. Je comprendrai quand je serai vieille. (*Elle achève doucement*) Si je deviens vieille. Pas maintenant.

ISMÈNE. Il est plus fort que nous, Antigone. Il est le roi. Et ils pensent tous comme lui dans la ville. Ils 35 sont des milliers et des milliers autour de nous, grouillant dans toutes les rues de Thèbes.

ANTIGONE.   Je ne t'écoute pas.

ISMÈNE.   Ils nous hueront. Ils nous prendront avec
5 leurs mille bras, leurs mille visages et leur unique regard. Ils nous cracheront à la figure. Et il faudra avancer dans leur haine sur la charrette avec leur odeur et leurs rires jusqu'au supplice. Et là il y aura les gardes avec leurs têtes d'imbéciles, congestionnées sur leurs
10 cols raides, leurs grosses mains lavées, leur regard de bœuf—qu'on sent qu'on pourra toujours crier, essayer de leur faire comprendre, qu'ils vont comme des nègres et qu'ils feront tout ce qu'on leur a dit scrupuleusement, sans savoir si c'est bien ou mal . . . Et souffrir?
15 Il faudra souffrir, sentir que la douleur monte, qu'elle est arrivée au point où l'on ne peut plus la supporter; qu'il faudrait qu'elle s'arrête, mais qu'elle continue pourtant et monte encore, comme une voix aiguë . . . Oh! je ne peux pas, je ne peux pas . . .

20   ANTIGONE.   Comme tu as bien tout pensé!

ISMÈNE.   Toute la nuit. Pas toi?

ANTIGONE.   Si, bien sûr.

ISMÈNE.   Moi, tu sais, je ne suis pas très courageuse.

ANTIGONE, *doucement*.   Moi non plus. Mais qu'est-ce
25 que cela fait?

Il y a un silence, ISMÈNE *demande soudain:*

ISMÈNE.   Tu n'as donc pas envie de vivre, toi?

ANTIGONE *murmure*.   Pas envie de vivre . . . (*Et
plus doucement encore si c'est possible*) Qui se levait la pre-
30 mière, le matin, rien que pour sentir l'air froid sur sa peau nue? Qui se couchait la dernière seulement quand elle n'en pouvait plus[19] de fatigue, pour vivre encore un peu de la nuit? Qui pleurait déjà toute petite, en pensant qu'il y avait tant de petites bêtes, tant de brins

---

[19] *n'en pouvait plus,* was exhausted.

d'herbe dans le pré et qu'on ne pouvait pas tous les prendre?

Ismène *a un élan soudain vers elle.* Ma petite sœur . . .

Antigone *se redresse et crie.* Ah, non! Laisse-moi! 5 Ne me caresse pas! Ne nous mettons pas à pleurnicher ensemble, maintenant. Tu as bien réfléchi, tu dis? Tu penses que toute la ville hurlante contre toi, tu penses que la douleur et la peur de mourir c'est assez?

Ismène *baisse la tête.* Oui. 10

Antigone. Sers-toi de ces prétextes.

Ismène *se jette contre elle.* Antigone! Je t'en supplie! C'est bon pour les hommes de croire aux idées et de mourir pour elles. Toi tu es une fille.

Antigone, *les dents serrées.* Une fille, oui. Ai-je 15 assez pleuré d'être une fille!

Ismène. Ton bonheur est là devant toi et tu n'as qu'à le prendre. Tu es fiancée, tu es jeune, tu es belle . . .

Antigone, *sourdement.* Non, je ne suis pas belle. 20

Ismène. Pas belle comme nous, mais autrement. Tu sais bien que c'est sur toi que se retournent les petits - voyous dans la rue; que c'est toi que les petites filles regardent passer, soudain muettes sans pouvoir te quitter des yeux jusqu'à ce que tu aies tourné le coin. 25

Antigone *a un petit sourire imperceptible.* Des voyous, des petites filles . . .

Ismène, *après un temps.* Et Hémon, Antigone?

Antigone, *fermée.* Je parlerai tout à l'heure a Hémon: Hémon sera tout à l'heure une affaire réglée. 30

Ismène. Tu es folle.

Antigone *sourit.* Tu m'as toujours dit que j'étais folle, pour tout, depuis toujours. Va te recoucher, Ismène . . . Il fait jour maintenant, tu vois, et, de toute façon, je ne pourrais rien faire. Mon frère mort 35

est maintenant entouré d'une garde exactement
comme s'il avait réussi à se faire roi. Va te recoucher.
Tu es toute pâle de fatigue.

ISMÈNE.   Et toi?

5   ANTIGONE.   Je n'ai pas envie de dormir . . .
Mais je te promets que je ne bougerai pas d'ici avant
ton réveil. Nourrice va m'apporter à manger. Va
dormir encore. Le soleil se lève seulement. Tu as les
yeux tout petits de sommeil. Va . . .

10   ISMÈNE.   Je te convaincrai, n'est-ce pas? Je te convaincrai? Tu me laisseras te parler encore?

ANTIGONE, *un peu lasse.*   Je te laisserai me parler,
oui. Je vous laisserai tous me parler. Va dormir maintenant, je t'en prie. Tu serais moins belle demain.

15 (*Elle la regarde sortir avec un petit sourire triste, puis elle
tombe soudain lasse sur une chaise.*) Pauvre Ismène! . . .

LA NOURRICE *entre.*   Tiens, te voilà un bon café et
des tartines, mon pigeon. Mange.

ANTIGONE.   Je n'ai pas très faim, nourrice.

20   LA NOURRICE.   Je te les ai grillées moi-même et
beurrées comme tu les aimes.

ANTIGONE.   Tu es gentille, nounou. Je vais seulement boire un peu.

LA NOURRICE.   Où as-tu mal?

25   ANTIGONE.   Nulle part, nounou. Mais fais-moi
tout de même bien chaud comme lorsque j'étais malade . . . Nounou plus forte que la fièvre, nounou
plus forte que le cauchemar, plus forte que l'ombre
de l'armoire qui ricane et se transforme d'heure en

30 heure sur le mur, plus forte que les mille insectes du
silence qui rongent quelque chose, quelque part dans
la nuit, plus forte que la nuit elle-même avec son
hululement de folle qu'on n'entend pas; nounou plus
forte que la mort. Donne-moi ta main comme lorsque

35 tu restais à côté de mon lit.

LA NOURRICE. Qu'est-ce que tu as, ma petite colombe?

ANTIGONE. Rien, nounou. Je suis seulement encore un peu petite pour tout cela. Mais il n'y a que toi qui dois le savoir. 5

LA NOURRICE. Trop petite pourquoi, ma mésange?

ANTIGONE. Pour rien, nounou. Et puis, tu es là. Je tiens ta bonne main rugueuse qui sauve de tout, toujours, je le sais bien. Peut-être qu'elle va me sauver encore. Tu es si puissante, nounou. 10

LA NOURRICE. Qu'est-ce que tu veux que je fasse pour toi, ma tourterelle?

ANTIGONE. Rien, nounou. Seulement ta main comme cela sur ma joue. (*Elle reste un moment les yeux fermés*) Voilà, je n'ai plus peur. Ni du méchant ogre, ni 15 du marchand de sable,[20] ni de Taoutaou[21] qui passe et emmène les enfants . . . (*Un silence encore, elle continue d'un autre ton*) Nounou, tu sais, Douce, ma chienne . . .

LA NOURRICE. Oui.

ANTIGONE. Tu vas me promettre que tu ne la 20 gronderas plus jamais.

LA NOURRICE. Une bête qui salit tout avec ses pattes! Ça ne devrait pas entrer dans les maisons!

ANTIGONE. Même si elle salit tout. Promets, nourrice. 25

LA NOURRICE. Alors il faudra que je la laisse tout abîmer sans rien dire?

ANTIGONE. Oui, nounou.

LA NOURRICE. Ah! ça serait un peu fort!

ANTIGONE. S'il te plaît, nounou. Tu l'aimes bien, 30 Douce, avec sa bonne grosse tête. Et puis, au fond, tu aimes bien frotter aussi. Tu serais très malheureuse si

---

[20] *marchand de sable*, sandman.
[21] *Taoutaou.* The meaning is clear from the text—obviously a bogyman, an evil demon or dwarf whose origin we have not discovered.

tout restait propre toujours. Alors je te le demande: ne la gronde pas.

LA NOURRICE.   Et si elle pisse sur mes tapis?

ANTIGONE.   Promets que tu ne la gronderas tout de
5 même pas. Je t'en prie, dis, je t'en prie, nounou . . .

LA NOURRICE.   Tu profites de ce que tu câlines
. . . C'est bon. C'est bon. On essuiera sans rien dire.
Tu me fais tourner en bourrique.[22]

ANTIGONE.   Et puis, promets-moi aussi que tu lui
10 parleras, que tu lui parleras souvent.

LA NOURRICE *hausse les épaules.*   A-t-on vu ça?
Parler aux bêtes!

ANTIGONE.   Et justement pas comme à une bête.
Comme à une vraie personne, comme tu m'entends
15 faire . . .

LA NOURRICE.   Ah, ça non! A mon âge, faire
l'idiote! Mais pourquoi veux-tu que toute la maison
lui parle comme toi, à cette bête?

ANTIGONE, *doucement.*   Si moi, pour une raison ou
20 pour une autre, je ne pouvais plus lui parler . . .

LA NOURRICE, *qui ne comprend pas.*   Plus lui parler,
plus lui parler? Pourquoi?

ANTIGONE *détourne un peu la tête et puis elle ajoute, la
voix dure.*   Et puis, si elle était trop triste, si elle avait
25 trop l'air d'attendre tout de même,—le nez sous la
porte comme lorsque je suis sortie,—il vaudrait peut-
être mieux la faire tuer, nounou, sans qu'elle ait mal.

LA NOURRICE.   La faire tuer, ma mignonne? Faire
tuer ta chienne? Mais tu es folle ce matin!

30 ANTIGONE.   Non, nounou. (HÉMON *paraît*) Voilà
Hémon. Laisse-nous, nourrice. Et n'oublie pas ce que
tu m'as juré.

LA NOURRICE *sort.*

---

[22] *Tu . . . bourrique.* You are driving me crazy.

ANTIGONE *court à* HÉMON.   Pardon, Hémon, pour notre dispute d'hier soir et pour tout. C'est moi qui avais tort. Je te prie de me pardonner.

HÉMON.   Tu sais bien que je t'avais pardonné, à peine avais-tu claqué la porte. Ton parfum était en- 5 core là et je t'avais déjà pardonné. (*Il la tient dans ses bras, il sourit, il la regarde.*) A qui l'avais-tu volé, ce parfum?

ANTIGONE.   A Ismène.

HÉMON.   Et le rouge à lèvres, la poudre, la belle 10 robe?

ANTIGONE.   Aussi.

HÉMON.   En quel honneur t'étais-tu faite si belle?

ANTIGONE.   Je te dirai. (*Elle se serre contre lui un peu plus fort.*) Oh! mon chéri, comme j'ai été bête! Tout un 15 soir gaspillé. Un beau soir.

HÉMON.   Nous aurons d'autres soirs, Antigone.

ANTIGONE.   Peut-être pas.

HÉMON.   Et d'autres disputes aussi. C'est plein de disputes un bonheur.   20

ANTIGONE.   Un bonheur, oui . . . Écoute, Hémon.

HÉMON.   Oui.

ANTIGONE.   Ne ris pas ce matin. Sois grave.   25

HÉMON.   Je suis grave.

ANTIGONE.   Et serre-moi. Plus fort que tu ne m'as jamais serrée. Que toute ta force s'imprime dans moi.

HÉMON.   Là. De toute ma force.

ANTIGONE, *dans un souffle.*   C'est bon. (*Ils restent un* 30 *instant sans rien dire, puis elle commence doucement.*) Écoute, Hémon.

HÉMON.   Oui.

ANTIGONE.   Je voulais te dire ce matin . . . Le petit garçon que nous aurions eu tous les deux . . .   35

HÉMON.   Oui.

ANTIGONE.   Tu sais, je l'aurais bien défendu contre tout.

HÉMON.   Oui, Antigone.

ANTIGONE.   Oh! je l'aurais serré si fort qu'il
5 n'aurait jamais eu peur, je te le jure. Ni du soir qui vient, ni de l'angoisse du plein soleil immobile, ni des ombres . . . Notre petit garçon, Hémon! Il aurait eu une maman toute petite et mal peignée—mais plus sûre que toutes les vraies mères du monde avec leurs
10 vraies poitrines et leurs grands tabliers. Tu le crois, n'est-ce pas, toi?

HÉMON.   Oui, mon amour.

ANTIGONE.   Et tu crois aussi, n'est-ce pas, que toi, tu aurais eu une vraie femme?

15 HÉMON *la tient.*   J'ai une vraie femme.

ANTIGONE *crie soudain, blottie contre lui.*   Oh! tu m'aimais, Hémon, tu m'aimais, tu en es bien sûr, ce soir-là?

HÉMON *la berce doucement.*   Quel soir?

20 ANTIGONE.   Tu es bien sûr qu'à ce bal où tu es venu me chercher dans mon coin, tu ne t'es pas trompé de jeune fille?[23] Tu es sûr que tu n'as jamais regretté depuis, jamais pensé, même tout au fond de toi, même une fois, que tu aurais plutôt dû demander Ismène?

25 HÉMON.   Idiote!

ANTIGONE.   Tu m'aimes, n'est-ce pas? Tu m'aimes comme une femme? Tes bras qui me serrent ne mentent pas? Tes grandes mains posées sur mon dos ne mentent pas, ni ton odeur, ni ce bon chaud, ni cette
30 grande confiance qui m'inonde quand j'ai la tête au creux de ton cou?

HÉMON.   Oui, Antigone, je t'aime comme une femme.

---

[23] *tu . . . jeune fille?* you didn't choose the wrong girl?

ANTIGONE. Je suis noire et maigre. Ismène est rose et dorée comme un fruit.

HÉMON *murmure*. Antigone . . .

ANTIGONE. Oh! Je suis toute rouge de honte. Mais il faut que je sache ce matin. Dis la vérité, je t'en prie. 5 Quand tu penses que je serai à toi, est-ce que tu sens au milieu de toi comme un grand trou qui se creuse, comme quelque chose qui meurt?

HÉMON. Oui, Antigone.

ANTIGONE, *dans un souffle, après un temps*. Moi, je 10 sens comme cela. Et je voulais te dire que j'aurais été très fière d'être ta femme, ta vraie femme, sur qui tu aurais posé ta main, le soir, en t'asseyant, sans penser, comme sur une chose bien à toi. (*Elle s'est détachée de lui, elle a pris un autre ton.*) Voilà. Maintenant, je vais te 15 dire encore deux choses. Et quand je les aurai dites il faudra que tu sortes sans me questionner. Même si elles te paraissent extraordinaires, même si elles te font de la peine. Jure-le moi.

HÉMON. Qu'est-ce que tu vas me dire encore? 20

ANTIGONE. Jure-moi d'abord que tu sortiras sans rien me dire. Sans même me regarder. Si tu m'aimes, jure-le moi. (*Elle le regarde avec son pauvre visage boule-versé.*) Tu vois comme je te le demande, jure-le moi, s'il te plaît, Hémon . . . C'est la dernière folie que tu 25 auras à me passer.[24]

HÉMON, *après un temps*. Je te le jure.

ANTIGONE. Merci. Alors, voilà. Hier d'abord. Tu me demandais tout à l'heure pourquoi j'étais venue avec une robe d'Ismène, ce parfum et ce rouge aux 30 lèvres. J'étais bête. Je n'étais pas très sûr que tu me désires vraiment et j'avais fait tout cela pour être un peu plus comme les autres filles, pour te donner envie de moi.

---

[24] *passer*, grant.

HÉMON.   C'était pour cela?

ANTIGONE.   Oui. Et tu as ri et nous nous sommes
disputés et mon mauvais caractère a été le plus fort,
je me suis sauvée. (*Elle ajoute plus bas*) Mais j'étais
5 venue chez toi pour que tu me prennes hier soir, pour
que je sois ta femme avant. (*Il recule, il va parler, elle
crie*) Tu m'as juré de ne pas me demander pourquoi.
Tu m'as juré, Hémon! (*Elle dit plus bas, humblement*)
Je t'en supplie . . . (*Et elle ajoute, se détournant, dure*)
10 D'ailleurs, je vais te dire. Je voulais être ta femme
quand même parce que je t'aime comme cela, moi,
très fort, et que—je vais te faire de la peine, ô mon
chéri, pardon!—que jamais, jamais, je ne pourrai
t'épouser. (*Il est resté muet de stupeur, elle court à la fenê-
15 tre, elle crie*) Hémon, tu me l'as juré! Sors. Sors tout de
suite sans rien dire. Si tu parles, si tu fais un seul pas
vers moi, je me jette par cette fenêtre. Je te le jure,
Hémon. Je te le jure sur la tête du petit garçon que
nous avons eu tous les deux en rêve, du seul petit
20 garçon que j'aurai jamais. Pars maintenant, pars vite.
Tu sauras demain. Tu sauras tout à l'heure. (*Elle
achève avec un tel désespoir qu'*HÉMON *obéit et s'éloigne*)
S'il te plaît, pars, Hémon. C'est tout ce que tu peux
faire encore pour moi, si tu m'aimes. (*Il est sorti. Elle
25 reste sans bouger, le dos à la salle, puis elle referme la fenêtre,
elle vient s'asseoir sur une petite chaise au milieu de la scène,
et dit doucement, comme étrangement apaisée*) Voilà. C'est
fini pour Hémon, Antigone.

ISMÈNE *est entrée, appelant.* Antigone! . . . Ah,
30 tu es là!

ANTIGONE, *sans bouger.*   Oui, je suis là.

ISMÈNE.   Je ne peux pas dormir. J'avais peur que
tu sortes, et que tu tentes de l'enterrer malgré le jour.
Antigone, ma petite sœur, nous sommes tous là au-

tour de toi, Hémon, nounou et moi, et Douce, ta
chienne . . . Nous t'aimons et nous sommes vivants, nous, nous avons besoin de toi. Polynice est
mort et il ne t'aimait pas. Il a toujours été un étranger
pour nous, un mauvais frère. Oublie-le, Antigone, 5
comme il nous avait oubliées. Laisse son ombre dure
errer éternellement sans sépulture, puisque c'est la loi
de Créon. Ne tente pas ce qui est au-dessus de tes
forces. Tu braves tout toujours, mais tu es toute petite,
Antigone. Reste avec nous, ne va pas là-bas cette nuit, 10
je t'en supplie.

ANTIGONE *s'est levée, un étrange petit sourire sur les
lèvres, elle va vers la porte et du seuil, doucement, elle dit.*
C'est trop tard. Ce matin, quand tu m'as rencontrée,
j'en venais. 15

Elle est sortie. ISMÈNE *la suit avec un cri.*
ISMÈNE.   Antigone!

*Dès qu'*ISMÈNE *est sortie,* CRÉON *entre par
une autre porte avec son* PAGE.

CRÉON.   Un garde, dis-tu? Un de ceux qui gardent 20
le cadavre? Fais-le entrer.

LE GARDE *entre. C'est une brute. Pour le
moment il est vert de peur.*

LE GARDE *se présente au garde-à-vous.*   Garde Jonas,
de la Deuxième Compagnie. 25

CRÉON.   Qu'est-ce que tu veux?

LE GARDE.   Voilà, chef. On a tiré au sort pour
savoir celui qui viendrait. Et le sort est tombé sur moi.
Alors, voilà, chef. Je suis venu parce qu'on a pensé
qu'il valait mieux qu'il n'y en ait qu'un qui explique, 30
et puis parce qu'on ne pouvait pas abandonner le
poste tous les trois. On est les trois du piquet de garde,
chef, autour du cadavre.

CRÉON.   Qu'as-tu à me dire?

LE GARDE.   On est trois, chef. Je ne suis pas tout
seul. Les autres c'est Durand et le garde de première
classe Boudousse.

CRÉON.   Pourquoi n'est-ce pas la première classe
5 qui est venu?

LE GARDE.   N'est-ce pas, chef? Je l'ai dit tout de
suite, moi. C'est le première classe qui doit y aller.
Quand il n'y a pas de gradé,²⁵ c'est la première classe
qui est responsable. Mais les autres ils ont dit non et ils
10 ont voulu tirer au sort. Faut-il que j'aille chercher la
première classe, chef?

CRÉON.   Non. Parle, toi, puisque tu es là.

LE GARDE.   J'ai dix-sept ans de service. Je suis engagé volontaire, la médaille, deux citations.²⁶ Je suis
15 bien noté,²⁷ chef. Moi je suis «service». Je ne connais
que ce qui est commandé. Mes supérieurs ils disent
toujours: «Avec Jonas on est tranquille.»

CRÉON.   C'est bon. Parle. De quoi as-tu peur?

LE GARDE.   Régulièrement ça aurait dû être la
20 première classe. Moi je suis proposé première classe,
mais je ne suis pas encore promu. Je devais être promu
en juin.

CRÉON.   Vas-tu parler enfin? S'il est arrivé quelque
chose, vous êtes tous les trois responsables. Ne cherche
25 plus qui devrait être là.

LE GARDE.   Hé bien, voilà, chef: le cadavre . . .
On a veillé pourtant! On avait la relève de deux
heures, la plus dure. Vous savez ce que c'est, chef, au
moment où la nuit va finir. Ce plomb entre les yeux,

---

²⁵ *gradé*, someone holding a rank (in this case a noncommissioned
officer).

²⁶ *Je suis . . . citations.* I'm a volunteer, decorated, with two citations.

²⁷ *bien noté, . . . Je suis «service,»* well thought of (by my superiors),
. . . I'm professionally minded, devoted to the service (not inde-
pendent).

la nuque qui tire, et puis toutes ces ombres qui bougent et le brouillard du petit matin qui se lève . . .
Ah! ils ont bien choisi leur heure! . . . On était là, on
parlait, on battait la semelle . . . On ne dormait
pas, chef, ça on peut vous le jurer tous les trois qu'on 5
ne dormait pas! D'ailleurs, avec le froid qu'il faisait
. . . Tout d'un coup, moi je regarde le cadavre . . .
On était à deux pas, mais moi je le regardais de temps
en temps tout de même . . . Je suis comme ça, moi,
chef, je suis méticuleux. C'est pour ça que mes su- 10
périeurs ils disent: «Avec Jonas . . .» (*Un geste de*
CRÉON *l'arrête, il crie soudain*) C'est moi qui l'ai vu le
premier, chef! Les autres vous le diront, c'est moi qui
ai donné le premier l'alarme.

CRÉON.   L'alarme? Pourquoi?   15

LE GARDE.   Le cadavre, chef. Quelqu'un l'avait
recouvert. Oh! pas grand'chose. Ils n'avaient pas eu
le temps avec nous autres à côté. Seulement un peu de
terre . . . Mais assez tout de même pour le cacher
aux vautours.   20

CRÉON *va à lui*.   Tu es sûr que ce n'est pas une bête
en grattant?

LE GARDE.   Non, chef. On a d'abord espéré ça,
nous aussi. Mais la terre était jetée sur lui. Selon les
rites. C'est quelqu'un qui savait ce qu'il faisait.   25

CRÉON.   Qui a osé? Qui a été assez fou pour braver
ma loi? As-tu relevé des traces?

LE GARDE.   Rien, chef. Rien qu'un pas plus léger
qu'un passage d'oiseau. Après, en cherchant mieux,
le garde Durand a trouvé plus loin une pelle, une 30
petite pelle d'enfant toute vieille, toute rouillée. On a
pensé que ça ne pouvait pas être un enfant qui avait
fait le coup. Le première classe l'a gardée tout de
même pour l'enquête.

CRÉON *rêve un peu*.   Un enfant . . . L'opposition 35

brisée qui sourd[28] et mine déjà partout. Les amis de
Polynice avec leur or bloqué dans Thèbes, les chefs de
la plèbe puant l'ail, soudainement alliés aux princes,
et les prêtres essayant de pêcher un petit quelque chose
5 au milieu de tout cela . . . Un enfant! Ils ont dû penser que cela serait plus touchant. Je le vois d'ici, leur
enfant, avec sa gueule de tueur appointé[29] et la petite
pelle soigneusement enveloppée dans du papier sous
sa veste. A moins qu'ils n'aient dressé un vrai enfant,
10 avec des phrases . . . Une innocence inestimable
pour le parti. Un vrai petit garçon pâle qui crachera
devant mes fusils. Un précieux sang bien frais sur mes
mains, double aubaine. (*Il va à l'homme.*) Mais ils ont
des complices, et dans ma garde peut-être. Écoute
15 bien, toi . . .

LE GARDE. Chef, on a fait tout ce qu'on devait
faire! Durand s'est assis une demi-heure parce qu'il
avait mal aux pieds, mais moi, chef, je suis resté tout
le temps debout. Le première classe vous le dira.

20 CRÉON. A qui avez-vous déjà parlé de cette
affaire?

LE GARDE. A personne, chef. On a tout de suite
tiré au sort, et je suis venu.

CRÉON. Écoute bien. Votre garde est doublée.
25 Renvoyez la relève. Voilà l'ordre. Je ne veux que vous
près du cadavre. Et pas un mot. Vous êtes coupables
d'une négligence, vous serez punis de toute façon,
mais si tu parles, si le bruit court dans la ville qu'on a
recouvert le cadavre de Polynice, vous mourrez tous
30 les trois.

LE GARDE *gueule*. On n'a pas parlé, chef, je vous le
jure! Mais moi, j'étais ici et peut-être que les autres ils
l'ont déjà dit à la relève . . . (*Il sue à grosses gouttes, il*

---

[28] *qui sourd*, oozing, arising.
[29] *sa gueule de tueur appointé*, his hired-killer's face.

bafouille.) Chef, j'ai deux enfants. Il y en a un qui est
tout petit. Vous témoignerez pour moi que j'étais ici,
chef, devant le conseil de guerre. J'étais ici, moi, avec
vous! J'ai un témoin! Si on a parlé, ça sera les autres,
ça ne sera pas moi! J'ai un témoin, moi!   5

CRÉON. Va vite. Si personne ne sait, tu vivras.
(LE GARDE *sort en courant.* CRÉON *reste un instant muet.*
Soudain, il murmure.) Un enfant . . . (*Il a pris* LE PETIT
PAGE *par l'épaule.*) Viens, petit. Il faut que nous allions
raconter tout cela maintenant . . . Et puis, la jolie   10
besogne commencera. Tu mourrais, toi, pour moi?
Tu crois que tu irais avec ta petite pelle? (*Le petit le*
regarde. Il sort avec lui, lui caressant la tête) Oui, bien sûr,
tu irais tout de suite, toi aussi . . . (*On l'entend sou-*
pirer encore en sortant) Un enfant . . .   15

Ils sont sortis. LE CHŒUR *entre.*

LE CHŒUR. Et voilà. Maintenant le ressort est
bandé.[30] Cela n'a plus qu'à se dérouler tout seul. C'est
cela qui est commode dans la tragédie. On donne le
petit coup de pouce pour que cela démarre, rien, un   20
regard pendant une seconde à une fille qui passe et lève
les bras dans la rue, une envie d'honneur un beau
matin, au réveil, comme de quelque chose qui se
mange, une question de trop qu'on se pose un soir
. . . C'est tout. Après, on n'a plus qu'à laisser faire.   25
On est tranquille. Cela roule tout seul. C'est minu-
tieux, bien huilé depuis toujours. La mort, la trahison,
le désespoir sont là, tout prêts, et les éclats, et les
orages, et les silences, tous les silences: le silence quand
le bras du bourreau se lève à la fin, le silence au com-   30
mencement quand les deux amants sont nus l'un en
face de l'autre pour la première fois, sans oser bouger
tout de suite, dans la chambre sombre, le silence
quand les cris de la foule éclatent autour du vain-

---

[30] *le ressort est bandé*, the spring is drawn tight.

queur—et on dirait un film dont le son s'est enrayé,
toutes ces bouches ouvertes dont il ne sort rien, toute
cette clameur qui n'est qu'une image, et le vainqueur,
déjà vaincu, seul au milieu de son silence . . .
5   C'est propre, la tragédie. C'est reposant, c'est sûr
. . . Dans le drame, avec ces traîtres, avec ces mé-
chants acharnés, cette innocence persécutée, ces ven-
geurs, ces terre-neuve, ces lueurs d'espoir, cela devient
épouvantable de mourir, comme un accident. On au-
10 rait peut-être pu se sauver, le bon jeune homme aurait
peut-être pu arriver à temps avec les gendarmes. Dans
la tragédie on est tranquille. D'abord, on est entre soi.
On est tous innocents en somme! Ce n'est pas parce
qu'il y en a un qui tue et l'autre qui est tué. C'est une
15 question de distribution. Et puis, surtout, c'est reposant, la tragédie, parce qu'on sait qu'il n'y a plus
d'espoir, le sale espoir; qu'on est pris, qu'on est enfin
pris comme un rat, avec tout le ciel sur son dos, et
qu'on n'a plus qu'à crier,—pas à gémir, non, pas à se
20 plaindre,—à gueuler à pleine voix ce qu'on avait à
dire, qu'on n'avait jamais dit et qu'on ne savait peut-
être même pas encore. Et pour rien: pour se le dire à
soi, pour l'apprendre, soi. Dans le drame, on se débat
parce qu'on espère en sortir. C'est ignoble, c'est uti-
25 litaire. Là, c'est gratuit. C'est pour les rois. Et il n'y a
plus rien à tenter, enfin!

ANTIGONE *est entrée, poussée par* LES GARDES.

LE CHŒUR.   Alors, voilà, cela commence. La petite
Antigone est prise. La petite Antigone va pouvoir être
30 elle-même pour la première fois.

LE CHŒUR *disparaît, tandis que* LES GARDES
poussent ANTIGONE *en scène.*

LE GARDE, *qui a repris tout son aplomb.*   Allez, allez,
pas d'histoire! Vous vous expliquerez devant le chef.
35 Moi, je ne connais que la consigne. Ce que vous aviez

à faire là, je ne veux pas le savoir. Tout le monde a des excuses, tout le monde a quelque chose à objecter. S'il fallait écouter les gens, s'il fallait essayer de comprendre, on serait propres. Allez, allez! Tenez-la, vous autres, et pas d'histoire! Moi, ce qu'elle a à dire, je ne 5 veux pas le savoir!

ANTIGONE. Dis-leur de me lâcher, avec leurs sales mains. Ils me font mal.

LE GARDE. Leurs sales mains? Vous pourriez être polie, mademoiselle . . . Moi, je suis poli. 10

ANTIGONE. Dis-leur de me lâcher. Je suis la fille d'Œdipe, je suis Antigone. Je ne me sauverai pas.

LE GARDE. La fille d'Œdipe, oui! Les putains qu'on ramasse à la garde de nuit, elles disent aussi de se méfier, qu'elles sont la bonne amie du préfet de 15 police!

Ils rigolent.

ANTIGONE. Je veux bien mourir, mais pas qu'ils me touchent!

LE GARDE. Et les cadavres, dis, et la terre, ça ne te 20 fait pas peur à toucher? Tu dis «leurs sales mains»! Regarde un peu les tiennes.

ANTIGONE *regarde ses mains tenues par les menottes avec un petit sourire. Elles sont pleines de terre.* 25

LE GARDE. On te l'avait prise, ta pelle? Il a fallu que tu refasses ça avec tes ongles, la deuxième fois? Ah! cette audace! Je tourne le dos une seconde, je te demande une chique, et allez, le temps de me la caler dans la joue, le temps de dire merci, elle était là, à 30 gratter comme une petite hyène. Et en plein jour! Et c'est qu'elle se débattait, cette garce, quand j'ai voulu la prendre! C'est qu'elle voulait me sauter aux yeux! Elle criait qu'il fallait qu'elle finisse . . . C'est une folle, oui! 35

LE DEUXIÈME GARDE. J'en ai arrêté une autre, de folle, l'autre jour . . .

LE GARDE. Dis, Boudousse, qu'est-ce qu'on va se payer comme gueuleton tous les trois, pour fêter ça!

5 LE DEUXIÈME GARDE. Chez la Tordue. Il est bon, son rouge.[31]

LE TROISIÈME GARDE. On a quartier libre,[32] dimanche. Si on emmenait les femmes?

LE GARDE. Non, entre nous, qu'on rigole . . .
10 Avec les femmes, il y a toujours des histoires . . . Ah! dis, Boudousse, tout à l'heure, on ne croyait pas qu'on aurait envie de rigoler comme ça, nous autres!

LE DEUXIÈME GARDE. Ils vont peut-être nous donner une récompense.

15 LE GARDE. Ça se peut, si c'est important.

LE TROISIÈME GARDE. Flanchard, de la troisième, quand il a mis la main sur l'incendiaire, le mois dernier, il a eu le mois double.

LE DEUXIÈME GARDE. Ah, dis donc! Si on a le
20 mois double, je propose: au lieu d'aller chez la Tordue, on va au Palais arabe.

LE GARDE. Pour boire? T'es pas fou? Ils te vendent la bouteille le double au Palais . . . Écoutez-moi, je vais vous dire: on va d'abord chez la Tordue, on se les
25 cale comme il faut[33] et après on va au Palais. Dis, Boudousse, tu te rappelles la grosse,[34] du Palais?

LE DEUXIÈME GARDE. Ah! ce que t'étais saoul, toi, ce jour-là!

LE TROISIÈME GARDE. Mais nos femmes, si on a le

---

[31] *son rouge,* her red wine. *La Tordue*: Nickname of the woman who runs the establishment.

[32] *quartier libre,* liberty.

[33] *on se les cale comme il faut,* we'll have something good, we'll down some properly.

[34] *la grosse,* the big girl (doubtless a prostitute).

mois double, elles le sauront. Si ça se trouve, on sera peut-être publiquement félicités.

Le Garde. Alors on verra. La rigolade c'est autre chose. S'il y a une cérémonie dans la cour de la caserne, comme pour les décorations, les femmes vien- 5 dront aussi et les gosses. Et alors on ira tous chez la Tordue.

Le Deuxième Garde. Oui, mais il faudra lui commander le menu d'avance.

Antigone *demande d'une petite voix.* Je voudrais 10 m'asseoir un peu, s'il vous plaît.

Le Garde, *après un temps de réflexion.* C'est bon, qu'elle s'asseye. Mais ne la lâchez pas, vous autres.

Créon *entre,* le Garde *gueule aussitôt.*

Le Garde. Garde à vous! 15

Créon *s'est arrêté, surpris.* Lâchez cette jeune fille. Qu'est-ce que c'est?

Le Garde. C'est le piquet de garde, chef. On est venu avec les camarades.

Créon. Qui garde le corps? 20

Le Garde. On a appelé la relève, chef.

Créon. Je t'avais dit de la renvoyer! Je t'avais dit de ne rien dire.

Le Garde. On n'a rien dit, chef. Mais comme on a arrêté celle-là, on a pensé qu'il fallait qu'on vienne. 25 Et cette fois on n'a pas tiré au sort. On a préféré venir tous les trois.

Créon. Imbéciles! (*A* Antigone) Où t'ont-ils arrêtée?

Le Garde. Près du cadavre, chef. 30

Créon. Qu'allais-tu faire près du cadavre de ton frère? Tu savais que j'avais interdit de l'approcher.

Le Garde. Ce qu'elle faisait, chef? C'est pour ça qu'on vous l'amène. Elle grattait la terre avec ses mains. Elle était en train de le recouvrir encore une fois.

CRÉON.   Sais-tu bien ce que tu es en train de dire, toi?

5   LE GARDE.   Chef, vous pouvez demander aux autres. On avait dégagé le corps à mon retour; mais avec le soleil qui chauffait, comme il commençait à sentir, on s'était mis sur une petite hauteur, pas loin, pour être dans le vent. On se disait qu'en plein jour on 10 ne risquait rien. Pourtant on avait décidé, pour être plus sûrs, qu'il y en aurait toujours un de nous trois qui le regarderait. Mais à midi, en plein soleil, et puis avec l'odeur qui montait depuis que le vent était tombé, c'était comme un coup de massue. J'avais beau 15 écarquiller les yeux, ça tremblait comme de la gélatine, je voyais plus. Je vais au camarade lui demander une chique pour passer ça . . . Le temps que je me la cale à la joue, chef, le temps que je lui dise merci, je me retourne: elle était là à gratter avec ses mains. En 20 plein jour! Elle devait bien penser qu'on ne pouvait pas ne pas la voir. Et quand elle a vu que je lui courais dessus, vous croyez qu'elle s'est arrêtée, qu'elle a essayé de se sauver peut-être? Non. Elle a continué de toutes ses forces aussi vite qu'elle pouvait, comme si elle ne 25 me voyait pas arriver. Et quand je l'ai empoignée, elle se débattait comme une diablesse, elle voulait continuer encore, elle me criait de la laisser, que le corps n'était pas encore tout à fait recouvert . . .

CRÉON, à ANTIGONE.   C'est vrai?

30   ANTIGONE.   Oui, c'est vrai.

LE GARDE.   On a redécouvert le corps, comme de juste, et puis on a passé la relève, sans parler de rien, et on est venu vous l'amener, chef. Voilà.

CRÉON.   Et cette nuit, la première fois, c'était toi 35 aussi?

ANTIGONE. Oui. C'était moi. Avec une petite pelle de fer qui nous servait à faire des châteaux de sable sur la plage, pendant les vacances. C'était justement la pelle de Polynice. Il avait gravé son nom au couteau sur le manche. C'est pour cela que je l'ai laissée près 5 de lui. Mais ils l'ont prise. Alors, la seconde fois, j'ai dû recommencer avec mes mains.

LE GARDE. On aurait dit une petite bête qui grattait. Même qu'au premier coup d'œil, avec l'air chaud qui tremblait, le camarade dit: «Mais non, 10 c'est une bête.» «Penses-tu, je lui dis, c'est trop fin pour une bête. C'est une fille.»

CRÉON. C'est bien. On vous demandera peut-être un rapport tout à l'heure. Pour le moment, laissez-moi seul avec elle. Conduis ces hommes à côté, petit. 15 Et qu'ils restent au secret jusqu'à ce que je revienne les voir.

LE GARDE. Faut-il lui remettre les menottes, chef?
CRÉON. Non.

> LES GARDES *sont sortis, précédés par* LE 20 PETIT PAGE.
>
> CRÉON *et* ANTIGONE *sont seuls l'un en face de l'autre.*

CRÉON. Avais-tu parlé de ton projet à quelqu'un?
ANTIGONE. Non. 25
CRÉON. As-tu rencontré quelqu'un sur ta route?
ANTIGONE. Non, personne.
CRÉON. Tu en es bien sûre?
ANTIGONE. Oui.

CRÉON. Alors, écoute: tu vas rentrer chez toi, te 30 coucher, dire que tu es malade, que tu n'es pas sortie depuis hier. Ta nourrice dira comme toi. Je ferai disparaître ces trois hommes.

ANTIGONE. Pourquoi? Puisque vous savez bien que je recommencerai. 35

Un silence. Ils se regardent.

CRÉON.   Pourquoi as-tu tenté d'enterrer ton frère?

ANTIGONE.   Je le devais.

CRÉON.   Je l'avais interdit.

5   ANTIGONE, *doucement*.   Je le devais tout de même.
Ceux qu'on n'enterre pas errent éternellement sans
jamais touver de repos. Si mon frère vivant était rentré
harassé d'une longue chasse, je lui aurais enlevé ses
chaussures, je lui aurais fait à manger, je lui aurais
10 préparé son lit . . . Polynice aujourd'hui a achevé
sa chasse. Il rentre à la maison où mon père et ma
mère, et Étéocle aussi, l'attendent. Il a droit au repos.

CRÉON.   C'était un révolté et un traître, tu le
savais.

15   ANTIGONE.   C'était mon frère.

CRÉON.   Tu avais entendu proclamer l'édit aux
carrefours, tu avais lu l'affiche sur tous les murs de la
ville?

ANTIGONE.   Oui.

20   CRÉON.   Tu savais le sort qui y était promis à celui,
quel qu'il soit, qui oserait lui rendre les honneurs
funèbres?

ANTIGONE.   Oui, je le savais.

CRÉON.   Tu as peut-être cru que d'être la fille
25 d'Œdipe, la fille de l'orgueil d'Œdipe, c'était assez
pour être au-dessus de la loi.

ANTIGONE.   Non. Je n'ai pas cru cela.

CRÉON.   La loi est d'abord faite pour toi, Antigone, la loi est d'abord faite pour les filles des rois!

30   ANTIGONE.   Si j'avais été une servante en train de
faire sa vaisselle, quand j'ai entendu lire l'édit, j'aurais
essuyé l'eau grasse de mes bras et je serais sortie avec
mon tablier pour aller enterrer mon frère.

CRÉON.   Ce n'est pas vrai. Si tu avais été une ser-
35 vante, tu n'aurais pas douté que tu allais mourir et tu

serais restée à pleurer ton frère chez toi. Seulement tu
as pensé que tu étais de race royale, ma nièce et la
fiancée de mon fils, et que, quoi qu'il arrive, je
n'oserais pas te faire mourir.

ANTIGONE. Vous vous trompez. J'étais certaine 5
que vous me feriez mourir au contraire.

CRÉON *la regarde et murmure soudain.* L'orgueil
d'Œdipe. Tu es l'orgueil d'Œdipe. Oui, maintenant
que je l'ai retrouvé au fond de tes yeux, je te crois. Tu
as dû penser que je te ferais mourir. Et cela te parais- 10
sait un dénouement tout naturel pour toi, orgueilleuse!
Pour ton père non plus—je ne dis pas le bonheur, il
n'en était pas question—le malheur humain, c'était
trop peu. L'humain vous gêne aux entournures[35] dans
la famille. Il vous faut un tête-à-tête avec le destin et 15
la mort. Et tuer votre père et coucher avec votre mère
et apprendre tout cela après,[36] avidement, mot par
mot. Quel breuvage, hein, les mots qui vous condam-
nent? Et comme on les boit goulûment quand on s'appelle Œdipe, ou Antigone. Et le plus simple après, c'est 20
encore de se crever les yeux et d'aller mendier avec ses
enfants sur les routes . . . Eh bien, non. Ces temps
sont révolus pour Thèbes. Thèbes a droit maintenant à
un prince sans histoire. Moi, je m'appelle seulement
Créon, Dieu merci. J'ai mes deux pieds par terre, mes 25
deux mains enfoncées dans mes poches et, puisque je
suis roi, j'ai résolu, avec moins d'ambition que ton
père, de m'employer tout simplement à rendre l'ordre
de ce monde un peu moins absurde, si c'est possible.
Ce n'est même pas une aventure, c'est un métier pour 30
tous les jours et pas toujours drôle, comme tous les
métiers. Mais puisque je suis là pour le faire, je vais le
faire . . . Et si demain un messager crasseux dévale

---

[35] *vous gêne aux entournures,* bothers you, makes you ill at ease.
[36] *Et tuer . . . après.* These are events in the life of Œdipus.

du fond des montagnes pour m'annoncer qu'il n'est pas très sûr non plus de ma naissance, je le prierai tout simplement de s'en retourner d'où il vient et je ne m'en irai pas pour si peu regarder ta tante sous le nez et me
5 mettre à confronter les dates. Les rois ont autre chose à faire que du pathétique personnel, ma petite fille. (*Il a été à elle, il lui prend le bras.*) Alors, écoute-moi bien. Tu es Antigone, tu es la fille d'Œdipe, soit, mais tu as vingt ans et il n'y a pas longtemps encore tout cela se
10 serait réglé par du pain sec et une paire de gifles. (*Il la regarde souriant.*) Te faire mourir! Tu ne t'es pas regardée, moineau! Tu es trop maigre. Grossis un peu, plutôt, pour faire un gros garçon à Hémon. Thèbes en a besoin plus que de ta mort, je te l'assure. Tu vas
15 rentrer chez toi tout de suite, faire ce que je t'ai dit et te taire. Je me charge du silence des autres. Allez, va! Et ne me foudroie pas comme cela du regard. Tu me prends pour une brute, c'est entendu, et tu dois penser que je suis décidément bien prosaïque. Mais je t'aime
20 bien tout de même avec ton sale caractère. N'oublie pas que c'est moi qui t'ai fait cadeau de ta première poupée, il n'y a pas si longtemps.

ANTIGONE *ne répond pas. Elle va sortir. Il l'arrête.*

25 CRÉON. Antigone! C'est par cette porte qu'on regagne ta chambre. Où t'en vas-tu par là?

ANTIGONE *s'est arrêtée, elle lui répond doucement, sans forfanterie.* Vous le savez bien . . .

Un silence. Ils se regardent encore debout l'un
30 *en face de l'autre.*

CRÉON *murmure, comme pour lui.* Quel jeu joues-tu?

ANTIGONE. Je ne joue pas.

CRÉON. Tu ne comprends donc pas que si quelqu'un d'autre que ces trois brutes sait tout à l'heure ce
35 que tu as tenté de faire, je serai obligé de te faire

mourir? Si tu te tais maintenant, si tu renonces à cette folie, j'ai une chance de te sauver, mais je ne l'aurai plus dans cinq minutes. Le comprends-tu?

ANTIGONE.   Il faut que j'aille enterrer mon frère que ces hommes ont découvert.   5

CRÉON.   Tu irais refaire ce geste absurde? Il y a une autre garde autour du corps de Polynice et, même si tu parviens à le recouvrir encore, on dégagera son cadavre, tu le sais bien. Que peux-tu donc, sinon t'ensanglanter encore les ongles et te faire prendre?   10

ANTIGONE.   Rien d'autre que cela, je le sais. Mais cela, du moins, je le peux. Et il faut faire ce que l'on peut.

CRÉON.   Tu y crois donc vraiment, toi, à cet enter- rement dans les règles? A cette ombre de ton frère 15 condamnée à errer toujours si on ne jette pas sur le cadavre un peu de terre avec la formule du prêtre? Tu leur as déjà entendu la réciter, aux prêtres de Thèbes, la formule? Tu as vu ces pauvres têtes d'em- ployés fatigués écourtant les gestes, avalant les mots, 20 bâclant ce mort[37] pour en prendre un autre avant le repas de midi?

ANTIGONE.   Oui, je les ai vus.

CRÉON.   Est-ce que tu n'as jamais pensé alors que si c'était un être que tu aimais vraiment, qui était là, 25 couché dans cette boîte, tu te mettrais à hurler tout d'un coup? A leur crier de se taire, de s'en aller?

ANTIGONE.   Si, je l'ai pensé.

CRÉON.   Et tu risques la mort maintenant parce que j'ai refusé à ton frère ce passeport dérisoire, ce 30 bredouillage en série[38] sur sa dépouille, cette panto- mime dont tu aurais été la première à avoir honte et mal si on l'avait jouée. C'est absurde!

---

[37] *bâclant ce mort,* hurrying over the burial service of this dead man.
[38] *ce bredouillage en série,* this mass-production mumbling.

ANTIGONE. Oui, c'est absurde.

CRÉON. Pourquoi fais-tu ce geste, alors? Pour les autres, pour ceux qui y croient? Pour les dresser contre moi?

5 ANTIGONE. Non.

CRÉON. Ni pour les autres, ni pour ton frère? Pour qui alors?

ANTIGONE. Pour personne. Pour moi.

CRÉON *la regarde en silence.* Tu as donc bien envie
10 de mourir? Tu as déjà l'air d'un petit gibier pris.

ANTIGONE. Ne vous attendrissez pas sur moi. Faites comme moi. Faites ce que vous avez à faire. Mais si vous êtes un être humain, faites-le vite. Voilà tout ce que je vous demande. Je n'aurai pas du courage éter-
15 nellement, c'est vrai.

CRÉON *se rapproche.* Je veux te sauver, Antigone.

ANTIGONE. Vous êtes le roi, vous pouvez tout, mais cela, vous ne le pouvez pas.

CRÉON. Tu crois?

20 ANTIGONE. Ni me sauver, ni me contraindre.

CRÉON. Orgueilleuse! Petite Œdipe!

ANTIGONE. Vous pouvez seulement me faire mourir.

CRÉON. Et si je te fais torturer?

25 ANTIGONE. Pourquoi? Pour que je pleure, que je demande grâce, pour que je jure tout ce qu'on voudra et que je recommence après, quand je n'aurai plus mal?

CRÉON *lui serre le bras.* Écoute-moi bien. J'ai le
30 mauvais rôle, c'est entendu, et tu as le bon. Et tu le sens. Mais n'en profite tout de même pas trop, petite peste . . . Si j'étais une bonne brute ordinaire de tyran, il y aurait déjà longtemps qu'on t'aurait arraché la langue, tiré les membres aux tenailles, ou jetée dans

un trou. Mais tu vois dans mes yeux quelque chose qui hésite, tu vois que je te laisse parler au lieu d'appeler mes soldats; alors, tu nargues, tu attaques tant que tu peux. Où veux-tu en venir,[39] petite furie?

ANTIGONE. Lâchez-moi. Vous me faites mal au 5 bras avec votre main.

CRÉON, *qui serre plus fort.* Non. Moi, je suis le plus fort comme cela, j'en profite aussi.

ANTIGONE *pousse un petit cri.* Aïe!

CRÉON, *dont les yeux rient.* C'est peut-être ce que je 10 devrais faire après tout, tout simplement, te tordre le poignet, te tirer les cheveux comme on fait aux filles dans les jeux. (*Il la regarde encore. Il redevient grave. Il lui dit tout près*) Je suis ton oncle, c'est entendu, mais nous ne sommes pas tendres les uns pour les autres, dans la 15 famille. Cela ne te semble pas drôle, tout de même, ce roi bafoué qui t'écoute, ce vieux homme qui peut tout et qui en a vu tuer d'autres, je t'assure, et d'aussi attendrissants que toi, et qui est là, à se donner toute cette peine pour essayer de t'empêcher de mourir? 20

ANTIGONE, *après un temps.* Vous serrez trop, maintenant. Cela ne me fait même plus mal. Je n'ai plus de bras.

CRÉON *la regarde et la lâche avec un petit sourire. Il murmure.* Dieu sait pourtant si j'ai autre chose à faire 25 aujourd'hui, mais je vais tout de même perdre le temps qu'il faudra et te sauver, petite peste. (*Il la fait asseoir sur une chaise au milieu de la pièce. Il enlève sa veste, il s'avance vers elle, lourd, puissant, en bras de chemise*) Au lendemain d'une révolution ratée, il y a du pain sur la 30 planche,[40] je te l'assure. Mais les affaires urgentes attendront. Je ne veux pas te laisser mourir dans une

---

[39] *Où . . . venir?* What are you driving at?
[40] *du pain sur la planche,* a lot to do.

histoire de politique. Tu vaux mieux que cela. Parce
que ton Polynice, cette ombre éplorée et ce corps qui
se décompose entre ses gardes et tout ce pathétique qui
t'enflamme, ce n'est qu'une histoire de politique.
5 D'abord, je ne suis pas tendre, mais je suis délicat;
j'aime ce qui est propre, net, bien lavé. Tu crois que
cela ne me dégoûte pas autant que toi, cette viande
qui pourrit au soleil? Le soir, quand le vent vient de la
mer, on la sent déjà du palais. Cela me soulève le cœur.
10 Pourtant, je ne vais même pas fermer ma fenêtre. C'est
ignoble, et je peux te le dire à toi, c'est bête, mon-
strueusement bête, mais il faut que tout Thèbes sente
cela pendant quelque temps. Tu penses bien que je
l'aurais fait enterrer, ton frère, ne fût-ce que pour
15 l'hygiène! Mais pour que les brutes que je gouverne
comprennent, il faut que cela pue le cadavre de Polynice dans toute la ville, pendant un mois.
    ANTIGONE.   Vous êtes odieux!
    CRÉON.   Oui, mon petit. C'est le métier qui le veut.
20 Ce qu'on peut discuter, c'est s'il faut le faire ou ne pas
le faire. Mais si on le fait, il faut le faire comme cela.
    ANTIGONE.   Pourquoi le faites-vous?
    CRÉON.   Un matin, je me suis réveillé roi de Thè-
bes. Et Dieu sait si j'aimais autre chose dans la vie que
25 d'être puissant . . .
    ANTIGONE.   Il fallait dire non, alors!
    CRÉON.   Je le pouvais. Seulement, je me suis senti
tout d'un coup comme un ouvrier qui refusait un
ouvrage. Cela ne m'a pas paru honnête. J'ai dit oui.
30   ANTIGONE.   Eh bien, tant pis pour vous. Moi, je
n'ai pas dit «oui»! Qu'est-ce que vous voulez que cela
me fasse, à moi, votre politique, votre nécessité, vos
pauvres histoires? Moi, je peux dire «non» encore à
tout ce que je n'aime pas et je suis seul juge. Et vous,
35 avec votre couronne, avec vos gardes, avec votre at-

tirail, vous pouvez seulement me faire mourir, parce que vous avez dit «oui.»

Créon. Écoute-moi.

Antigone. Si je veux, moi, je peux ne pas vous écouter. Vous avez dit «oui.» Je n'ai plus rien à apprendre de vous. Pas vous. Vous êtes là à boire mes paroles. Et si vous n'appelez pas vos gardes, c'est pour m'écouter jusqu'au bout.

Créon. Tu m'amuses!

Antigone. Non. Je vous fais peur. C'est pour cela que vous essayez de me sauver. Ce serait tout de même plus commode de garder une petite Antigone vivante et muette dans ce palais. Vous êtes trop sensible pour faire un bon tyran, voilà tout. Mais vous allez tout de même me faire mourir tout à l'heure, vous le savez, et c'est pour cela que vous avez peur. C'est laid un homme qui a peur.

Créon, *sourdement.* Eh bien, oui, j'ai peur d'être obligé de te faire tuer si tu t'obstines. Et je ne le voudrais pas.

Antigone. Moi, je ne suis pas obligée de faire ce que je ne voudrais pas! Vous n'auriez pas voulu non plus, peut-être, refuser une tombe à mon frère? Dites-le donc, que vous ne l'auriez pas voulu?

Créon. Je te l'ai dit.

Antigone. Et vous l'avez fait tout de même. Et maintenant, vous allez me faire tuer sans le vouloir. Et c'est cela, être roi!

Créon. Oui, c'est cela!

Antigone. Pauvre Créon! Avec mes ongles cassés et pleins de terre et les bleus que tes gardes m'ont faits aux bras, avec ma peur qui me tord le ventre, moi je suis reine.

Créon. Alors, aie pitié de moi, vis. Le cadavre de ton frère qui pourrit sous mes fenêtres, c'est assez payé pour que l'ordre règne dans Thèbes. Mon fils t'aime. Ne m'oblige pas à payer avec toi encore. J'ai assez payé.

ANTIGONE. Non. Vous avez dit «oui.» Vous ne
5 vous arrêterez jamais de payer maintenant!

CRÉON *la secoue soudain, hors de lui.* Mais, bon Dieu! Essaie de comprendre une minute, toi aussi, petite idiote! J'ai bien essayé de te comprendre, moi. Il faut pourtant qu'il y en ait qui disent oui. Il faut
10 pourtant qu'il y en ait qui mènent la barque. Cela prend l'eau de toutes parts, c'est plein de crimes, de bêtise, de misère . . . Et le gouvernail est là qui ballotte. L'équipage ne veut plus rien faire, il ne pense qu'à piller la cale et les officiers sont déjà en train de se
15 construire un petit radeau confortable, rien que pour eux, avec toute la provision d'eau douce pour tirer au moins leurs os de là. Et le mât craque, et le vent siffle, et les voiles vont se déchirer, et toutes ces brutes vont crever toutes ensemble, parce qu'elles ne pensent qu'à
20 leur peau, à leur précieuse peau et à leurs petites affaires. Crois-tu, alors, qu'on a le temps de faire le raffiné, de savoir s'il faut dire «oui» ou «non,» de se demander s'il ne faudra pas payer trop cher un jour et si on pourra encore être un homme après? On prend le
25 bout de bois, on redresse devant la montagne d'eau, on gueule un ordre et on tire dans le tas, sur le premier qui s'avance. Dans le tas! Cela n'a pas de nom. C'est comme la vague qui vient de s'abattre sur le pont devant vous; le vent qui vous gifle, et la chose qui tombe
30 dans le groupe n'a pas de nom. C'était peut-être celui qui t'avait donné du feu en souriant la veille. Il n'a plus de nom. Et toi non plus, tu n'as plus de nom, cramponné à la barre. Il n'y a plus que le bateau qui ait un nom et la tempête. Est-ce que tu le comprends,
35 cela?

Antigone *secoue la tête.* Je ne veux pas comprendre. C'est bon pour vous. Moi je suis là pour autre chose que pour comprendre. Je suis là pour vous dire non et pour mourir.

Créon. C'est facile de dire non! 5

Antigone. Pas toujours.

Créon. Pour dire oui, il faut suer et retrousser ses manches, empoigner la vie à pleines mains et s'en mettre jusqu'aux coudes.[41] C'est facile de dire non, même si on doit mourir. Il n'y a qu'à ne pas bouger 10 et attendre. Attendre pour vivre, attendre même pour qu'on vous tue. C'est trop lâche. C'est une invention des hommes. Tu imagines un monde où les arbres aussi auraient dit non contre la sève, où les bêtes auraient dit non contre l'instinct de la chasse ou de 15 l'amour? Les bêtes, elles au moins, sont bonnes et simples et dures. Elles vont, se poussant les unes après les autres, courageusement, sur le même chemin. Et si elles tombent, les autres passent et il peut s'en perdre autant que l'on veut, il en restera toujours une de 20 chaque espèce prête à refaire des petits et à reprendre le même chemin avec le même courage, toute pareille à celles qui sont passées avant.

Antigone. Quel rêve, hein, pour un roi, des bêtes! Ce serait si simple. 25

Un silence, Créon *la regarde.*

Créon. Tu me méprises, n'est-ce pas? (*Elle ne répond pas, il continue comme pour lui*) C'est drôle. Je l'ai souvent imaginé, ce dialogue avec un petit jeune homme pâle qui aurait essayé de me tuer et dont je ne 30 pourrais rien tirer après que du mépris. Mais je ne pensais pas que ce serait avec toi et pour quelque chose d'aussi bête . . . (*Il a pris sa tête dans ses mains. On sent qu'il est à bout de forces*) Écoute-moi tout de même pour

[41] *s'en mettre jusqu'aux coudes,* dip into it up to your elbows.

la dernière fois. Mon rôle n'est pas bon, mais c'est
mon rôle et je vais te faire tuer. Seulement, avant, je
veux que toi aussi tu sois bien sûre du tien. Tu sais
pourquoi tu vas mourir, Antigone? Tu sais au bas de
5 quelle histoire sordide tu vas signer pour toujours ton
petit nom sanglant?

ANTIGONE. Quelle histoire?

CRÉON. Celle d'Étéocle et de Polynice, celle de tes
frères. Non, tu crois la savoir, tu ne la sais pas. Per-
10 sonne ne la sait dans Thèbes, que moi. Mais il me semble que toi, ce matin, tu as aussi le droit de l'apprendre. (*Il rêve un temps, la tête dans ses mains, accoudé
sur ses genoux. On l'entend murmurer*) Ce n'est pas bien
beau, tu vas voir. (*Et il commence sourdement sans regarder*
15 ANTIGONE) Que te rappelles-tu de tes frères, d'abord?
Deux compagnons de jeux qui te méprisaient sans
doute, qui te cassaient tes poupées, se chuchotant
éternellement des mystères à l'oreille l'un de l'autre
pour te faire enrager?

20 ANTIGONE. C'étaient des grands . . .

CRÉON. Après, tu as dû les admirer avec leurs
premières cigarettes,[42] leurs premiers pantalons longs;
et puis ils ont commencé à sortir le soir, à sentir
l'homme, et ils ne t'ont plus regardée du tout.

25 ANTIGONE. J'étais une fille . . .

CRÉON. Tu voyais bien ta mère pleurer, ton père
se mettre en colère, tu entendais claquer les portes à
leur retour et leurs ricanements dans les couloirs. Et
ils passaient devant toi, goguenards et veules, sentant
30 le vin.

ANTIGONE. Une fois, je m'étais cachée derrière une
porte, c'était le matin, nous venions de nous lever, et
eux, ils rentraient. Polynice m'a vue, il était tout
pâle, les yeux brillants et si beau dans son vêtement du

---

[42] *cigarettes*, another of Anouilh's deliberate anachronisms.

soir! Il m'a dit: «Tiens, tu es là, toi?» Et il m'a donné
une grande fleur de papier qu'il avait rapportée de sa
nuit.

CRÉON.   Et tu l'as conservée, n'est-ce pas, cette
fleur? Et hier, avant de t'en aller, tu as ouvert ton tiroir 5
et tu l'as regardée, longtemps, pour te donner du
courage?

ANTIGONE *tressaille*.   Qui vous a dit cela?

CRÉON.   Pauvre Antigone, avec ta fleur de cotil-
lon![43] Sais-tu qui était ton frère?   10

ANTIGONE.   Je savais que vous me diriez du mal de
lui en tout cas!

CRÉON.   Un petit fêtard imbécile, un petit carnassier dur et sans âme, une petite brute tout juste
bonne à aller plus vite que les autres avec ses voitures, 15
à dépenser plus d'argent dans les bars. Une fois,
j'étais là, ton père venait de lui refuser une grosse
somme qu'il avait perdue au jeu; il est devenu tout
pâle et il a levé le poing en criant un mot ignoble!

ANTIGONE.   Ce n'est pas vrai!   20

CRÉON.   Son poing de brute à toute volée dans le
visage de ton père! C'était pitoyable. Ton père était
assis à sa table, la tête dans ses mains. Il saignait du
nez. Il pleurait. Et, dans un coin du bureau, Polynice,
ricanant, qui allumait une cigarette.   25

ANTIGONE *supplie presque maintenant*.   Ce n'est pas
vrai!

CRÉON.   Rappelle-toi, tu avais douze ans. Vous ne
l'avez pas revu pendant longtemps. C'est vrai, cela?

ANTIGONE, *sourdement*.   Oui, c'est vrai.   30

CRÉON.   C'était après cette dispute. Ton père n'a
pas voulu le faire juger. Il s'est engagé dans l'armée
argyenne. Et, dès qu'il a été chez les Argyens, la chasse
à l'homme a commencé contre ton père, contre ce vieil

---

[43] *fleur de cotillon*, souvenir flower, party flower.

homme qui ne se décidait pas à mourir, à lâcher son
royaume. Les attentats se succédaient et les tueurs que
nous prenions finissaient toujours par avouer qu'ils
avaient reçu de l'argent de lui. Pas seulement de lui,
5 d'ailleurs. Car c'est cela que je veux que tu saches, les
coulisses⁴⁴ de ce drame où tu brûles de jouer un rôle,
la cuisine. J'ai fait faire hier des funérailles grandioses
à Étéocle. Étéocle est un héros et un saint pour Thèbes
maintenant. Tout le peuple était là. Les enfants des
10 écoles ont donné tous les sous de leur tirelire pour la
couronne; des vieillards, faussement émus, ont ma-
gnifié, avec des trémolos dans la voix, le bon frère, le
fils fidèle d'Œdipe, le prince loyal. Moi aussi, j'ai fait
un discours. Et tous les prêtres de Thèbes au grand
15 complet, avec la tête de circonstance.⁴⁵ Et les honneurs
militaires . . . Il fallait bien. Tu penses que je ne
pouvais tout de même pas m'offrir le luxe d'une crapule dans les deux camps. Mais je vais te dire quelque
chose, à toi, quelque chose que je sais seul, quelque
20 chose d'effroyable: Étéocle, ce prix de vertu, ne valait
pas plus cher que Polynice. Le bon fils avait essayé, lui
aussi, de faire assassiner son père, le prince loyal avait
décidé, lui aussi, de vendre Thèbes au plus offrant.
Oui, crois-tu que c'est drôle? Cette trahison pour la-
25 quelle le corps de Polynice est en train de pourrir au
soleil, j'ai la preuve maintenant qu'Étéocle, qui dort
dans son tombeau de marbre, se préparait, lui aussi, à
la commettre. C'est un hasard si Polynice a réussi son
coup avant lui. Nous avions affaire à deux larrons en
30 foire⁴⁶ qui se trompaient l'un l'autre en nous trompant

---

⁴⁴ *coulisses*, (*literally*), wings of a theater. Here the meaning is rather
what goes on behind the scenes.

⁴⁵ *au grand complet, avec la tête de circonstance*, in full attendance and
bearing an appropriate demeanor.

⁴⁶ *larrons en foire*, thieves at a fair. *Cf.*, the expression *s'entendre comme
larrons en foire*, to be as thick as thieves. But in this case they deceived
each other.

et qui se sont égorgés comme deux petits voyous qu'ils
étaient, pour un règlement de comptes . . . Seulement, il s'est trouvé que j'ai eu besoin de faire un héros
de l'un d'eux. Alors, j'ai fait rechercher leurs cadavres
au milieu des autres. On les a retrouvés embrassés— 5
pour la première fois de leur vie sans doute. Ils
s'étaient embrochés mutuellement, et puis la charge
de la cavalerie argyenne leur avait passé dessus. Ils
étaient en bouillie, Antigone, méconnaissables. J'ai
fait ramasser un des corps, le moins abîmé des deux, 10
pour mes funérailles nationales, et j'ai donné l'ordre
de laisser pourrir l'autre où il était. Je ne sais même
pas lequel. Et je t'assure que cela m'est égal.

> *Il y a un long silence, ils ne bougent pas, sans*
> *se regarder, puis* ANTIGONE *dit doucement.* 15

ANTIGONE. Pourquoi m'avez-vous raconté cela?

> CRÉON *se lève, remet sa veste.*

CRÉON. Valait-il mieux te laisser mourir dans cette
pauvre histoire?

ANTIGONE. Peut-être. Moi, je croyais. 20

> *Il y a un silence encore.* CRÉON *s'approche*
> *d'elle.*

CRÉON. Qu'est-ce que tu vas faire maintenant?

ANTIGONE *se lève comme une somnambule.* Je vais
remonter dans ma chambre. 25

CRÉON. Ne reste pas trop seule. Va voir Hémon, ce
matin. Marie-toi vite.

ANTIGONE, *dans un souffle.* Oui.

CRÉON. Tu as toute ta vie devant toi. Notre discussion était bien oiseuse, je t'assure. Tu as ce trésor, 30
toi, encore.

ANTIGONE. Oui.

CRÉON. Rien d'autre ne compte. Et tu allais le
gaspiller! Je te comprends, j'aurais fait comme toi à
vingt ans. C'est pour cela que je buvais tes paroles. 35

J'écoutais du fond du temps un petit Créon maigre et
pâle comme toi et qui ne pensait qu'à tout donner lui
aussi . . . Marie-toi vite, Antigone, sois heureuse. La
vie n'est pas ce que tu crois. C'est une eau que les
5 jeunes gens laissent couler sans le savoir, entre leurs
doigts ouverts. Ferme tes mains, ferme tes mains, vite.
Retiens-la. Tu verras, cela deviendra une petite chose
dure et simple qu'on grignote, assis au soleil. Ils te
diront tous le contraire parce qu'ils ont besoin de ta
10 force et de ton élan. Ne les écoute pas. Ne m'écoute pas
quand je ferai mon prochain discours devant le tombeau d'Étéocle. Ce ne sera pas vrai. Rien n'est vrai
que ce qu'on ne dit pas . . . Tu l'apprendras toi
aussi, trop tard, la vie c'est un livre qu'on aime, c'est
15 un enfant qui joue à vos pieds, un outil qu'on tient
bien dans sa main, un banc pour se reposer le soir devant sa maison. Tu vas me mépriser encore, mais de
découvrir cela, tu verras, c'est la consolation dérisoire
de vieillir, la vie, ce n'est peut-être tout de même que
20 le bonheur.

ANTIGONE *murmure, le regard perdu.* Le bonheur . . .

CRÉON *a un peu honte soudain.* Un pauvre mot, hein?

ANTIGONE, *doucement.* Quel sera-t-il, mon bonheur? Quelle femme heureuse deviendra-t-elle, la
25 petite Antigone? Quelles pauvretés faudra-t-il qu'elle
fasse elle aussi, jour par jour, pour arracher avec ses
dents son petit lambeau de bonheur? Dites, à qui
devra-t-elle mentir, à qui sourire, à qui se vendre?
Qui devra-t-elle laisser mourir en détournant le re-
30 gard?

CRÉON *hausse les épaules.* Tu es folle, tais-toi.

ANTIGONE. Non, je ne me tairai pas! Je veux savoir
comment je m'y prendrai, moi aussi, pour être heureuse. Tout de suite, puisque c'est tout de suite qu'il

faut choisir. Vous dites que c'est si beau la vie. Je veux
savoir comment je m'y prendrai pour vivre.

CRÉON. Tu aimes Hémon?

ANTIGONE. Oui, j'aime Hémon. J'aime un Hémon
dur et jeune; un Hémon exigeant et fidèle, comme 5
moi. Mais si votre vie, votre bonheur doivent passer
sur lui avec leur usure, si Hémon ne doit plus pâlir
quand je pâlis, s'il ne doit plus me croire morte quand
je suis en retard de cinq minutes, s'il ne doit plus se
sentir seul au monde et me détester quand je ris sans 10
qu'il sache pourquoi, s'il doit devenir près de moi le
monsieur Hémon, s'il doit apprendre à dire «oui,»
lui aussi, alors je n'aime plus Hémon!

CRÉON. Tu ne sais plus ce que tu dis. Tais-toi.

ANTIGONE. Si, je sais ce que je dis, mais c'est vous 15
qui ne m'entendez plus. Je vous parle de trop loin
maintenant, d'un royaume où vous ne pouvez plus
entrer avec vos rides, votre sagesse, votre ventre.
(*Elle rit*) Ah! je ris, Créon, je ris parce que je te vois à
quinze ans, tout d'un coup! C'est le même air d'im- 20
puissance et de croire qu'on peut tout. La vie t'a seulement ajouté tous ces petits plis sur le visage et cette
graisse autour de toi.

CRÉON *la secoue*. Te tairas-tu, enfin?

ANTIGONE. Pourquoi veux-tu me faire taire? 25
Parce que tu sais que j'ai raison? Tu crois que je ne lis
pas dans tes yeux que tu le sais? Tu sais que j'ai raison,
mais tu ne l'avoueras jamais parce que tu es en train
de défendre ton bonheur en ce moment comme un os.

CRÉON. Le tien et le mien, oui, imbécile! 30

ANTIGONE. Vous me dégoûtez tous avec votre bon-
heur! Avec votre vie qu'il faut aimer coûte que coûte.
On dirait des chiens qui lèchent tout ce qu'ils trouvent.
Et cette petite chance pour tous les jours, si on n'est

pas trop exigeant. Moi, je veux tout, tout de suite,—
et que ce soit entier—ou alors je refuse! Je ne veux pas
être modeste, moi, et me contenter d'un petit morceau
si j'ai été bien sage. Je veux être sûre de tout aujourd'-
5 hui et que cela soit aussi beau que quand j'étais petite
—ou mourir.

CRÉON. Allez, commence, commence, comme ton
père!

ANTIGONE. Comme mon père, oui! Nous sommes
10 de ceux qui posent les questions jusqu'au bout. Jusqu'à ce qu'il ne reste vraiment plus la petite chance
d'espoir vivante, la plus petite chance d'espoir à
étrangler. Nous sommes de ceux qui lui sautent dessus
quand ils le rencontrent, votre espoir, votre cher es-
15 poir, votre sale espoir!

CRÉON. Tais-toi! Si tu te voyais criant ces mots,
tu es laide.

ANTIGONE. Oui, je suis laide! C'est ignoble,
n'est-ce pas, ces cris, ces sursauts, cette lutte de chif-
20 fonniers. Papa n'est devenu beau qu'après, quand il a
été bien sûr, enfin, qu'il avait tué son père, que c'était
bien avec sa mère qu'il avait couché, et que rien, plus
rien, ne pouvait le sauver. Alors, il s'est calmé tout
d'un coup, il a eu comme un sourire, et il est devenu
25 beau. C'était fini. Il n'a plus eu qu'à fermer les yeux
pour ne plus vous voir! Ah! vos têtes, vos pauvres
têtes de candidats au bonheur! C'est vous qui êtes
laids, même les plus beaux. Vous avez tous quelque
chose de laid au coin de l'œil ou de la bouche. Tu l'as
30 bien dit tout à l'heure, Créon, la cuisine. Vous avez
des têtes de cuisiniers!

CRÉON *lui broie le bras.* Je t'ordonne de te taire
maintenant, tu entends?

ANTIGONE. Tu m'ordonnes, cuisinier? Tu crois que
35 tu peux m'ordonner quelque chose?

CRÉON. L'antichambre est pleine de monde. Tu veux donc te perdre? On va t'entendre.

ANTIGONE. Eh bien, ouvre les portes. Justement, ils vont m'entendre!

CRÉON, *qui essaie de lui fermer la bouche de force.* ⁵ Vas-tu te taire, enfin, bon Dieu?

ANTIGONE *se débat.* Allons vite, cuisinier! Appelle tes gardes!

La porte s'ouvre. Entre ISMÈNE.

ISMÈNE, *dans un cri.* Antigone! 10

ANTIGONE. Qu'est-ce que tu veux, toi aussi?

ISMÈNE. Antigone, pardon! Antigone, tu vois, je viens, j'ai du courage. J'irai maintenant avec toi.

ANTIGONE. Où iras-tu avec moi?

ISMÈNE. Si vous la faites mourir, il faudra me faire 15 mourir avec elle!

ANTIGONE. Ah! non. Pas maintenant. Pas toi! C'est moi, c'est moi seule. Tu ne te figures pas que tu vas venir mourir avec moi maintenant. Ce serait trop facile! 20

ISMÈNE. Je ne veux pas vivre si tu meurs, je ne veux pas rester sans toi!

ANTIGONE. Tu as choisi la vie et moi la mort. Laisse-moi maintenant avec tes jérémiades. Il fallait y aller ce matin, à quatre pattes, dans la nuit. Il fallait 25 aller gratter la terre avec tes ongles pendant qu'ils étaient tout près et te faire empoigner par eux comme une voleuse!

ISMÈNE. Eh bien, j'irai demain!

ANTIGONE. Tu l'entends, Créon? Elle aussi. Qui 30 sait si cela ne va pas prendre à d'autres encore,⁴⁷ en m'écoutant? Qu'est-ce que tu attends pour me faire taire, qu'est-ce que tu attends pour appeler tes gardes?

---

⁴⁷ *Qui sait . . . encore,* who knows whether that will not be catching for still others.

Allons, Créon, un peu de courage, ce n'est qu'un mauvais moment à passer. Allons, cuisinier, puisqu'il le faut!

CRÉON *crie soudain.* Gardes!

5   LES GARDES *apparaissent aussitôt.*

CRÉON. Emmenez-la.

ANTIGONE, *dans un grand cri soulagé.* Enfin, Créon!

         LES GARDES *se jettent sur elle et l'emmènent.*

         ISMÈNE *sort en criant derrière elle.*

10 ISMÈNE. Antigone! Antigone!

         CRÉON *est resté seul,* LE CHŒUR *entre et va à lui.*

LE CHŒUR. Tu es fou, Créon. Qu'as-tu fait?

CRÉON, *qui regarde au loin devant lui.* Il fallait qu'elle
15 meure.

LE CHŒUR. Ne laisse pas mourir Antigone, Créon! Nous allons tous porter cette plaie au côté, pendant des siècles.

CRÉON. C'est elle qui voulait mourir. Aucun de
20 nous n'était assez fort pour la décider à vivre. Je le comprends maintenant, Antigone, était faite pour être morte. Elle-même ne le savait peut-être pas, mais Polynice n'était qu'un prétexte. Quand elle a dû y renoncer, elle a trouvé autre chose tout de suite. Ce
25 qui importait pour elle, c'était de refuser et de mourir.

LE CHŒUR. C'est une enfant, Créon.

CRÉON. Que veux-tu que je fasse pour elle? La condamner à vivre?

HÉMON *entre en criant.* Père!

30 CRÉON *court à lui, l'embrasse.* Oublie-la, Hémon; oublie-la, mon petit.

HÉMON. Tu es fou, père. Lâche-moi.

CRÉON *le tient plus fort.* J'ai tout essayé pour la sauver, Hémon. J'ai tout essayé, je te le jure. Elle ne t'aime pas. Elle aurait pu vivre. Elle a préféré sa folie et la mort.

HÉMON *crie, tentant de s'arracher à son étreinte.* Mais, père, tu vois bien qu'ils l'emmènent! Père, ne laisse pas ces hommes l'emmener! 5

CRÉON. Elle a parlé maintenant. Tout Thèbes sait ce qu'elle a fait. Je suis obligé de la faire mourir.

HÉMON *s'arrache de ses bras.* Lâche-moi!

> *Un silence. Ils sont l'un en face de l'autre. Ils*
> *se regardent.* 10

LE CHŒUR *s'approche.* Est-ce qu'on ne peut pas imaginer quelque chose, dire qu'elle est folle, l'enfermer?

CRÉON. Ils diront que ce n'est pas vrai. Que je la sauve parce qu'elle allait être la femme de mon fils. 15 Je ne peux pas.

LE CHŒUR. Est-ce qu'on ne peut pas gagner du temps, la faire fuir demain?

CRÉON. La foule sait déjà, elle hurle autour du palais. Je ne peux pas. 20

HÉMON. Père, la foule n'est rien. Tu es le maître.

CRÉON. Je suis le maître avant la loi. Plus après.

HÉMON. Père, je suis ton fils, tu ne peux pas me la laisser prendre.

CRÉON. Si, Hémon. Si, mon petit. Du courage. 25 Antigone ne peut plus vivre. Antigone nous a déjà quittés tous.

HÉMON. Crois-tu que je pourrai vivre, moi, sans elle? Crois-tu que je l'accepterai, votre vie? Et tous les jours, depuis le matin jusqu'au soir, sans elle. Et votre 30 agitation, votre bavardage, votre vide, sans elle.

CRÉON. Il faudra bien que tu acceptes, Hémon. Chacun de nous a un jour, plus ou moins triste, plus ou moins lointain, où il doit enfin accepter d'être un

homme. Pour toi, c'est aujourd'hui . . . Et te voilà
devant moi avec ces larmes au bord de tes yeux et ton
cœur qui te fait mal—mon petit garçon, pour la dernière fois . . . Quand tu te seras détourné, quand tu
5 auras franchi ce seuil tout à l'heure, ce sera fini.

HÉMON *recule un peu et dit doucement.* C'est déjà fini.

CRÉON. Ne me juge pas, Hémon. Ne me juge pas,
toi aussi.

HÉMON *le regarde et dit soudain.* Cette grande force
10 et ce courage, ce dieu géant qui m'enlevait dans ses
bras et me sauvait des monstres et des ombres, c'était
toi? Cette odeur défendue et ce bon pain du soir, sous
la lampe, quand tu me montrais des livres dans ton
bureau, c'était toi, tu crois?

15 CRÉON, *humblement.* Oui, Hémon.

HÉMON. Tous ces soins, tout cet orgueil, tous ces
livres pleins de héros, c'était donc pour en arriver là?
Etre un homme, comme tu dis, et trop heureux de
vivre?

20 CRÉON. Oui, Hémon.

HÉMON *crie soudain comme un enfant se jetant dans ses
bras.* Père, ce n'est pas vrai! Ce n'est pas toi, ce n'est
pas aujourd'hui! Nous ne sommes pas tous les deux
au pied de ce mur où il faut seulement dire oui. Tu es
25 encore puissant, toi, comme lorsque j'étais petit. Ah!
je t'en supplie, père, que je t'admire, que je t'admire
encore! Je suis trop seul et le monde est trop nu si je
ne peux plus t'admirer.

CRÉON *le détache de lui.* On est tout seul, Hémon.
30 Le monde est nu. Et tu m'as admiré trop longtemps.
Regarde-moi, c'est cela devenir un homme, voir le
visage de son père en face, un jour.

HÉMON *le regarde, puis recule en criant.* Antigone!
Antigone! Au secours!

35   *Il est sorti en courant.*

Le Chœur *va à Créon.*   Créon, il est sorti comme un fou.

Créon, *qui regarde au loin, droit devant lui, immobile.* Oui. Pauvre petit, il l'aime.

Le Chœur.   Créon, il faut faire quelque chose.   5

Créon.   Je ne peux plus rien.

Le Chœur.   Il est parti, touché à mort.

Créon, *sourdement.*   Oui, nous sommes tous touchés à mort.

> Antigone *entre dans la pièce, poussée par* 10
> les Gardes *qui s'arc-boutent contre la porte, derrière laquelle on devine la foule hurlante.*

Le Garde.   Chef, ils envahissent le palais!

Antigone.   Créon, je ne veux plus voir leurs 15 visages, je ne veux plus entendre leurs cris, je ne veux plus voir personne! Tu as ma mort maintenant, c'est assez. Fais que je ne voie plus personne jusqu'à ce que ce soit fini.

Créon *sort en criant aux gardes.*   La garde aux portes! 20 Qu'on vide le palais! Reste ici avec elle, toi.

> Les deux autres Gardes *sortent, suivis par* le Chœur. Antigone *reste seule avec* le premier Garde. Antigone *le re-garde.*   25

Antigone *dit soudain.*   Alors, c'est toi?

Le Garde.   Qui, moi?

Antigone.   Mon dernier visage d'homme.

Le Garde.   Faut croire.

Antigone.   Que je te regarde . . .   30

Le Garde *s'éloigne, gêné.*   Ça va.

Antigone.   C'est toi qui m'as arrêtée, tout à l'heure?

Le Garde.   Oui, c'est moi.

Antigone.   Tu m'as fait mal. Tu n'avais pas be- 35

soin de me faire mal. Est-ce que j'avais l'air de vouloir me sauver?

LE GARDE.   Allez, allez, pas d'histoires! Si ce n'était pas vous, c'était moi qui y passais.

5   ANTIGONE.   Quel âge as-tu?

LE GARDE.   Trente-neuf ans.

ANTIGONE.   Tu as des enfants?

LE GARDE.   Oui, deux.

ANTIGONE.   Tu les aimes?

10   LE GARDE.   Cela ne vous regarde pas.

> *Il commence à faire les cent pas[48] dans la pièce:*
> *pendant un moment, on n'entend plus que le*
> *bruit de ses pas.*

ANTIGONE *demande tout humble.*   Il y a longtemps que
15 vous êtes garde?

LE GARDE.   Après la guerre. J'étais sergent. J'ai rengagé.

ANTIGONE.   Il faut être sergent pour être garde?

LE GARDE.   En principe, oui. Sergent ou avoir
20 suivi le peloton spécial. Devenu garde, le sergent perd son grade. Un exemple: je rencontre une recrue de l'armée, elle peut ne pas me saluer.

ANTIGONE.   Ah oui?

LE GARDE.   Oui. Remarquez que, généralement,
25 elle le fait. La recrue sait que le garde est un gradé. Question solde: on a la solde ordinaire du garde, comme ceux du peloton spécial, et, pendant six mois, à titre de gratification,[49] un rappel de supplément[50] de la solde de sergent. Seulement, comme garde, on a
30 d'autres avantages. Logement, chauffage, allocations.[51] Finalement, le garde marié avec deux enfants arrive à se faire plus que le sergent de l'active.

---

[48] *faire les cent pas,* to walk up and down.
[49] *gratification,* bonus.
[50] *un rappel de supplément,* extra back pay.
[51] *allocations,* allowances.

ANTIGONE. Ah oui?

LE GARDE. Oui. C'est ce qui vous explique la rivalité entre le garde et le sergent. Vous avez peut-être pu remarquer que le sergent affecte de mépriser le garde. Leur grand argument, c'est l'avancement. 5 D'un sens, c'est juste. L'avancement du garde est plus lent et plus difficile que dans l'armée. Mais vous ne devez pas oublier qu'un brigadier des gardes, c'est autre chose qu'un sergent chef.[52]

ANTIGONE *lui dit soudain.* Écoute . . . 10

LE GARDE. Oui.

ANTIGONE. Je vais mourir tout à l'heure.

> LE GARDE *ne répond pas. Un silence. Il fait les cent pas. Au bout d'un moment, il reprend.* 15

LE GARDE. D'un autre côté, on a plus de considérations pour le garde que pour le sergent de l'active. Le garde, c'est un soldat, mais c'est presque un fonctionnaire.

ANTIGONE. Tu crois qu'on a mal pour mourir? 20

LE GARDE. Je ne peux pas vous dire. Pendant la guerre, ceux qui étaient touchés au ventre, ils avaient mal. Moi, je n'ai jamais été blessé. Et, d'un sens, ça m'a nui pour l'avancement.

ANTIGONE. Comment vont-ils me faire mourir? 25

LE GARDE. Je ne sais pas. Je crois que j'ai entendu dire que pour ne pas souiller la ville de votre sang, ils allaient vous murer dans un trou.

ANTIGONE. Vivante?

LE GARDE. Oui, d'abord. 30

> *Un silence.* LE GARDE *se fait une chique.*

ANTIGONE. O tombeau! O lit nuptial! O ma demeure souterraine! . . . (*Elle est toute petite au milieu*

---

[52] *sergent chef,* top sergeant.

de la grande pièce nue. On dirait qu'elle a un peu froid. Elle s'entoure de ses bras. Elle murmure) Toute seule . . .

Le Garde, *qui a fini sa chique.* Aux cavernes de Hadès, aux portes de la ville. En plein soleil. Une
5 drôle de corvée encore pour ceux qui seront de faction. Il avait d'abord été question d'y mettre l'armée. Mais, aux dernières nouvelles, il paraît que c'est encore la garde qui fournira les piquets. Elle a bon dos, la garde! Étonnez-vous après qu'il existe une jalousie
10 entre le garde et le sergent d'active . . .

Antigone *murmure, soudain lasse.* Deux bêtes . . .

Le Garde. Quoi, deux bêtes?

Antigone. Des bêtes se serreraient l'une contre l'autre pour se faire chaud. Je suis toute seule.

15 Le Garde. Si vous avez besoin de quelque chose, c'est différent. Je peux appeler.

Antigone. Non. Je voudrais seulement que tu remettes une lettre à quelqu'un quand je serai morte.

Le Garde. Comment ça, une lettre?

20 Antigone. Une lettre que j'écrirai.

Le Garde. Ah! ça non! Pas d'histoires! Une lettre! Comme vous y allez, vous! Je risquerais gros, moi, à ce petit jeu-là!

Antigone. Je te donnerai cet anneau si tu ac-
25 ceptes.

Le Garde. C'est de l'or?

Antigone. Oui. C'est de l'or.

Le Garde. Vous comprenez, si on me fouille, moi, c'est le conseil de guerre. Cela vous est égal à vous?
30 (*Il regarde encore la bague*) Ce que je peux, si vous voulez, c'est écrire sur mon carnet ce que vous auriez voulu dire. Après, j'arracherai la page. De mon écriture, ce n'est pas pareil.

Antigone *a les yeux fermés: elle murmure avec un pauvre*

rictus. Ton écriture . . . (*Elle a un petit frisson*) C'est trop laid, tout cela, tout est trop laid.

Le Garde, *vexé, fait mine de rendre la bague.* Vous savez, si vous ne voulez pas, moi . . .

Antigone. Si. Garde la bague et écris. Mais fais 5 vite . . . J'ai peur que nous n'ayons plus le temps . . . Écris: «Mon chéri . . .»

Le Garde, *qui a pris son carnet et suce sa mine.* C'est pour votre bon ami?

Antigone. Mon chéri, j'ai voulu mourir et tu ne 10 vas peut-être plus m'aimer . . .

Le Garde *répète lentement de sa grosse voix en écrivant.* «Mon chéri, j'ai voulu mourir et tu ne vas peut-être plus m'aimer . . .»

Antigone. Et Créon avait raison, c'est terrible, 15 maintenant, à côté de cet homme, je ne sais plus pourquoi je meurs. J'ai peur . . .

Le Garde, *qui peine sur sa dictée.* «Créon avait raison, c'est terrible . . .»

Antigone. Oh! Hémon, notre petit garçon. Je le 20 comprends seulement maintenant combien c'était simple de vivre . . .

Le Garde *s'arrête.* Eh! dites, vous allez trop vite. Comment voulez-vous que j'écrive? Il faut le temps tout de même . . . 25

Antigone. Où en étais-tu?

Le Garde *se relit.* «C'est terrible maintenant à côté de cet homme . . .»

Antigone. Je ne sais plus pourquoi je meurs.

Le Garde *écrit, suçant sa mine.* «Je ne sais plus 30 pourquoi je meurs . . .» On ne sait jamais pourquoi on meurt.

Antigone *continue.* J'ai peur . . . (*Elle s'arrête. Elle se dresse soudain*) Non. Raye tout cela. Il vaut

mieux que jamais personne ne sache. C'est comme s'ils
devaient me voir nue et me toucher quand je serai
morte. Mets seulement: «Pardon.»

Le Garde.   Alors, je raye la fin et je mets pardon
5 à la place?

Antigone.   Oui. Pardon, mon chéri. Sans la petite
Antigone, vous auriez tous été bien tranquilles. Je
t'aime . . .

Le Garde.   «Sans la petite Antigone, vous auriez
10 tous été bien tranquilles. Je t'aime . . .» c'est tout?

Antigone.   Oui, c'est tout.

Le Garde.   C'est une drôle de lettre.

Antigone.   Oui, c'est une drôle de lettre.

Le Garde.   Et c'est à qui qu'elle est adressée?

15   *A ce moment, la porte s'ouvre.* Les autres
          Gardes *paraissent.* Antigone *se lève, les*
          regarde, regarde le premier Garde *qui*
          s'est dressé derrière elle, il empoche la bague
          et range le carnet, l'air important . . .
20   *Il voit le regard d'*Antigone. *Il gueule*
          pour se donner une contenance.

Le Garde.   Allez! pas d'histoires!

          Antigone *a un pauvre sourire. Elle baisse la*
          tête. Elle s'en va sans un mot vers les
25   autres Gardes. *Ils sortent tous.*

Le Chœur *entre soudain.*   Là! C'est fini pour Antigone. Maintenant, le tour de Créon approche. Il va
falloir qu'ils y passent tous.

Le Messager *fait irruption, criant.*   La reine? où
30 est la reine?

Le Chœur.   Que lui veux-tu? Qu'as-tu à lui apprendre?

Le Messager.   Une terrible nouvelle. On venait
de jeter Antigone dans son trou. On n'avait pas encore
35 fini de rouler les derniers blocs de pierre lorsque Créon

et tous ceux qui l'entourent entendent des plaintes qui
sortent soudain du tombeau. Chacun se tait et écoute,
car ce n'est pas la voix d'Antigone. C'est une plainte
nouvelle qui sort des profondeurs du trou . . . Tous
regardent Créon, et lui qui a deviné le premier, lui 5
qui sait déjà avant tous les autres, hurle soudain
comme un fou: «Enlevez les pierres! Enlevez les pierres!» Les esclaves se jettent sur les blocs entassés et,
parmi eux, le roi suant, dont les mains saignent. Les
pierres bougent enfin et le plus mince se glisse dans 10
l'ouverture. Antigone est au fond de la tombe pendue
aux fils de sa ceinture, des fils bleus, des fils verts, des
fils rouges qui lui font comme un collier d'enfant, et
Hémon à genoux qui la tient dans ses bras et gémit, le
visage enfoui dans sa robe. On bouge un bloc encore et 15
Créon peut enfin descendre. On voit ses cheveux
blancs dans l'ombre, au fond du trou. Il essaie de
relever Hémon, il le supplie. Hémon ne l'entend pas.
Puis soudain il se dresse, les yeux noirs, et il n'a jamais
tant ressemblé au petit garçon d'autrefois, il regarde 20
son père sans rien dire, une minute, et, tout à coup, il
lui crache au visage, et tire son épée. Créon a bondi
hors de portée. Alors Hémon le regarde avec ses yeux
d'enfant, lourds de mépris, et Créon ne peut pas éviter
ce regard comme la lame. Hémon regarde ce vieil 25
homme tremblant à l'autre bout de la caverne et, sans
rien dire, il se plonge l'épée dans le ventre et il s'étend
contre Antigone, l'embrassant dans une immense
flaque rouge.

CRÉON *entre avec son* PAGE.   Je les ai fait coucher 30.
l'un près de l'autre, enfin! Ils sont lavés, maintenant,
reposés. Ils sont seulement un peu pâles, mais si calmes. Deux amants au lendemain de la première nuit.
Ils ont fini, eux.

LE CHŒUR.   Pas toi, Créon. Il te reste encore quel- 35

que chose à apprendre. Eurydice, la reine, ta
femme . . .

CRÉON. Une bonne femme parlant toujours de
son jardin, de ses confitures, de ses tricots, de ses éter-
5 nels tricots pour les pauvres. C'est drôle comme les
pauvres ont éternellement besoin de tricots. On dirait
qu'ils n'ont besoin que de tricots . . .

LE CHŒUR. Les pauvres de Thèbes auront froid
cet hiver, Créon. En apprenant la mort de son fils, la
10 reine a posé ses aiguilles, sagement, après avoir terminé son rang, posément, comme tout ce qu'elle fait,
un peu plus tranquillement peut-être que d'habitude.
Et puis elle est passée dans sa chambre, sa chambre à
l'odeur de lavande, aux petits napperons brodés et
15 aux cadres de peluche, pour s'y couper la gorge,
Créon. Elle est étendue maintenant sur un des petits
lits jumeaux démodés, à la même place où tu l'as vue
jeune fille un soir, et avec le même sourire, à peine un
peu plus triste. Et s'il n'y avait pas cette large tache
20 rouge sur les linges autour de son cou, on pourrait
croire qu'elle dort.

CRÉON. Elle aussi. Ils dorment tous. C'est bien.
La journée a été rude. (*Un temps. Il dit sourdement*)
Cela doit être bon de dormir.

25 LE CHŒUR. Et tu es tout seul maintenant, Créon.

CRÉON. Tout seul, oui. (*Un silence. Il pose sa main
sur l'épaule de son* PAGE) Petit . . .

LE PAGE. Monsieur?

CRÉON. Je vais te dire à toi. Ils ne savent pas, les
30 autres; on est là, devant l'ouvrage, on ne peut pourtant
pas se croiser les bras. Ils disent que c'est une sale besogne, mais si on ne la fait pas, qui la fera?

LE PAGE. Je ne sais pas, monsieur.

CRÉON. Bien sûr, tu ne sais pas. Tu en as de la
35 chance! Ce qu'il faudrait, c'est ne jamais savoir. Il te
tarde d'être grand, toi?

LE PAGE. Oh oui, monsieur!

CRÉON. Tu es fou, petit. Il faudrait ne jamais devenir grand. (*L'heure sonne au loin, il murmure*) Cinq heures. Qu'est-ce que nous avons aujourd'hui à cinq heures? 5

LE PAGE. Conseil, monsieur.

CRÉON. Eh bien, si nous avons conseil, petit, nous allons y aller.

Ils sortent, CRÉON *s'appuyant sur* LE PAGE

LE CHŒUR *s'avance.* Et voilà. Sans la petite Anti- 10 gone, c'est vrai, ils auraient tous été bien tranquilles. Mais maintenant, c'est fini. Ils sont tout de même tranquilles. Tous ceux qui avaient à mourir sont morts. Ceux qui croyaient une chose, et puis ceux qui croyaient le contraire—même ceux qui ne croyaient rien 15 et qui se sont trouvés pris dans l'histoire sans y rien comprendre. Morts pareils, tous, bien raides, bien inutiles, bien pourris. Et ceux qui vivent encore vont commencer tout doucement à les oublier et à confondre leurs noms. C'est fini. Antigone est calmée 20 maintenant, nous ne saurons jamais de quelle fièvre. Son devoir lui est remis. Un grand apaisement triste tombe sur Thèbes et sur le palais vide où Créon va commencer à attendre la mort.

Pendant qu'il parlait, LES GARDES *sont en-* 25 *trés. Ils se sont installés sur un banc, leur litre de rouge à côté d'eux, leur chapeau sur la nuque, et ils ont commencé une partie de cartes.*

LE CHŒUR. Il ne reste plus que les gardes, Eux, 30 tout ça, cela leur est égal; c'est pas leurs oignons.[53] Ils continuent à jouer aux cartes . . .

Le rideau tombe rapidement pendant que LES GARDES *abattent leurs atouts.*

---

[53] *leurs oignons,* their affair.

VOCABULARY

Since this volume is not intended for beginners, we have not considered it necessary to make the vocabulary complete. Common words (pronouns, numbers, nouns, adjectives, adverbs, prepositions, verbs) *of high frequency* have not been included. Most reliable cognates have also been omitted. Within these limits we have tried to make the vocabulary as useful as possible.

A

abaisser to lower
abattoir *m.* slaughterhouse
abattre to beat down, dishearten; to throw down (as in a card game); s'— to burst
abeille *f.* bee
abîmer to destroy, damage
abois *m.pl.* distress; **aux** — at bay
abonné *m.* subscriber
aborder to come near, accost
aboutir to end in, come to a conclusion
abri *m.* shelter
abuser to deceive; to abuse
accablement *m.* dejection
accabler to overwhelm; **être accablé** to be dejected
accolade *f.* embrace, accolade
accoler to couple
accorder to grant; **s'**— to agree, suit
s'accouder à to lean on; **accoudé** leaning
accroc *m.* error, hitch
accrocher to hang up, hook, lock; s'— to cling
s'accroître to increase
accueillir to receive, welcome
s'acharner to be intent, be bitter; **acharné** intent, desperate, bitter
achat *m.* purchase

achever to finish
acier *m.* steel
actuel present, existing
s'adosser (à) to back up (against)
adoucir to soften
s'affaisser to collapse
affiche *f.* poster, notice
affolé distracted, frantic
affreux frightful
agacer to irritate
s'agenouiller to kneel
agir to act; **s'**— **de** to be a question of; must
agrandissement *m.* enlargement
aïe oh! ah!
aïeul *m.* ancestor
aigu acute, piercing
aiguille *f.* needle
ail *m.* garlic
aile *f.* wing; **à tire d'**— at full speed
aîné elder, first-born
ajouter to add
alevin *m.* trout fry
allègre joyful
allumer to light
allumette *f.* match
allure *f.* pace; conduct, demeanor; looks
alpestre Alpine
amadouer to coax, persuade
amas *m.* pile, heap
âme *f.* soul

amer bitter
amertume *f.* bitterness
ameublement *m.* furniture, furnishings
amical friendly
anéantir to annihilate, crush
angoisse *f.* anguish
anneau *m.* ring
antiquaire *m.* dealer in antiques
aperçu *m.* view; estimate
apéritif *m.* appetizer
aplanir to smooth out
aplomb *m.* self-assurance
apologue *m.* fable
apothéose *f.* deification, apotheosis
appareil *m.* apparatus; telephone
appât *m.* bait
apport *m.* contribution
appuyer to support; **s'—** to lean
arc-bouter to prop, buttress
argyien of Argos
armoire *f.* closet, cupboard
arpenteur *m.* surveyor
arracher to pluck, tear away
arrêt *m.* decision, sentence
arrêter to stop, arrest
arrière *m.* rear
asséner to strike
assister à to be present at
atout *m.* trump
atteindre to reach, attain; **s'—** to expect
attendrir to move, soften, make tender
attentat *m.* criminal attempt
attifer to deck out, adorn
attirail *m.* apparatus, gear
attraper to catch
aubaine *f.* windfall, piece of good luck
aube *f.* dawn
au-dessous beneath, below
au-dessus above, over
aumône *f.* alms
auparavant before
auréole *f.* halo

auréoler to put a halo around
aurore *f.* dawn
autel *m.* altar
avaler to swallow
avenir *m.* future
avertir to notify; to warn
aveu *m.* avowal, confession
aveugle blind
avis *m.* opinion
avocat *m.* lawyer
avouer to confess

B

bafouer to scoff at
bafouiller to stammer, splutter
bague *f.* ring
baie *f.* bay, bay window
baigner to bathe
baiser to kiss
baisser to lower; to hang
balbutier to stammer
balle *f.* bullet
ballotter to toss
bandeau *m.* blindfold
barbouiller to daub, smear
barre *f.* helm
bateau *m.* boat
bâtiment *m.* building
bâtir to build
bâton *m.* stick
battre to strike, hit, beat; to search; **s'—** to fight
bavard talkative; gossip
bavarder to gossip, chat
bavardise *f.* babbling
bave *f.* drooling
bec-de-lièvre *m.* harelip
beffroi *m.* belfry
bélier *m.* battering ram
bénéfice *m.* profit
berceau *m.* cradle
bercer to cradle
berge *f.* bluff, steep bank (of a river)
besogne *f.* task
besoin *m.* need
bête *f.* beast, dumb *or* stupid creature; *adj.* stupid
bêtise *f.* absurdity, silly thing
beurrer to butter

bibliothèque *f.* library
bicoque *f.* cottage
bigarré motley
bijou *m.* jewel
billet *m.* note; ticket
bimillénaire two thousand
years old
blague *f.* joke, trick
blanc-bec *m.* greenhorn, callow youth
blesser to wound
blessure *f.* wound
se blottir to crouch; blottie
contre lui close against him
bœuf *m.* ox
boisson *f.* drink
boîte *f.* box; "joint"
boniment *m.* patter
bord *m.* edge
border to tuck in; to edge
borne *f.* limit
bosse *f.* hump, lump
bouche *f.* mouth
boucherie *f.* butcher shop;
slaughter
bouclette *f.* little curl
bouclier *m.* shield
boue *f.* mud
bouffée *f.* whiff, gust
bouffon grotesque
bouffonnerie *f.* clowning
bouger to move
bougon gruff
bougre *m.* fellow
bouillie *f.* pulp, mush
bouillonner to bubble
boulette *f.* little ball
bouleverser to upset
bourrade *f.* blow
bourreau *m.* executioner
bourru gruff
bout *m.* end; bit
bouteille *f.* bottle
boutique *f.* shop
brandir to wave, brandish
braver to defy
bref *adv.* in short; *adj.* brief
bretelles *f.pl.* suspenders
breuvage *m.* drink
bricoler to potter

brigadier *m.* corporal
briller to shine
brin *m.* blade
briser to break
broder to embroider
brouillard *m.* fog
se brouiller to quarrel
broyer to crush
bruit *m.* noise; rumor
brûler to burn
brusquer to precipitate
bruyant noisy
buffet *m.* sideboard; lunchroom
bureau *m.* office; desk; — d'attente waiting room
but *m.* aim, purpose
butte *f.* knoll; en — à exposed to

C

cache-nez *m.* scarf
cacher to hide
cacheter to seal
cadavre *m.* corpse
cadeau *m.* gift, present
cadre *m.* frame; list, roll
cale *f.* hold
caler to slip; to down
câliner to fondle, cajole, wheedle
calorifère *m.* furnace
calvaire *m.* martyrdom, calvary
canaille *f.* rascal, blackguard
caniche *m.* poodle
canot *m.* rowboat
canotage *m.* boating
à la cantonade speaking offstage
cantonner to billet
carnassier *m.* carnivorous fellow
carnet *m.* notebook, pad
carré square
carrefour *m.* crossroads, corner
carte *f.* map; card
casaque *f.* greatcoat
caserne *f.* barracks
casimir *m.* cashmere
casser to break; to annul
cauchemar *m.* nightmare

caveau *m.* cellar; burial vault
céans within; maître de —
master of the house
cèdre *m.* cedar
ceinture *f.* belt
cendre *f.* ash
centauresse *f.* female centaur
(half woman, half beast)
centuple hundredfold
cercle *m.* club
cercueil *m.* coffin
cerf *m.* stag
certes certainly
cerveau *m.* brain
chacal *m.* jackal
chahut *m.* racket
chair *f.* flesh
chalet *m.* (Swiss) cottage, chalet
chaleur *f.* heat
champ *m.* field; — de foire
fair grounds
chance *f.* luck, chance
chanceler to totter
chandail *m.* sweater
chantage *m.* blackmail
chanter to sing; faire — to
blackmail
chantonner to hum
charbon *m.* coal
charbonnier *m.* coal man
charge *f.* load; care; expense;
rester à leur — to remain a
burden to them
charger to load; se — de to
take charge of
charrette *f.* cart
chasser to drive out, hunt
châtain auburn, chestnut
chauffage *m.* heating system
chauffer to warm, heat
chaussette *f.* sock
chaussure *f.* shoe
chef d'œuvre *m.* masterpiece
chef de service *m.* department
head, head clerk
cheminée *f.* chimney, fireplace
chemise *f.* shirt; casing; folder;
en bras de — in shirt sleeves
chemisette *f.* dicky

chêne *m.* oak
chétif, -ve fragile
cheville *f.* ankle
chien *m.* dog
chiffonnier *m.* ragpicker
chiffre *m.* initial; figure, number
chimérique chimerical, vision-
ary
chimique chemical
chique *f.* quid (of tobacco)
chœur *m.* choir
chou *m.* cabbage
chouan *m.* royalist
chouette *f.* owl
chuchoter to whisper
chute *f.* fall
cicatrice *f.* scar
ciel *m.* sky, heaven
cigogne *f.* stork
cil *m.* eyelash
cimetière *m.* cemetery
cingler to lash
ciseaux *m. pl.* scissors
citoyen *m.* citizen
civière *f.* stretcher
clairon *m.* trumpet
claquer to crack, smack, slam
clignement *m.* winking, wink
cloche *f.* bell
clocher *m.* belfry, spire
coasser to croak
cohue *f.* crowd
coiffeur *m.* hairdresser, barber
coin *m.* corner
col *m.* collar; au — relevé
with a straight, high collar
colère *f.* anger
colis *m.* package
colle *f.* glue
coller to stick, paste
colline *f.* hill
colombe *f.* dove
comble full, densely populated
combler, to fill; to overwhelm
commandant *m.* major (military)
commode easygoing; conveni-
ent

complaisance *f.* kindness, obligation, accommodation
complet *m.* suit (of clothes)
complice *m.* accomplice
complot *m.* plot
comporter to permit, allow, admit of
comptable *m.* bookkeeper
compte *m.* account; — -rendu report, review; se rendre — (de) to realize
compter to count
comptoir *m.* counter
compulser to examine
comte *m.* count
concierge *m.* janitor
concours *m.* support, help; competition
concurrent *m.* competitor
conduire to lead, conduct; to drive
confectionner to make
conférencier *m.* lecturer
confiture *f.* jam
confondre to confuse
congé *m.* leave
congédier to dismiss
congestionné flushed
conjuration *f.* conspiracy
connaissance *f.* acquaintance; knowledge; consciousness; sans — unconscious
conseil *m.* advice, council; — de guerre court-martial
conserve *f.* preserve
consigne *f.* baggage room *or* department; deposit; orders
constat *m.* declaration, verification
contrefort *m.* bastion
contrepoids *m.* counterweight
contraindre to constrain, force
contribution *f.* tax
convaincre to convince
convenable fitting, proper
convenir to suit; to become
convoquer to summon, assemble
cor *m.* horn
corbeau *m.* crow, raven

corne *f.* horn
corriger to correct
cortège *m.* procession
corvée *f.* duty; detail (military)
côte *f.* rib; coast; — à — side by side
côté *m.* side
cou *m.* neck
couche *f.* layer
coucher to put to bed; se — to go to bed
coudre to sew
couler tô flow
coulisse *f.* wings (of a theater)
couloir *m.* corridor
coup *m.* blow, stroke, shot; trick; un — monté a deliberate trick; tout d'un — all at once; du premier — at the first try; — d'œil glance; — de pied kick; — de pouce push, shove; — de théâtre sensational event; — de vent gust, blast; entrer en — de vent to enter like the wind
coupable guilty
coupole *f.* cupola, dome
cour *f.* courtyard
courant fluent; au — informed; mettre au — to inform
couronne *f.* crown
courrier *m.* mail
coussin *m.* cushion
couteau *m.* knife
coûter to cost; coûte que coûte cost what it may
couturier, couturière dressmaker
couvercle *m.* cover
couvert *m.* cover; mettre le — to set the table
cracher to spit
se cramponner to cling
crapule *f.* scoundrel
crasseux dirty
créer to create
crépiter to crackle
crépuscule *m.* twilight
creuser to dig

creuset *m.* crucible

creux hollow

crever to burst; to die; se — les yeux to put out one's eyes

crisper to contract, shrivel; le visage crispé face contorted

crochet *m.* hook; turn; faire un — to make a detour

croiser to cross, pass

croix *f.* cross

crûment crudely, bluntly

cueillir to pick

cuir *m.* leather

cuire to cook

cuisine *f.* kitchen, cooking

cuisse *f.* thigh

cuivre *m.* copper

cummin *m.* caraway seed

curé *m.* priest

curée *f.* quarry; rush for spoils

cygne *m.* swan

D

dactylo *m. and f.* typist

dalle *f.* flagstone

davantage more

débarquer to land, unload

débarrasser to clear, disentangle; se — de to get rid of

débattre to debate, argue; se — to struggle, flounder

déborder to overflow

décacheter to open

déception *f.* disappointment

décevoir to disappoint; to deceive

déchaînement *m.* violence, letting loose

déchirer to tear

déchu fallen

décimer to decimate

décor *m.* setting, scenery

décontenancé abashed

découper to cut out; se — to be outlined

découvrir to discover; to uncover, expose

décrocher to unhook, take down

décuplé increased tenfold

dédommager to recompense

déesse *f.* goddess

défaillant swooning

défaut *m.* defect, flaw; à — de for want of, in default of

défiler to parade, march

déflorer to deflower, spoil

dégager to free, clear, extricate

dégarni stripped, unprotected

dégonfler to deflate

dégringolade *f.* fall

déguiser to disguise, cover up

délétère harmful

délier to untie, free

démarche *f.* step, proceeding, formality; gait

démarrer to start

déménagement *m.* moving, change of residence

déménageur *m.* furniture mover

démissionner to resign

démodé old-fashioned, out of style

dent *f.* tooth; les — serrées teeth clenched

dentelle *f.* lace

dépasser to go beyond

dépenser to spend

déployer to unfold, open

déposer to lay down *or* aside; to deposit, leave

dépouille *f.* remains

dépourvu deprived

déraisonner to talk nonsense

déranger to disturb

dérisoire derisive, mocking

dérive *f.* drift; à la — adrift, drifting

se dérober to steal away, move off; to shirk

dérouler to unroll; se — to develop

dès from, since, as early as; — que as soon as

désarroi *m.* confusion, disorder

désemparé at sea, lost

se désister to withdraw
désormais henceforth
dessein m. design, intention
détourner to turn away, aside
se détraquer get out of order
détruire to destroy
deuil m. mourning; grand —
  deep mourning
dévaler to descend
déveine f. bad luck
devin m. seer
deviner to guess
dévisager to stare at, look
  closely at
devise f. motto
dévoiler to unveil, disclose
devoir m. duty
dévouement m. devotion
diapason m. range, pitch
digne worthy
digue f. dike
diriger to direct; se — vers
  to go towards
distraction f. absent-minded-
  ness; amusement
distrait absent-minded
divaguer to ramble (in speech)
divan m. couch, sofa
dommage m. pity
dompter to tame
don m. gift
doré golden
dos m. back
dossier m. back (of a chair); file
douane f. customs
douanier m. customs officer
doublure f. lining
douceur f. gentleness, sweet-
  ness
douleur f. grief, pain
douter to doubt; se — de to
  suspect
drapeau m. flag
dresser to line up, straighten,
  erect; to train; se — to rise,
  stand erect
dressoir m. sideboard
droit m. right; law
dûment duly
dur hard

E

ébat m. diversion, frolic, game
éblouir to dazzle
écaille f. shell
écarquiller to open wide
écart m. deviation; à l'— de
  aloof from
échafaudage m. scaffolding
échapper, s'— to escape
écharpe f. scarf
échauguette f. watchtower
échec m. failure
échouer to fail
éclairage m. lighting
éclairer to light up; to en-
  lighten
éclat m. crash, uproar; glitter;
  rire aux —s to laugh up-
  roariously
éclatant brilliant, striking
éclater to burst, break out; to
  shine
écœurant sickening; écœuré
  sickened
écorcher to flay, skin
s'écouler to pass (of time)
écourter to shorten, cut short
écouter to listen, listen to
écraser to crush
écriture f. handwriting
écrivain m. writer
s'écrouler to crumble
écureuil m. squirrel
édit m. edict
effacé retiring, inconspicuous,
  humble
effaré bewildered, scared
effleurer to cross one's mind
s'effondrer to collapse
s'efforcer de to make an effort,
  try
effrayer to frighten
effroi m. fright
égal equal; cela m'est — it's
  all the same to me
égaré lost, gone astray
égayer to divert, cheer up
égide f. ægis, protection
église f. church

égoïste selfish
égorger to cut the throat
élan *m.* impulsive start, dash
s'élancer to bound, spring forth
élever to raise; to bring up;
s'— to rise
élire to elect
éloigner to remove
embaucher to engage, enroll
embrocher to run through, spit
embrouiller to mix up; **s'—**
to become confused
embusqué *m.* slacker
émeute *f.* riot
émouvant moving, touching
s'emparer de to seize
empêcher to prevent; **s'— de**
to help
emphase *f.* bombast
empocher to pocket
empoigner to seize
ému moved, touched
encadrer to frame
encombrer to encumber
encourir to incur
encrier *m.* inkwell
énervé nervous; **énerver** to
make nervous
enfer *m.* hell
enfiler to thread
enfoncé thrust, sunk
s'enfouir to bury oneself
s'enfuir to flee
engouffrer to engulf
engrenage *m.* gearing, gear
enjoué playful
enlever to remove, take away
ennui *m.* annoyance, irritation; boredom
ennuyer to annoy, irritate; to
bore
ennuyeux boring; annoying
enquête *f.* inquest, inquiry
enrayer to drag, stop, abate
s'enrhumer to catch cold; **être
enrhumé du cerveau** to
have a head cold
ensanglanter to cover with
blood
enseigner to teach

entendu understood, agreed;
heard
entente *f.* understanding
enterrer to bury
s'entêter to be stubborn; **entêté**
stubborn, obstinate
entorse *f.* sprain, wrench
entourer to surround
entraîner to carry away *or*
along; to involve
entrebaillé ajar
entreprendre to undertake
entrepreneur *m.* contractor,
magnate
entretenir to keep up, maintain; to entertain; to converse
with
épais thick
épanchement *m.* effusion
épanoui beaming, broad
épargner to spare
éparpiller to scatter
épauler to shoulder
épave *f.* wreck
épée *f.* sword
éperon *m.* spur
épingler to pin
éploré tearful, weeping
épouser to marry
épousseter to dust
épouvantable frightful
épreuve *f.* ordeal, test; (printer's) proof
éprouver to experience, feel,
test
épuiser to exhaust
équipage *m.* crew
éreinté exhausted, worn out
ergoter to cavil
errer to wander
escalier *m.* staircase
esprit *m.* spirit, mind, wit;
mot d'— witticism
esquisser to sketch, outline
esquiver to avoid, sidestep
essuyer to wipe, dry; to sustain,
endure
estrade *f.* platform
étage *m.* story, floor
étaler to display

étang *m.* pool
état-major *m.* staff
été *m.* summer
éteindre to extinguish, put out
étendard *m.* standard, standard-bearer
étendre to extend
étendue *f.* extent
éternuer to sneeze
étinceler to sparkle
étique meager, thin
étiquette *f.* label; — de calicot calico label
étoile *f.* star
étonner to astonish
étouffer to stifle, choke
étrangler to strangle, choke
être *m.* being, creature
étreindre to embrace, hug
étreinte *f.* embrace
étriqué scanty, tight
étroit narrow
étui *m.* case
s'évanouir to faint, swoon
éventrer to disembowel
exiger to demand, exact
expédier to ship, get rid of

F

fâcheux annoying
facteur *m.* postman
factice artificial
faction *f.* duty, sentry, guard; de — on duty
facture *f.* bill
faillite *f.* bankruptcy
faim *f.* hunger
faire-part *m.* notification
fané faded
fanfare *f.* flourish of trumpets
fanfaron, -ne *m. and f.* boaster
fantassin *m.* infantryman
fardeau *m.* burden
faucher to cut down
fauteuil *m.* armchair
faux false; un — a forgery
favoris *m.pl.* side whiskers
fer *m.* iron
fermer to close, shut

fermière *f.* farmer's wife
fesse *f.* buttock
fêtard *m.* reveler, roisterer
fête *f.* celebration, party
fêter to celebrate
feuille *f.* leaf; sheet
feuillet *m.* leaf (of a book)
feuilleter to turn the pages
feutre *m.* felt
fichtre (*exclamation*) the devil! heavens!
fichu ruined
fidèle faithful
fier proud; se — à to trust
fièvre *f.* fever
figure *f.* face
fil *m.* thread
file *f.* rank, file; à la — one after another
filer to be off, escape
filet *m.* net
fixer to fasten; to determine; nous serons fixés we'll know the result
flânerie *f.* stroll, sauntering
flaque *f.* puddle
fleur *f.* flower; surface; *see* peau
fleurir to flower, blossom
fleuve *m.* river
foi *f.* faith
fonctionnaire *m.* government employee
fond *m.* bottom, back; à — thoroughly, headlong; au — at bottom, in the main; upstage
fondre to melt
forban *m.* pirate
forfanterie *f.* boasting
fosse *f.* ditch
fossoyeur *m.* grave digger
fou, folle crazy, mad; asile de fous insane asylum
foudroyer to blast
fougue *f.* fire
fouiller to search; se — to look through one's clothes
foule *f.* crowd
fourmi *f.* ant

fourniture *f.* supplying, supplies

foyer *m.* hearth, home

frais, fraîche cool, fresh

frais *m.pl.* expenses, costs

franchir to cross

frein *m.* bit; *see* **ronger**

frémir to shudder, tremble

frigorifique *m.* refrigerating plant

friper to fray

frise *f.* frieze

friser to curl

frisson *m.* shiver

frissonner to shiver

front *m.* brow, forehead; front (military)

frotter to rub, scratch, strike; to polish

fruste rough

fuir to flee

fuite *f.* flight

fumer to smoke

fumet *m.* odor

funérailles *f.pl.* funeral

fusée *f.* fuse

fusil *m.* gun

fusiller to shoot

G

gâcher to botch

gagner to gain, earn, win

galère *f.* galley

galon *m.* stripe

gamin, gamine little boy, little girl; youngster

gant *m.* glove

garce *f.* strumpet

garde-à-vous attention (military)

gare *f.* station (railroad)

gargouille *f.* gargoyle

garnison *f.* garrison

gars *m.* boy, lad

gaspiller to waste

gâter to spoil

gel *m.* frost

geler to freeze

gémir to moan, lament

gencive *f.* gum

gendarme *m.* policeman

gêné embarrassed

génial full of genius

genou *m.* knee

genre *m.* type, kind, genre

gens *m.* and *f.* people; **jeunes —** young men; **honnêtes —** honorable people; **vieilles —** old people

geste *m.* gesture

gibier *m.* game

gifle *f.* slap

gifler to slap

gilet *m.* vest

givré frosted

glabre clean-shaven

glace *f.* mirror; ice; ice cream

glisser to slip

goguenard jeering

gonfler to inflate

gorge *f.* throat; bosom

goulûment greedily, voraciously

goûter to taste, enjoy

goutte *f.* drop

gouvernail *m.* helm

grâce *f.* grace, favor; **— à** thanks to

graisse *f.* fat

gras fat, greasy

gratter to scratch

graver to engrave

gravir to climb

gré *m.* will

gredin *m.* crook, scoundrel

grelotter to shiver

grenat garnet-red

grenouille *f.* frog

griffonnage *m.* scribbling

grignoter to nibble

griller to broil

gris gray

gronder to scold, grumble

grouiller to swarm

guêpe *f.* wasp

guéridon *m.* table (round)

guerre *f.* war

guetter to be on the watch for

gueule *f.* mouth, face (vulgar)

gueuler to shout

gueuleton *m.* (slang) feast, good meal
guichet *m.* grating, small window

H

habile clever
habillement *m.* clothes; **capitaine d'—** quartermaster captain
habit *m.* coat, garb; **les —s** clothes
habitude *f.* habit; **d'—** usually
hacher to cut up, chop; **haché** irregular
haine *f.* hatred
haïr to hate
hâle *m.* tan
hardes *f.pl.* clothes
hardi bold, audacious
hareng *m.* herring
hasard *m.* chance; **au —** at random
se hâter to hurry, hasten
hausse *f.* rise
hausser to raise; **— les épaules** to shrug the shoulders
hautain haughty, proud
hauteur *f.* height; arrogance
hâve haggard, wan
hein eh? what?
herbe *f.* grass
hêtre *m.* beech
hiver *m.* winter
hocher to nod, shake
honte *f.* shame; **avoir —** to be ashamed
honteux shameful, ashamed
horloger *m.* clockmaker
hors out, beyond; save; **— de lui** beside himself
hôtel *m.* residence, hotel; **— de ville** city hall
houblon *m.* hops
houppelande *f.* coat
huée *f.* hoot
huer to hoot at
huile *f.* oil
huissier *m.* bailiff; doorman

hululement *m.* hooting, ululation
hurler to howl, cry out

I

idiotisme *m.* idiom
if *m.* yew
ignorer to be ignorant of, not to know
imperméable *m.* raincoat
impitoyable pitiless
impôt *m.* tax
imprévu unforeseen
imprimer to print
imprimerie *f.* printing establishment
incendier to burn, set fire to
inclinaison *f.* dip; nod
s'incliner to bow
incolore colorless
inconnu unknown
inconvénient *m.* objection, difficulty
inculte uncared for
indigne unworthy
infirmier, infirmière nurse
influent influential
inquiétude *f.* anxiety
inscrire to inscribe
institutrice *f.* schoolteacher
intendance *f.* quartermaster's corps
interdire to forbid

J

jadis formerly
jaquette *f.* cutaway, morning coat
jaunir to yellow, become yellow
jérémiade *f.* wailing
jeu *m.* game, gambling; acting; **table de —** card table
à jeun fasting
jongler to juggle
joue *f.* cheek
jouer to play; to act; **— du piano** to play the piano
jouet *m.* plaything, toy
jouir (de) to enjoy

journalier daily
jumeau *m.* twin
jupe *f.* skirt
jurer to swear

K

kermesse *f.* fair
kilo *m.* kilogram (approximately 2 pounds)

L

labourer to plow
laboureur *m.* plowman
lâche cowardly
lâcher to let go, release, loose
là-haut up there; upstairs
laid ugly, homely
lainages *m.pl.* woolen things
laine *f.* wool
lait *m.* milk
lambeau *m.* rag, bit
lambris *m.* paneling; ceiling; sous ces — in these quarters, within these walls
lame *f.* blade
lard *m.* bacon
larme *f.* tear
larve *f.* chrysalis
las weary, tired
laver to wash
lécher to lick
léger light
léguer to bequeath
léser to injure, harm
lèvre *f.* lip
liasse *f.* bundle
librairie *f.* bookshop
licorne *f.* unicorn
lien *m.* tie, bond
lier to bind, tie
lieu *m.* place, spot; avoir — to take place; au — de instead of
linceul *m.* shroud
linge *m.* linen; laundry
lisse smooth
livrer to deliver, give up
loi *f.* law
lorgnon *m.* eyeglass
loup *m.* wolf

lueur *f.* light, gleam
luire to shine
luisant shining, shiny
lumière *f.* light
lune *f.* moon
lunettes *f.pl.* spectacles
lustre *m.* chandelier
lutter to struggle

M

maigre thin
maigrir to grow thin, make thin
maint many a
maire *m.* mayor
mairie *f.* town hall, mayor's office
maîtriser to master
maladroit clumsy, awkward
malaise *m.* discomfort
malheur *m.* misfortune, unhappiness
malin, maligne shrewd, sly, clever
manche *m.* handle; *f.* sleeve
mandaté empowered
mannequin *m.* model
manquer to miss, be lacking; — de faire quelque chose to almost do something
manteau *m.* cloak
maquilleur, maquilleuse one who applies make-up
marchand *m.* merchant
marche *f.* step
marché *m.* market, bargain, contract, deal; faire mon — to do my shopping
marécage *m.* swamp
mari *m.* husband
marier to give in marriage; se — to marry
marine *f.* navy
marquise *f.* (overhanging) shelter
marraine *f.* godmother
marteler to hammer
massue *f.* club
mât *m.* mast
maugréer to grumble

mécanicien *m.* mechanic
méchanceté *f.* mischievousness; crossness
méchant bad, malicious, ill natured
mèche *f.* lock
méconnaissable unrecognizable
méconnaître to know badly; not to appreciate
médecin *m.* doctor
se méfier de to distrust
mégot *m.* butt
mêler to mix; se — à to mingle with
ménage *m.* household, family
ménagement *m.* consideration
ménager to manage, spare, treat considerately, to arrange
mendiant *m.* beggar
mendier to beg
menottes *f.pl.* handcuffs
mensonge *m.* lie
mensuel monthly
mentir to lie
menton *m.* chin
mépris *m.* scorn
mépriser to scorn
mer *f.* sea
merle *m.* blackbird
mésange *f.* titmouse (a small bird)
messager *m.* messenger
métier *m.* trade
mets *m.* dish
meuble *m.* piece of furniture
midi *m.* noon; south
mie *f.* crumb
à mi-flanc halfway up the side
mignonne *f.* darling
millième thousandth
mine *f.* look; — de plomb lead (of a pencil); faire — de to pretend to
miner to undermine, sap
minuscule small, minute
mise en scène *f.* setting, scenery
mite *f.* moth
mitrailleuse *f.* machine gun
mobilier *m.* furniture

mœurs *f.pl.* customs, manners
moineau *m.* sparrow
moisson *f.* harvest
montant high, steep
montée *f.* climb, success
montre *f.* watch
monture *f.* mount; horse
se moquer (de) to jest, be ironical, make fun of; je m'en moque I don't care
mouchoir *m.* handkerchief
moue *f.* grimace
mouiller to wet
muet dumb, mute
mufle *m.* (*slang*) rotter, cad
mur *m.* wall
murer to wall up
myope nearsighted
myrtille *f.* bilberry

N

nager to swim
nain *m.* dwarf
naissance *f.* birth; acte de — birth certificate
napperon *m.* napkin; petit — doily
narguer to flout, defy
narquois quizzical
natal native
naufragé shipwrecked
navré distressed
néanmoins nevertheless
néant *m.* nothingness
néfaste harmful, deadly
neige *f.* snow
net clear, sharp
neveu *m.* nephew
nez *m.* nose
nid *m.* nest
nier to deny
noce *f.* wedding
nœud *m.* knot
noiraud swarthy
nouer to tie, knot
nourrice *f.* (children's) nurse
nourrisson *m.* nursling
nourriture *f.* food
noyau *m.* kernel
noyer to drown

nu naked
nuire (à) to be harmful (to)
nullement not at all
nullité f. nonentity
nuque f. nape of the neck

O

obstruer to block up, obstruct
obus m. shell
œuf m. egg
office m. function, office; les —s
religious services; d'— auto-
matically
oie f. goose; plume d'—
goose-quill pen
oiseau m. bird
oiseux idle, useless
ombre f. shade, shadow
omoplate m. shoulder blade
ongle m. fingernail
opacité f. opaqueness
or m. gold
orage m. storm
ordonné orderly
oreille f. ear
orgueil m. arrogance
orner to decorate, adorn
orphéon m. choir, band
os m. bone
ôter to take away, take off
oubli m. oblivion, forgetfulness
ours m. bear
outil m. tool

P

pactiser to compromise
paille f. straw
paix f. peace
palier m. landing
pâlir to become pale
pan m. side, section (of a wall);
en — coupé cantwise, diagonally
panier m. basket
pantalon m. trousers
pantin m. puppet
pantoufle f. slipper
papillotement m. fluttering
paquet m. package
parade f. parry, counterthrust

parapluie m. umbrella
parcelle f. particle, bit
parcourir to scan, run over
pardessus m. overcoat
par-dessus above, over
parenté f. relationship
parer to parry, ward off
paresse f. laziness
parier to bet
parole f. word
parrain m. godfather
partager to share
parti m. party; decision; profit
en particulier in private
partie f. part, portion; game;
match; faire — de to be a
member of
parvenir to reach, succeed
pas m. step; mettre au — to
bring to heel
se passer to happen; — de to
get along without
pâtir to suffer
patrie f. one's native land,
fatherland
patriotard jingoistic
patron m. boss; pattern
patrouille f. patrol
patte f. paw
paupière f. eyelid
paysage m. landscape
peau f. skin; à fleur de —
exposed
pêcher to fish, catch
pêcheur m. fisherman
pécore f. stupid girl, goose
peigne m. comb
peigner to comb
pèlerine f. cape
pelle f. shovel
peloton m. platoon
peluche f. plush
se pencher to lean
pendant m. counterpart; pendant
pendre to hang
pendule f. clock
pénible painful
pénombre f. half light
pension f. boarding school

pente *f.* slope
percepteur *m.* paymaster
périr to perish
permission *f.* furlough
permuter to exchange, transpose
perte *f.* loss, doom
pesée *f.* weighing
peser to weigh
pétrir to knead; to steep
phosphatine *f.* phosphate
phthisie *f.* consumption
pièce *f.* room
piège *m.* trap
piétiner to trample
pignon *m.* gable
piller to pillage
pin *m.* pine tree
piocher to spade, dig
piquet *m.* post; — **de garde** guard post
pire worse
pis *adv.* worse
piscine *f.* swimming pool
piste *f.* trail, track
piteux pitiful
plafond *m.* ceiling
plage *f.* beach, shore
plagiat *m.* plagiarism
plaie *f.* wound
plaindre to pity; **se** — **(de)** to complain (of)
plainte *f.* complaint; **porter** — to lodge a complaint
plaire to please
plaisanter to joke
plan *m.* plane, ground; **au premier** — in the foreground
planche *f.* plank, counter
plaque *f.* tag; — **tournante** turntable (railroad)
plateau *m.* tray
plèbe *f.* populace
pleurs *m. pl.* tears
pleurnicher to snivel
pleuvoir to rain
pli *m.* envelope, fold, line, bent
plier to fold
plomb *m.* lead
plonger to dive

pluie *f.* rain
plume *f.* feather; pen
poche *f.* pocket
poêle *m.* stove
poids *m.* weight
poignard *m.* dagger
poignet *m.* wrist
poing *m.* fist; **faire le coup de** — to have a set-to
poisson *m.* fish — **à sec** fish out of water
poitrine *f.* chest, bosom
poli polite, polished
pomme *f.* apple
pompier *m.* fireman
pondéré balanced; **plus** — less impulsive
pont *m.* bridge; deck; — **levis,** drawbridge
portée *f.* range, reach; importance
portefeuille *m.* wallet; portfolio
portière *f.* carriage door, train door; curtain
portillon *m.* little gate
posément calmly, deliberately
poseur, poseuse affected man *or* woman
poteau *m.* stake
potin *m.* rumor
pouce *m.* inch; thumb; *see* **coup**
poudre *f.* powder
poulet *m.* chicken
poumon *m.* lung
poupée *f.* doll
pourparlers *m.pl.* negotiations
pourrir to rot
pourvu que provided that
pousser to grow; to push — **un cri** to cry out
poussière *f.* dust
pouvoir *m.* power
pré *m.* meadow
préfet *m.* prefect (administrative officer); **préfète** prefect's wife
prénom *m.* first name
pressé hurried, in a hurry
prêter to lend

prêtre *m.* priest
preuve *f.* proof; faire ses —s to be tested
prévenir to inform, warn, forestall
prime *f.* premium
princier princely
printemps *m.* spring
priver to deprive
prodiguer to waste, lavish
produit *m.* product
proie *f.* prey
promenade *f.* walk
propos *m.* remark
propre clean; own; nom — proper name; on serait —s we'd be in a fine mess
puer to reek, stink
punir to punish
putain *f.* prostitute, whore
pyrograveur *m.* pyrographer (one who produces designs by burning into wood with a hot instrument)

Q

quand même nevertheless, in spite of everything; — . . . even if . . .
quiconque whoever
quoique although
quotidien daily

R

rabaisser to lower, debase
racommoder to mend
raccrocher to hang up, replace
radeau *m.* raft
rafale *f.* squall
raffoler (de) to be mad about
raide stiff, steep
railler to jeer, joke
rajeunir to rejuvenate
ramasser to pick up
ramer to row
ranger to put away
rapide *m.* express (train)
rapporter to bring in; to pay
raser to shave
raté *m.* failure

rater to miss, fail
rature *f.* erasure
ravauder to mend
ravir to ravish, take away; to delight
raviver to revive, open up
rayer to cross out
rayon *m.* shelf; beam
rayonner to beam, be radiant
réagir to react
récepteur *m.* receiver
recette *f.* recipe
réclamer to entreat, claim, ask for
reconnaissance *f.* gratitude; recognition
recrue *f.* recruit
recueillir to take in, shelter
reculer to recoil
rédacteur *m.* clerk; editor
rédiger to draw up
redingote *f.* frock coat
redresser to put right, straighten
reflet *m.* reflection
régate *f.* sailor's tie or one tied in similar fashion
régler to settle
régner to govern, rule; to set
rehausser to enhance
réintégrer to reinstate
se réjouir to rejoice
relâcher to release
relève *f.* relief
relèvement *m.* rise, recovery
relever to relieve, pick up
relieur *m.* bookbinder
reliure *f.* bookbinding
remercier to thank
remise *f.* presentation
remords *m.* remorse, compunction
remplir to fill
remporter to carry *or* take back, carry off; to win
remuer to stir
renard *m.* fox
rendez-vous *m.* tryst, appointment
renfermé silent, taciturn

renfort *m.* reinforcement
rengager to reënlist
renier to deny, repudiate
renom *m.* renown
renommé renowned
renseignement *m.* piece of information
renverser to overthrow
renvoyer to send back, dismiss
répandre to shed, spread
se replier to fall back
réplique *f.* replica; reply
reposant restful
reprendre to take again, resume; to criticize
réprimer to repress
reprise *f.* (theatrical) revival
réseau *m.* network, system (railroad)
résoudre to solve
respirer to breathe
ressentir to feel
resserrer to tighten
retard *m.* delay
retardement *m.* delayed action
rétine *f.* retina
retraite *f.* retreat; retirement; **en —** retired
retrancher to take away, cut off
retrousser to turn up
réussir to succeed
réussite *f.* success
revanche *f.* revenge **en —** in return
réveille-matin *m.* alarm clock
revêtir to clothe, cover
révolu completed
rez-de-chaussée *m.* ground floor
ricaner to jeer
rictus *m.* grimace
ride *f.* wrinkle
rideau *m.* curtain
rigole *f.* furrow
rigolade *f.* jest, joke
rigoler to jest, laugh
à la rigueur if need be, at a pinch
rocher *m.* rock

roman *m.* novel, romance
rompre to break
rond-de-cuir *m.* minor clerk
à la ronde round about
rondelet plump
ronfler to snore
ronger to gnaw; **— son frein** to champ one's bit
rosir to color with rose
rosse disagreeable, nasty
rôtir to roast
rougeaud ruddy
rouiller to rust
rouleau *m.* roller **— compresseur** steam roller
rubrique *f.* column
rudesse *f.* harshness
rugueux rough
ruisseau *m.* stream

S

sable *m.* sand
sacre *m.* coronation
sacristain *m.* sexton
saigner to bleed
sale dirty; difficult; mean
salir to dirty
sang *m.* blood
sangloter to sob
santé *f.* health; **maison de —** sanatorium
saoul drunk
saucisson *m.* sausage
saut *m.* jump
savant *m.* scholar
savon *m.* soap
sceller to seal
scène *f.* stage, scene
scrutin *m.* voting, balloting, election
séance *f.* sitting
sécher to dry
secouer to shake
sein *m.* breast, bosom; womb
séjour *m.* sojourn, stay, visit
sel *m.* salt
semblable similar
semelle *f.* sole; **battre la —** to warm one's feet (by stamping on the ground)

sensible sensitive
seoir to suit, become
sépulture *f.* burial
serrer to shake, grip, clench, squeeze, embrace; **avoir le cœur serré** to be heavy-hearted, be in anguish
serviette *f.* brief case, portfolio
seuil *m.* threshold
sève *f.* sap
siècle *m.* century
sied *see* seoir
siéger to sit
siffler to whistle
sillonner to furrow
soie *f.* silk
soif *f.* thirst
soigner to care for
soigneusement carefully
soin *m.* care
soit so be it; — . . . — whether . . . or, either . . . or
sol *m.* soil
solde *f.* pay
sombrer to sink
sommeil *m.* sleep; **avoir —** to be sleepy
son *m.* sound
songeur thoughtful
sonnette *f.* bell
sort *m.* fate; **tirer au —** to draw lots
sortable suitable
sot, sotte stupid
sottise *f.* stupid *or* foolish act
sou *m.* cent
souci *m.* worry, anxiety; **passer vos —s** forget your worries
se soucier de to worry about
souffle *m.* breath; whisper; **à bout de —** out of breath
souffler to blow, breathe; to prompt
souffleur *m.* prompter
souhaiter to wish
souiller to soil
soulagement *m.* relief, consolation
soulager to relieve, console

soulever to lift, raise; **— le cœur** to sicken
soulier *m.* shoe
soupçon *m.* suspicion
soupeser to try the weight of
soupirer to sigh
sourd muffled, dumb; dull; deaf
souriant smiling
souris *f.* mouse
sous-jacent underlying
soutien *m.* support; supporter
spirituel witty
subvention *f.* subsidy
sucer to suck
suer to sweat
suffire to suffice, be sufficient
suggérer to suggest
suite *f.* following, consequence
supplice *m.* torture, execution
surcharger to overload, overburden
surchauffé overheated
surgir to arise, spring forth
sur-le-champ immediately
sursauter to start
surveiller to watch over, look for
suspension *f.* (hanging) lamp
syncope *f.* fainting spell

T

tabagie *f.* smoking den
tabler to depend
tablier *m.* apron
tache *f.* spot, stain
tâche *f.* task
taille *f.* height, stature; waist
tailler to cut
taire to keep secret; **se —** to be silent
talon *m.* heel
tamaris *m.* tamarisk
tape *f.* light blow
taper to tap; to type
tapis *m.* rug, cover
taquiner to tease
tarder to delay; **il tarde à quelqu'un de faire quelque chose** long to do something

taré tarnished
tartine *f.* slice of buttered bread
tas *m.* pile, heap
tasse *f.* cup
témoignage *m.* testimony
témoigner to testify
témoin *m.* witness
tenaille *f.* tong
ténèbres *f.pl.* darkness
tenter to try
tenue *f.* attire, dress; **en grande —** in formal dress
terrassé overcome
terre-neuve *m.* Newfoundland dog
tête-à-tête *m.* private conversation
têtu obstinate
tiédir to make tepid
tiens (*exclamation*) now; now then; here
tilleul *m.* linden
timbre *m.* stamp
tinter to tinkle
tirade *f.* speech
tirelire *f.* moneybox, savings bank
tirer to pull, draw; to shoot; **— parti de,** to profit from or by
tiroir *m.* drawer
tisser to weave
toise *f.* fathom
toiser to look up and down
toit *m.* roof
tombeau *m.* tomb
toque *f.* cap
tordre to twist
torpille *f.* torpedo
tort *m.* wrong
toucher to touch; to receive, take
toupie *f.* top
tour *m.* lathe; turn; *f.* tower
tourbillon *m.* whirlwind, whirlpool; **— de neige** blast *or* whirl of snow
tournant *m.* turn (in a road)
tourterelle *f.* turtledove

tousser to cough
trahison *f.* treason, treachery
traîneau *m.* sled
traîner to drag
traiter to treat; **— de** to call
traître *m.* villain, traitor
trame *f.* web, thread
tranchée *f.* trench
trancher to cut
tremper to dip, soak
trépaner to operate on for concussion
trépidant vibrating; **ville —e** feverish city
tressaillir to start, tremble
tordre to twist, disfigure
tribune *f.* rostrum, platform
tricot *m.* sweater
tricoter to knit
tripoter to handle, paw
tristesse *f.* sadness
tromper to deceive; **se —** to be mistaken
trône *m.* throne
trou *m.* hole
trouble *m.* upset state *or* emotion
trouée *f.* breach
trouvaille *f.* find, discovery
tuer to kill
tutoyer to thee and thou
tyrolienne *f.* song (of the Tyrol, in southern Austria)

U

unir to unite
user to wear out; to use
usine *f.* factory
usure *f.* usury; wear and tear

V

vacarme *m.* uproar
vague *f.* wave
vaincre to conquer, vanquish
vaisselle *f.* dishes; **faire la —** wash the dishes
vaniteux vain
varice *f.* varicose vein
vaurien *m.* good-for-nothing
vautour *m.* vulture

veille *f.* day before, eve
veiller to watch
velours *m.* velvet
ventre *m.* belly
ver *m.* worm
verre *m.* glass, tumbler
verrière *f.* (stained-glass) window
vers *m.* (poetic) line
verser to pour
verso *m.* reverse side
vert green
vertigineux dizzy
vestiaire *m.* cloakroom
veston *m.* jacket
vêtir to clothe, clad
veuf *m.*, **veuve** *f.* widower, widow
veule weak
viande *f.* meat, flesh
vide empty
vieillir to grow old, become old
vierge *f.* virgin

vignoble *m.* vineyard
vis-à-vis opposite, face to face, toward
viser to aim
vitesse *f.* speed
vitrage *m.* glass partition
vitre *f.* pane
vivant alive, lively
vœu *m.* vow
voie *f.* way, track, road
voile *f.* sail; *m.* veil
voisin *m.* neighbor
volée *f.* flight, volley; **à toute** — fully, full; at random
voler to steal; to fly
volet *m.* shutter
voleur *m.* thief
volontiers willingly
voltiger to flutter, hover
vouer to vow, doom
voyou *m.* scoundrel, scamp, crook
vulgaire common